고령자케어시설 개설지침

미래사회에서 보는 노인주택

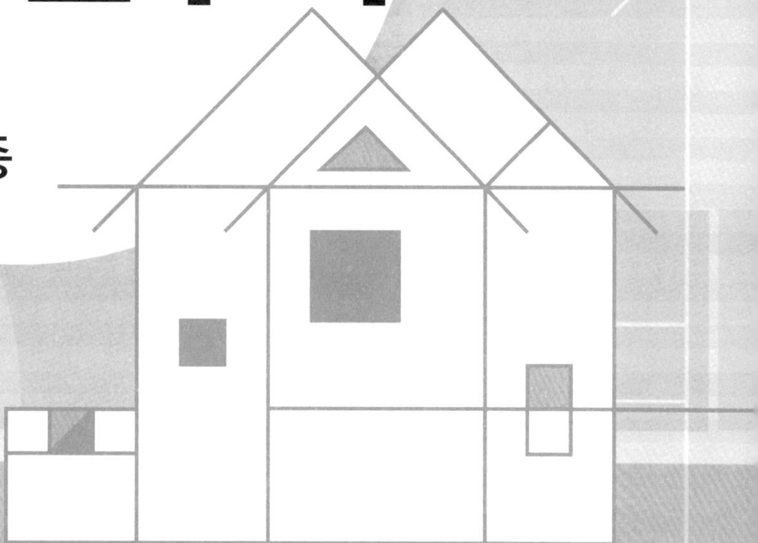

유선종

도서출판 청람

서 문

본 서는 고령자주거에 대해 보다 쉽게 이해하고, 새로운 비즈니스 찬스로 인식되고 있는 노인주택의 개발에 대해 알고자 하는 요구에 부응하기 위해 일본의 노인주택 개발과 발전과정을 주제로 하여 집필되었다.

본 서의 집필 동기는 일본 등 이미 고령사회로 진입한 선진국의 기업들이 새로운 분야로 노인주거와 관련된 업역에 진출하는 것을 보면서, 우리나라의 건축업계와 부동산업계도 고령화와 더불어 새로운 비즈니스 찬스가 노인주거영역에서 창출될 수 있지 않을까 하는 소박한 생각에서였다.

2007년 여름, 일본의 최북단인 홋카이도(北海道)에서부터 오키나와(沖縄)를 제외하면 최남단이 되는 후쿠오카(福岡)까지 48일간의 일정으로 일본의 노인주택 현장을 찾아다니며 유료노인주택(요양간호형, 주택형, 건강형), 케어하우스, 그룹홈, 특별양호노인주택, 고령자전용임대주택, 안심하우스, 노인보건시설, 재가노인복지시설, 소규모다기능시설 등 여러 가지 유형의 노인주거관련시설을 견학하고, 시설관계자를 만나 인터뷰하였다. 또한 현장에서 느낀 의문점에 대해서는 후생노동성(厚生労働省)과 국토교통성(国土交通省)의 행정실무가를 만나 리뷰하는 과정을 통해 상당부분 해소할 수 있었다.

고령인구 22%인 일본의 고령자 주거시설을 견학하면서 많은 점을 느꼈다. 첫째는 타임머신을 타고 미래사회를 미리 체험하는 것 같았다. 고령인구비율이 7% 수준이 된 시기를 보면 우리나라는 2000년, 일본은 1970년으로 30년 정도의 차이가 있고, 노인장기요양보험의 시작시기로 보면 우리나라는 2008년, 일본은 2000년으로 8년의 차이가 있다. 따라서 짧게는 수년에서 길게는 30년 정도 후에 나타나게 될 우리나라의 고령기 주거형태에 대해 일본의 고령자 주거시설을 보면서 다가오는 미래사회를 간접경험하는 시간이었다.

둘째는 고령자 주거시설의 다양성이다. 노년기에 입주할 수 있는 고령자주거시설은 소득수준, 건강수준, 요양간호 정도에 따라 분류가 가능하고, 보다 구체적으로는 가족구성 형태, 입주 시의 연령, 선호하는 주거시설에 따라서도 분류가 가능하다.

셋째는 고령자주거시설을 복지인프라의 측면으로 보고 공공에서 주도하는 것만이 아니라 민간에서 복지서비스의 영역으로 확대시키면서 적극적인 참여가 이루어지고 있다. 일본의 주식시장에 상장된 회사로는 ① 주택공급과 관련된 유형으로 주거용부동산을 공급하는 민간회사로 유료노인주택회사, 그룹홈회사, 고령자전용 임대주택을 공급하는 회사, 고령자용 분양주택을 공급하는 회사 등이 있고, ② 산업인프라와 관련된 유형으로 산업용 철강을 공급하는 철강회사, 도시가스를 공급하는 회사, 철도회사 등 기간산업의 인프라와 관련된 회사, ③ 복지산업과 관련된 유형으로 재가복지서비스를 공급하는 회사, 리허빌리테이션(rehabilitation) 등 사회복귀훈련 서비스를 공급하는 회사, ④ 대인서비스와 관련된 유형으로 도시락 등의 택배서비스와 방문요양간호서비스를 공급하는 회사, ⑤ 기타 유형으로 통신교육을 중심으로 하는 학습지 회사 등 많은 종류의 민간기업이 참여하여 활발한 서비스를 제공하며 하나의 비즈니스모델로 복지서비스와 주거서비스의 공급주체로 기능하고 있다.

넷째는 고령자 주거시설을 바라보는 의식의 차이였다. 시설이 폐쇄적이고 지역친화적이 아닌 고립된 시설이라는 특성으로 인해 시설개설에 대한 거부감과 시설입주에 대한 거부감이 있었으나 이를 지역사회에 열린 공간으로 제공하면서 이러한 한계를 극복할 수 있었다. 또한 고령자주거시설이 혐오시설로 기피되던 시절이 일본에도 있었다고 한다. 치매환자가 자신의 집 주변을 맴도는 것을 꺼리는 것은 어찌보면 당연할 수도 있지만, 고령자가 크게 늘어감에 따라 고령자주거시설을 지역사회의 복지인프라로 인식하게 되면서 기피하는 경향은 크게 줄었다고 한다.

본 서의 주된 내용으로 제1부에서는 고령자주거복지환경, 노인주택업계 성장의 기폭제가 된 개호보험(介護保険)제도, 노인주택의 발전과정, 노인주택의 선택기준, 개설주체별 분류, 노인주택의 종류, 노인주택사업환경의 변화에 대해 상술하고 있다.

제2부에서는 노인주택에 있어서 민간업계에서 접근할 수 있는 유료노인주택을 대상으로 하여 유료노인주택의 권리형태인 이용권방식・임대방식・분양방식, 입주 시에 소요되는 비용에 대해 입주일시금이라는 특수한 입주방식, 입주자보호를 위한 제도적 보완장치, 요양간호형・주택형・건강형 유료노인주택, 노인주택사업에 있어서의 운영리스크에 대해 고찰하였다.

제3부에서는 노인주택개발 매뉴얼의 형식으로, 노인주택개발의 Flow를 기준으로 사업추진절차, 컨셉설정, 입지선정, 입지평가체크리스트, 시장조사에 대해 기술하였고, 노인주택개발의 기본방침설정단계, 사업수지분석단계에서 수지계획분석과 자금조달계획, 운영계획에서는 운영매뉴얼 작성의 기본적 항목과 입주자모집계획에 대해 기술하였다.

마지막으로 일본노인주택시장의 트렌드에는 시설의 복합경영과 노인주택의 가격이 낮아지는 경향에 대해 고찰하고, 참여업종의 다양화와 보다 새로운 노인주택의 유형과 장래상에 대해 고찰하였다.

이와 같은 내용은 고령자주거 분야에 관심을 갖고 새로운 비즈니스 찬스를 찾는 부동산 관련분야에 종사하는 사람들에게 노인주택을 이해하는 기본적인 지식을 제공할 수 있을 것으로 기대하고 있다.

우리나라도 2008년 7월부터 장기요양보험이 도입되었다. 일본과 같은 급성장을 기대하기는 어렵겠지만, 고령자인구비율이 14%에 달하는 시기가 되면 일본과 유사한 형태의 노인주택시장이 꽃을 피우게 되지 않을까 생각한다. 노인주택이 더 이상 수용시설이 아닌 노후의 윤택하고 활기 넘치는 삶을 제공하는 새로운 노후주거의 장이 되고, 차별화된 형태의 고령자를 위한 커뮤니티로 자리매김하는 모습을 그려본다.

끝으로 본 서가 빛을 보기까지 원고교정에 도움을 준 건국대학교 석사과정의 이현림 원생, 강원대학교 박사과정의 문희명 원생, 원고 번역과 교정에 도움을 준 아내 희영, 출판을 기꺼이 맡아주신 도서출판 청람의 이수영 대표와 편집부 직원 여러분께 감사드린다. Soli Deo Gloria!

2009년 7월

건국대학교 상허연구관

연구실에서 유 선 종

차 례

제6장 유료노인주택의 입주비용

제7장 유료노인주택의 입주자보호

제8장 유료노인주택의 유형

제9장 노인주택사업의 운영리스크

제3부 노인주택개발 지침

Part 1

고령자 주거복지

Chapter 01 고령자의 주거환경

1. 기능저하와 사고

고령자의 신체기능은 가령에 따라 서서히 저하하게 되는데, 어디부터 어디까지가 건강한 고령자이고, 어디부터 어디까지가 요양간호를 필요로 하는 고령자인가에 대한 기준은 명확하지 않다. 요양간호의 특성상 당사자가 되어 보지 않고는 알 수 없는 부분이 많고, 요양간호에 직면하거나 요양간호 상태가 되어보지 않으면 관심조차 갖기 어려울 수 있다. 실제로 기능저하를 보이는 부위와 정도에 있어서 남녀차와 개인차가 매우 크다.

1) 신체기능의 저하

고령화는 심신, 운동기능 저하 등을 수반하게 되어 있고 이를 피할 수 없다. 고령자는 해를 거듭할수록 경험에 의한 판단력, 지식은 더해 가지만 운동기능을 비롯한 육체의 기능은 10대 후반부터 20대 중반을 정점으로 그 이후는 저하되게 된다. 그 중에도 하체기능의 쇠퇴로 인한 이동장애, 팔과 손가락 등 기능저하로 인해 쥐는 것과 비트는 동작 등이 어려워지고, 시력, 청력, 지적 능력이 쇠퇴하여 판단력이 떨어지는 치매 등의 인지장애는 고령화 특유의 부분으로, 가령(加齡)[1]과 함께 피할 수 없는 장애가 되고 있다.

---

1) 가령(加齡)이란 말 그대로 나이가 더해지는 것을 말한다. 이 가령에 수반되어 나타나는 변화는 개개인에 따라 차이가 있지만 근력이나 운동기능의 저하, 청각의 저하(노인성 난청), 노안, 노인성 백내장 등 신체적 변화의 특징이 있으며, 이에 따른 정신적 변화의 특징을 알아 두는 것이 필요하다.

노화로 인해 나타나는 기능저하는 태어나면서 갖고 있는 장애가 아니므로 고령자 스스로는 건강하다고 생각하는데, 실제로는 일상생활에 어려움이 생겨서 문턱을 넘지 못하게 되는 등 의식과 현실생활과의 괴리를 경험하게 된다. 생리적 변화에 있어서는 개인차가 있지만 방어에 대한 반응이 저하되고, 회복력이 저하되며, 어두운 환경에 대한 적응력이 저하되는 등 일상적인 동작이 부자유스럽게 되고, 지적능력 저하로 인해 자신감을 상실하여 치매가 오기도 한다. 이러한 노화는 약간의 차이는 있지만 지속적으로 진행되며 이러한 변화에 적절히 대처하기 위해서는 요양, 의료, 복지, 보건의 영역이 각각의 역할 분담을 명확히 함과 동시에 경계를 두지 않고 중첩되는 점이지대를 유지하는 등 연속성을 확보하여야 한다.

고령자의 80% 정도는 시력, 청력, 근력 등 가령에 따라 신체적 기능이 저하되지만 서서히 진행되는 까닭에 대부분의 경우는 요양간호 등의 특별한 지원을 필요로 하지 않는 건강한 고령자이다. 인구의 다수를 형성하는 자립 가능한 고령자 개개인이 사회에 적극적으로 참여하면서, 스스로의 생활을 즐기고 활기찬 생활이 가능하도록 환경을 구축하는 자기실현사회의 창출이 요구된다.

2) 노인의 사고유형

일본 국민생활센터(国民生活センター)의 조사에 의하면 65세 이상의 고령자 사고는 60% 이상이 노인이 거주하는 주택 내에서 일어나고 있다. 2003년부터 2007년까지 5년간 전국 20개의 병원에서 보고된 사고정보를 조사한 결과 65세 이상의 고령자 사고는 6,569건이었다. 65세 이상의 고령자가 사고를 당하는 장소로는 주택이 4,158건으로 63.3%, 도로가 13.1%, 주택외 다른 건물이 9.6%였다.

사고를 당한 고령자의 성별은 여성이 64.8%, 남성이 35.2%, 사고의 원인은 계단이 13.4%, 바닥이 9.9%, 침대가 4.7%, 욕실설비가 3.9%, 부엌칼이 3.4%로 나타났으며, 넘어짐과 떨어짐이 56.2%로 나타났다.

조사에 의하면 고령자의 사고는 위험한 동작이나 작업을 하고 있을 때보다,

일상에서 활동하는 중에 일어나는 경우가 많고, 중상이 되기 쉬우므로, 주택 내의 단차를 없애는 등 일상생활 중의 사고예방에 만전을 기해야 한다. 동 센터 조사에 의한 사고의 사례로는 78세 남성은 심야 2시경 화장실에서 방으로 돌아오는 계단을 헛디뎌서 넘어져 왼쪽 허벅지가 골절되었고, 86세의 여성은 욕실에서 미끄러져 넘어져 욕조에 머리를 부딪쳐서 중상을 입었고, 79세의 여성은 주방에서 음식을 조리하던 중 가스레인지의 불이 잠옷에 옮겨 붙어 전신에 화상을 입고 사망한 것 등이 보고되어 있다.

2. 고령기의 주거환경

노인주택을 기획할 때 입주대상을 비교적 건강한 노인으로 삼는 경우가 대부분이나 대상지역에 치매환자나 요양간호의 적용대상이 어느 정도 분포하고 있는지 파악하는 것이 중요하다.

일본의 2005년 국세조사(国勢調査)를 보면 65세 이상의 고령자는 2,567만 명이고, 그 중 개호인정을 받은 노인은 432만 명이다. 2000년 개호보험(介護保険)이 시작된 이후 6년간 69% 증가한 것으로, 고령자 인구증가가 매년 2~3% 정도의 수준인 것을 감안할 때 증가세는 뚜렷하다.

이처럼 개호인정을 받은 노인의 대부분은 자택에서 생활하고 있지만, 개호도가 진행되는 정도에 따라 노인의료복지시설로 주거를 교체하게 되므로 시설에 대한 수요는 증대하게 될 것이다. 주거교체를 고려할 때 기존주택을 매각하고 새로운 주거에 입주하는 노인과 지금까지의 차가주택에서 다른 차가주택으로 이전하는 노인이 나오게 되므로 해당 계획지역의 거주상황은 수요예측의 커다란 요소가 된다.

고령세대의 주택에 대한 자가보유비율(持ち家率)은 84% 정도이지만, 고령자 단신세대의 경우에는 66%로 낮아져서 차가에서 거주하는 비율이 높게 나타난다. 따라서 고령자 주거에 대한 사업기획을 세우는 경우에는 해당지역의 고령

자단신임차세대수는 중요한 판단요소가 될 수 있다. 즉 고령자주거에 입주하는 주된 대상은 계획지역에 거주하고 있는 차가형태로 거주하고 있는 단신고령자가 된다.

따라서 고령자주거를 고려할 때 주안점이 되는 것은 요양간호가 필요한 노인이 생활할 수 있는 주거와 서포트시스템이 해당지역 내에 존재하는지에 대한 것으로, 개호도의 진행상황에 대응할 수 있는 정도가 그 지역의 노인복지시설 유인력이 될 것이다.

치매환자가 자택에서 생활하기 위해서는 요양간호가 필요하지만 요양간호 대상자를 서포트하는 치매대응형 데이서비스와 쇼트스테이, 그룹홈의 역할이 점차 커지고 있다. 이처럼 치매에 대응하는 소규모다기능시설도 중요하게 되므로 해당지역 상황에 대한 파악이 필요하다.

1) 요양간호를 받고 싶은 장소

요양간호가 필요해진 경우에 요양간호를 받고싶은 장소에 대한 내각부의 조사[2]가 있었다. 조사에서는 요양간호를 받으면서 생의 마지막 요양을 희망하는 장소로는 자택이 22.7%, 병원이 38.2%, 노인주택이 24.8%로 나타났다. 이중 자택에서 생의 마지막까지 요양하고 싶어하는 이유에 대해서는 60% 정도가 익숙한 장소에서 생의 마지막을 맞고 싶기 때문이고, 자택 이외에서 종말기를 지내고 싶어하는 노인의 80%는 가족의 요양간호 등 부담이 크기 때문인 것으로 조사되었다.

'생의 마지막은 내집에서'라는 기사[3]에 보면 병원에서 사망하는 노인은 86만 명으로 약 80% 정도이고, 자택에서 사망하는 노인의 숫자는 약 13만 명으로 전체의 12%에 그치고 있다.

고령자부부세대(54.8%)와 일반세대(53.8%)에서는 과반수가 현재 거주하고 있는 자택에서의 요양간호를 희망했지만 1인거주의 단독세대(45%)에서는 자택보다는 특별양호노인주택, 병원, 유료노인주택을 희망하는 것으로 나타났다.

---

2) www.mhlw.go.jp/shingi/2006/12/dl/s1215-13b01.pdf

3) 요미우리신문(読売新聞) 2007년 5월 2일

1인거주의 단독세대는 2005년에 약 386만 명이지만 특별양호노인주택, 병원, 유료노인주택 등의 입소정원이 약 94만 정도로, 시설을 희망하더라도 모두 입주할 수는 없는 상황이다. 1인거주의 단독세대 입장에서는 요양간호가 필요해지면 익숙한 지역에서 안심할 수 있는 주거환경으로 이주하고 싶어하는 욕구는 커지게 된다. 정부와 지방자치단체는 이러한 고령자의 수요에 부응하지 못하고 있기 때문에, 고령자 주거에 대한 민간업계의 역할이 더욱 중요해지고 있다.

2) 주거환경

고령화에 따른 심신기능 저하를 억제하기 위해서는 주거환경을 개선하여 생활의 내용을 유지해야 할 필요가 있다. 심신기능의 변화와 진행에 따라 그때마다 생활거점을 바꾸는 것은 주거환경에 대한 적응능력이 떨어지는 노인에 있어서는 심리적 불안과 부적응을 야기하므로 바람직하지 않다.

주거환경을 바꾸지 않고 요양간호서비스를 받는 것이 바람직하지만, 바꾼다 하더라도 가족과 친구, 오락 등 생활요소가 변화하지 않는 적절한 지역의 범주 내에서 이동하는 것이 요구된다.

고령사회가 도래하여도 건강하게 삶의 보람을 느끼며 노후생활을 보낼 수 있는 장수복지사회를 만들기 위해서는 비교적 건강한 전기고령자[4]에게는 활동적인 사회참가 기회를 제공하는 방향으로 제도가 정비되고, 환경이 조성되어야 한다.

거동이 불편한 후기고령자에게는 고령자보건·복지 분야에 관한 서비스를 종합적으로 정비하는 동시에 간병·수발에 관한 사회전반의 이해와 원조기술의 개선 등에 따른 복지문화의 내용을 충실히 구축해 나가야 한다.

---

4) UN은 65세를 고령자의 기준연령으로 정의하였는데, 65~74세의 고령자를 전기고령자로, 75세 이상의 고령자를 후기고령자로 표현하고 있다.

3. 요양간호와 유료노인주택

고령자의 주거와 요양간호를 둘러싼 시책은 고령자의 주거개조와 요양간호의 조합에 의해서 재가복지생활의 계속성 확보라는 시점에서 변화하였다. 고령자용 주택이나 시설의 대부분은 지방자치단체, 사회복지법인, 도시재생기구, 지방주택공급공사 등 공공성이 높은 설치주체로 한정되어 있다.

유료노인주택은 조치제도(措置制度)[5] 시대부터 생활과 케어가 일원화된 종합적인 서비스로서 선구적이며 구체적인 노하우가 축적된 업종이다. 유료노인주택은 고령자가 장기적으로 생활하는 곳으로서 자립한 고령자가 건강할 때 이사하여 노인주택 내에서나 지역 내에서 인간관계를 구축해 가면서 노후를 보낼 수 있는 곳이다. 따라서 건강할 때 부부가 함께 입주하고 그 후에 어느 쪽이 요양간호를 받게 되더라도 같은 곳에서 생애를 계속할 수가 있다.

또한 유료노인주택은 민간의 발의와 창의에 의해서 운영이 되고 있어 고령자의 다양한 요구에 대응한 주거나 각종 서비스를 제공하는 장소로써, 서비스를 상품으로 제공하고 그 대가를 얻는 형식으로 유지・발전되어 오고 있다.

---

5) 조치제도란 행정기관이 그 직권으로 필요성을 판단하여 서비스의 종류나 제공기관을 결정하는 형태로 사회복지시설에 입주자를 입소시키거나 그 외의 조치를 하는 것으로, 그 필요성 판단 여부에 따라 서비스 내용이나 제공기관을 결정・제공하는 행정처분을 가리킨다. 개호보험제도 이전에는 특별양호노인주택의 입소나 방문요양간호 등의 재가복지 서비스이용은 조치제도에 의해서 행하여졌기 때문에, 이용신청에 대해서 지방자치단체가 서비스 내용, 시설 등을 선정・결정하여, 자신이 좋아하는 노인주택을 선택할 수 없었다. 개호보험제도의 시행에 의해서 입주자가 스스로 서비스를 선택하는 선택이용제도로 바뀌었다.

4. 재가복지

복지의 기본은 가정이고 가족이며 성장한 지역이고 그 장소에 구축된 가치이다. 즉, 복지의 기본은 재가복지, 지역복지가 근간을 이루고 시설복지는 그것을 보완하는 것으로 인식된다.

가족이 하나가 되어 가정에서 서로 돕는 전통적인 생활방식은 가족의식의 변화, 핵가족화, 주택사정, 경제사정 등의 이유로 인해 계속 유지하는 것이 어려워졌고 가정에서 안주의 장이 없어지는 고령자가 늘고 있는 것이 현실이다.

사람들은 모두 태어나고 자란 지역에서 가족과 친구에게 둘러싸인 환경에서 서로 도와가면서 그 속에서 생애를 마무리하는 것을 원하고 있다. 가능하다면 타인에게 부담이 되지 않고 복지시설 등에는 입소하고 싶어하지 않는 것이 인간의 자연스러운 소망일 것이다.

재가복지를 값싸게 끝내는 복지라거나 행정기관이 부담해야 할 의무를 고령자의 가족과 시민에게 전가하는 복지라는 혹평도 있지만, 가족의 끈과 연계는 보다 근본적인 것으로 법률과 제도 또는 관습을 넘어서 서로 보완되어야 하는 것이다.

지역과 가정에의 자립된 생활을 방해하는 정신과 육체상의 장애가 발생하기 시작한 고령자에 대하여 그 장애의 진행을 억제하고 지역과 가정에 있는 것과 같은 환경을 마련하고 정비하여 고령자가 하루라도 더 자립된 생활이 가능토록 하는 것이 재가복지의 지향점이다.

5. 복지서비스의 시장화

2000년 4월, 개호보험제도의 도입을 계기로 일본에서는 공공에서 제공하던 복지서비스에 대해 민간에서 수익을 목적으로 참여하는 시장화가 정착되고 있다. 2006년 8월 도쿄(東京)의 개호보험 지정사업자의 주된 내역을 보면 주식회사 등 영리법인 45.7%, 사회복지법인 19.7%, 의료법인 19.2%로 나타나 민간영리법인이 공적기관을 상회하고 있다. 과거의 복지서비스는 행정기관이 직접 제공하거나 행정기관의 엄격한 지도 아래에서 사회복지법인이 제공하는 정도에 그치던 상황에서 불과 몇 년 사이에 복지서비스를 둘러싼 상황은 극적인 변화를 하고 있다.

개호보험의 도입으로 입주자가 계약에 의해 자유롭게 서비스와 사업자를 선택할 수 있게 되어 고령자의 권리가 높아졌고, 사업자는 경쟁원리가 작동하여 서비스의 질이 자율적으로 제고되고 있다.

그러나 복지서비스는 다음과 같은 이유로 시장원리와의 부조화를 보이고 있다.

첫째, 서비스 제공 측이 갖는 정보량에 비해 입주자 측은 정보가 극단적으로 적은 정보의 비대칭성이 있다.

둘째, 복지서비스는 임대 등의 형식으로 이용을 시작하게 되면 간단하게 운영의 주체를 대체하기 어렵다는 서비스의 비대체성이 있다.

셋째, 복지서비스는 이용이 장기에 걸치는 것이 대부분으로 서비스의 영속성이 있고, 이를 위한 개인부담이 고액이 되기 쉽다는 고가성이 있다.

넷째, 복지서비스의 입주자에게 있어서 가령에 따른 심신의 기능저하는 지극히 정상적인 것으로, 피해를 입는 경우에 그것을 회복하기 어렵다는 피해구제의 곤란성이 있다.

다섯째, 복지서비스 입주자는 고령이거나 치매, 지적장애, 정신장애 등의 질병이나 장애로 인해 계약에 의한 서비스 이용을 스스로의 힘으로 결정할 수 있는 판단능력과 의사표시능력을 충분히 갖추지 못하는 경우가 많다.

6. 고령자 시설의 고려요인

입주자의 생활, 요양간호에 있어서 각 시설에 요구되는 내용은 다음과 같다.

1) 경제적 조건

특별양호노인주택(特別養護老人ホーム) 입주대상은 주민세가 비과세되는 저소득층 세대가 대부분이다. 따라서 시설이용에 관한 거주비도 다인실(4~8인실)로 구성하여 저렴하게 책정되어 있으며 다른 시설과 비교할 때 부담금이 낮게 설정되어 있는 것이 특징이다. 신형특별양호노인주택으로 제도가 변경되면서 다인실로 사용되던 공간이 Unit형의 보급으로 개인실로 바뀌는 추세에 있다. 유료노인주택(有料老人ホーム) 등의 시설은 입주 시에 일시금의 부담이 있는 것이 일반적으로, 어느 정도 경제적인 여유가 있는 계층의 이용이 중심이 되고 있다.

2) 치매대응시설

신체적인 자립은 가능하지만 치매(認知症)증상이 있는 경우에 일상적인 생활을 영위하면서 전문적인 요양간호 서비스를 받을 수 있는 시설로 그룹홈(グループホーム)이 있다. 그룹홈은 소규모로 가정과 같은 케어를 하지만 전문인력이 없거나 부족하기 때문에 요양간호도가 무거워지면 그룹홈에서의 계속적인 생활은 곤란해진다. 최근에는 중증요양간호도의 치매노인을 위한 터미널케어[6)]

6) 터미널케어(terminal care)란 현대의 의료로는 치료가 어려운 말기암 등의 환자를 대상으로 통증의 완화 등을 중심으로 행해지는 케어이다. 구체적으로 통증을 수반하는 제증상의 컨트롤, 환자 및 가족의 정신적 고통의 경감을 위한 원조, 환자와 가족을 둘러싼 사회경제적 문제의 해결, 고독이나 사별에 따른 인간 존재의 근간이 되는 영적인 문제 해결을 위한 원조 등의 케어를 들 수 있다. 예를 들면 케어의 대상은 말기암의 환자뿐만 아니라 에이즈 등의 난치병환자, 독신생활 고령자, 시설에 수용되어 있는 고독한 고령자 등도 포함된다. 의료제도의 개혁으로 입원에서 재가복지로의 흐름 가운데 재가복지요양지원 진료소의 창설 등, 자택이나 노인주택에서도 터미널케어를 제공할 수 있는 체제의 구축이 진행되고 있다.

의 일환으로 이러한 수요에 부응하는 그룹홈이 출현하고 있다.

3) 리허빌리테이션

요양간호시설에서 리허빌리테이션[7]은 요양간호예방, 기능의 유지, 일상생활의 자립성 향상 등을 위한 기능이라고 할 수 있다. 시설로서의 특징으로는 노인보건시설 등에 의사를 중심으로 하는 전문인력이 배치되어 장애발생 후의 재활을 통해 자립할 수 있도록 돕고 있다.

4) 요양간호도

특별양호노인주택은 간호와 요양간호의 기대로 인해 요양간호도가 중증화된 입주자가 주를 이루고 있다. 입주자격이 요양간호도 1 이상이므로 요양간호가 필요한 상태에서 입주하고 있지만, 입주자의 평균적인 요양간호도가 3.5 정도로 요양간호도가 무거워져가는 경향이다.

5) 사회적 기능과 역할

공공성이 강한 복지시설과 기업이 경영하는 민간시설은 사업목적이나 사업

---

7) 재활(再活)이란 장애의 대응전략을 최상의 수준에 도달하거나 유지할 수 있도록 하는 제 과정을 의미한다. 재활(rehabilitation, Wiedereinsetzung)의 어원은 접두어 re(다시, 재차)와 어간을 형성하는 라틴어의 명사 habilis(알맞다, 적합하다)와 접미어 -ation(…하게 하는 것)으로 구성되어 다시 알맞게, 적합하게 하는 것(to make fit again)을 의미한다. 이때의 habilis는 인간답게 어울린다는 것이어서 rehabilitation이라 함은 인간답게 알맞는 권리, 자격, 존엄이 어떤 원인으로 상처받은 사람에 대하여 그 권리, 자격, 존엄 등을 회복하게 하는 것으로 우리나라에서는 재활, 갱생이라는 말로 번역되고 있다. 리허빌리테이션(rehabilitation)이란 여러 가지 장애를 가진 사람들에 대해, 그 장애를 가능한 범위 내에서 회복, 치료시켜 남겨진 능력을 최대한으로 높여 신체적・정신적・사회적으로 자립할 수 있는 생활을 할 수 있도록 돕는 것이다. 그 방법과 내용에 따라 의학적 리허빌리테이션, 직업 리허빌리테이션, 사회적 리허빌리테이션, 교육 리허빌리테이션 등으로 분류되고 있다. 의학적 리허빌리테이션은 의학적 지식, 기술을 기반으로 한 신체에 관련된 재활치료 등을 말하며, 장애의 발생 후에 신속하게 행해지는 것이다. 의사를 중심으로 하는 팀에 의해, 평가→치료・훈련→재평가→치료・훈련→증상 고정→최종평가의 순서로 행해진다. 주된 것으로서 이학요법이나 작업요법이 있다. 오늘날 리허빌리테이션은 단순한 치료나 훈련을 넘어서서 전체적 인간으로서 장애자의 생존권의 회복이라는 기본이념에 입각하고 있다.

방식에서부터 차이가 있지만 노인주택으로서 공통적으로 요구되는 사회적 기능과 역할이 있다. 보편적인 고령자요양간호 니즈에 부응하고 고령자의 존엄과 권리를 확보하는 장이 되어야 하며, 소비자와 입주자로서 시설 입주자를 보호해야 한다. 또한 적절한 비용부담과 급부내용을 기반으로 적절한 서비스가 제공되고, 인생의 종착역으로서 생을 잘 마무리할 수 있도록 조력해야 한다.

7. 일본의 고령화와 노인주택의 실태

일본의 노인문제는 인구의 고령화, 세대규모의 축소, 여성의 고용기회 확대, 부양의식의 변화, 가정의 요양간호능력저하 등의 원인으로 인하여 더욱 심화되고 있다. 특히 인구의 고령화는 65세 이상의 고령자 인구가 1950년에는 총인구의 4.9%(약 416만 명)이었으나, 2002년에는 17%(약 2,204만 명)대를 넘어 고령사회가 되었고, 2020년에는 25.2%(약 3,197만 명), 나아가 2050년에는 무려 35.7%(약 3,586만 명)로 늘어날 것으로 보인다.

일본의 장래인구추계를 보면 인구감소가 진행되는 가운데 고령자 인구는 그 수와 비율 모두가 증가하여 2014년에는 4명에 1명이 65세 이상이 될 것으로 예상된다. 일본의 고령사회백서에 의하면 2008년 10월 1일 현재 65세 이상의 고령인구비율이 22%이고 고령자 중 75세 이상의 후기고령자가 1,300만 명으로 총인구의 10%를 차지한다. 우리나라의 2008년 고령인구비율이 10%인 것을 감안한다면 우리나라의 65세 이상 인구와 일본의 75세 이상 인구비율이 일치하고 있는 것을 알 수 있다.

일본의 고령자를 대상으로 하는 주택과 시설은 2005년 12월 현재 127만 세대에 달하고 그 중 자립자 대상이 28만 세대, 요양간호노인 대상이 100만 세대로 대부분이 요양간호자를 대상으로 하고 있다.

주거로서의 고령자용 시설은 약 113만으로 약 4.3%이다. 일본의 전체주택의 총세대 수 4,584만 세대(자가세대 2,864만, 임대세대 1,717만)에 대해 65세 이상의고령자단신세대, 고령자부부세대는 782.9만 세대로 약 17%이다. 이 중 고령자용 주거로 간주되는 고령자우대임대주택과 고령자전용임대주택의 세대수는 2만 8천 세대로 고령자에게 준비되어진 주거의 세대 수가 많지 않다. 특별양호노인주택, 노인보건시설, 요양간호형의료시설, 그룹홈의 시설이 약 92만 세대로 전체의 약 72%를 차지하고 있어 고령자의 대부분은 주택과는 거리가 있는 시설에 거주하고 있다.

그림 1-1 주택과 시설의 분류와 재고량[8)]

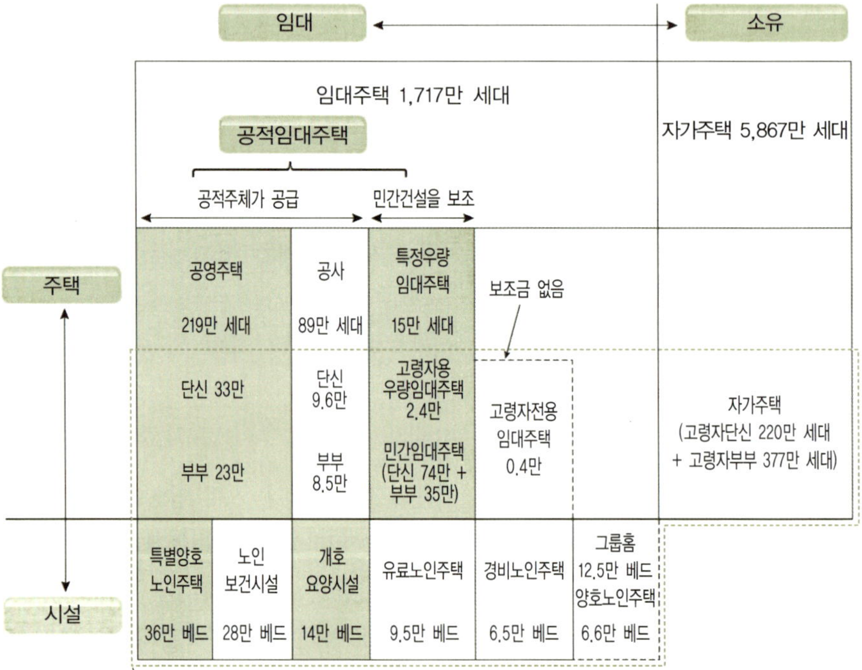

후생노동성의 추계에 의하면 치매노인이 2005년 약 205만 명, 베이비붐 세

---

8) www.mhlw.go.jp/shingi/2006/09/dl/s0927-8f.pdf
- 주택 세대 수의 데이터는 2003년 주택토지통계조사에서 발췌하였고, 고령자전용임대주택은 2006년 3월 기준의 자료
- 시설의 베드 수는 2004년 개호서비스시설사업소조사, 유료노인주택의 정원 수는 2005년 7월 후생노동성 노인건강국조사, 경비노인주택의 정원 수는 2004년 사회복지시설 등 조사보고에서 발췌

대가 노인이 되는 2015년에는 약 302만 명, 2035년 약 445만 명으로 크게 상승할 것이라고 한다. 이처럼 노인성 치매로 인해 판단능력과 의사능력이 저하되었을 때의 사회안전망으로 성년후견제도, 장수의료제도, 개호보험 등이 있다.

일본의 노인주택은 국가의 정책과 공공주도로 발전되어 왔다. 즉 법률을 만들고 예산을 짜고 지방자치단체를 통해 사업의 담당자를 모집하고 보조금을 지급하고 운영의 관리감독을 한다. 그러나 이는 고령자 인구가 지속적으로 상승해 가는 시대에는 맞지 않는 방법이다. 그렇다고 해서 노인주택의 공급을 중단할 수도 없는 정부는 보조금을 줄이고 서비스의 수급자에게 부담을 나누거나, 가능하다면 예산을 들이지 않고 노인주택의 필요량을 채워가는 방향으로 선회하게 되었다. 민간기업이 보조금에 의존하지 않고 법의 규제에 묶이지도 않고 민간기업의 지혜와 자산을 사용하여 고령사회 선진국에 걸맞는 노인주택을 개발하는 시대를 맞이했다.

8. 성년후견제도

성년후견제도는 판단능력이 감퇴되어 가는 고령자의 일상생활에서 가능한 한 그의 의사를 존중하고 주체적 선택과 능력에 따라 살아갈 수 있도록 지지하는 제도로 개호보험과 함께 고령자가 안심하고 생활해 나가기 위한 대안이다.

고령자는 판단능력이 저하되고 신체적 능력이 감퇴됨에 따라 일상생활에 불편을 느껴 타인의 수발을 필요로 하며 재산관리에 있어서도 치매로 인해 의사능력이 저하되므로, 적절한 복지서비스의 선택이나 재산관리에 있어서 본인을 대신해서 후견인이 재산관리나 개호서비스의 계약, 생활지원 등을 책임져주는 제도이다.

성년후견제도는 미성년자에 대해서가 아니라 행위무능력자인 성인을 위한 후견제도로서 우리나라의 금치산·한정치산자제도와 유사하다. 일반적으로 고령자의 경우 노화가 진행됨에 따라 정신적·신체적 능력이 저하되고 그에 따라 유효한 법률행위를 할 수 있는 능력도 감퇴된다. 따라서 법률행위 및 재산관리를 독자적으로 하기 어렵게 되는 경우에 신상감호와 재산관리를 대신할 사람이 필요하게 되는데 여기에 성년후견제도의 필요성이 있다.

성년후견제도는 고령사회를 맞아 후견사무의 유형이 다양하고 복잡해지는 상황에서 성년자를 대상으로 지원하는 것을 내용으로 한다. 즉 판단능력이 저하된 성년자를 대상으로 그의 능력을 보충하여 실질적인 권리능력의 주체로서 삶을 누릴 수 있도록 옹호하고 대변하는 제도이다. 그러므로 재산관리나 처분을 중심으로 하는 무능력자제도보다는 고령자의 케어, 학대방지, 서비스이용 등 복지서비스까지 포괄하는 내용이 되어야 할 것이다.

성년후견제도는 예금 등 금융상품이나 부동산의 처분, 상속이나 유산분할 등 금전문제를 해결하는 수단으로서 이용되는 것이 대부분이지만, 케어플랜의 결정, 주택의 임대차계약 등 이용자의 생활을 폭넓게 돕기 위한 일신상의 감독과 보호, 일상생활을 지지하기 위해 후견인이 붙여진다.

현행 무능력자제도는 요보호자의 능력을 획일적으로 박탈하거나 제한하여 고령자의 능력에 따른 보호가 불가능하고, 정신적 장애가 있는 자만을 대상으로 하므로 치매·노환 등에 따른 고령·장애인을 보호하기에는 역부족이다. 따라서 다양한 보호의 필요성이 제기되고 있는 고령자에 대한 보호대책으로서 성년후견제도가 필요하게 된다.

성년후견제도는 고령자의 자기결정권을 존중하고 본인의 능력을 활용하도록 하며, 신상보호를 기본으로 하면서 고령자가 사회에서 격리되지 않도록 적극적인 보호를 행할 수 있는 것이다. 즉, 성년후견제도는 단지 고령자의 법적 권리의 보장뿐만 아니라 인권보장과 생활문제의 실질적 해결에 기여한다.

예를 들어 케어지원을 위해 사회복지사가 서비스 이용 희망자의 자택을 방문하면 피보험자가 먼저 요양급여 인정신청을 하겠지만, 치매증상이 있는 노인의 경우 스스로 자신의 상태와 보험제도의 이용을 위한 상담에 직접 나설 가능성이 희박하므로 피보험자라 할지라도 서비스 신청을 하기가 사실상 어려워진다. 또한 계약당사자로서 본인이 자기결정을 할 수 있는 상태인지의 판단도 내려야만 한다. 홀로 생활하는 치매 고령자의 경우, 요양인정 과정에의 입회,

인정에 대한 이의신청, 케어계획 작성에 대한 동의나 이의신청, 교섭조정, 서비스 이용계약체결, 케어계획의 수정, 고충신청 등 모든 면에서 어려움이 발생하게 된다. 판단능력에 의문이 있어 이상과 같은 상황에서 의사결정의 문제가 있는 경우에는 관계자나 가족이 검토하여 필요하다면 후견인 선임의 신청이 필요하다.

일본에서 성년후견제도에는 사회의 책임으로 판단능력을 상실한 사람에 대해 가정재판소가 후견인을 심판에 의해 결정하는 법정후견인과, 개인의 책임으로 장래에 있을지 모르는 의사능력의 저하에 대비하여 본인이 판단능력이 있을 때 누구에게 무엇을 부탁할까를 정하고 이를 공증하고 등기하는 임의후견인으로 구분된다.

일본에서 성년후견제도에 대한 인지도는 아직 낮다. 2007년 3월말 기준으로 7년간 성년후견제도의 이용자는 약 12만 3천 명에 지나지 않고, 이 중 법정후견인이 약 12만 1천 건을 차지한다. 동일한 시기에 시작된 개호보험의 이용자가 연간 400만 명이고, 치매노인이 205만 명인 점을 고려할 때 상대적으로 적은 숫자이다.

9. 장수의료제도

일본에서는 65세에서 74세까지의 중증장애인과 75세 이상의 전원(약 1,300만 명)을 가입자로 하는 장수의료제도(후기고령자의료제도)가 2008년 4월부터 시작되었다.

2006년도 기준으로 국민의료비는 연간 30조 엔을 넘어섰고, 이 중 75세 이상 약 1천 3백만 명의 의료비지출액이 약 11조 엔이다. 이는 일인당 약 83만 2천 엔(2006년)에 달하는 금액으로 인구의 대략 10%가 국민의료비의 3분의 1을 사용하고 있는 셈이 된다.

새로운 제도의 배경에는 이처럼 계속 증가하는 고령자 의료비를 억제하고, 74세 이하의 현역세대가 후기고령자의 의료비를 전액 부담하는 기존의 보험체계를 변경해야 하는 필요에서 후기고령자의료제도를 분리시키는 것이다. 재원의 내역은 공비부담 50%, 74세 이하의 현역 세대의 보험료로부터 지출되는 지원금이 40%, 가입자의 보험료 10%로 구성되고, 각 지방자치단체의 국민건강보험조합이 운영주체가 된다.

Chapter 02 개호보험제도

1. 개호보험제도의 배경

개호보험(介護保險)은 일본에서 2000년 4월부터 시작된 제도로 40세 이상의 모든 국민이 가입하는 사회보험제도이다. 일정한 보험료를 지불하고 요양간호가 필요하게 되었을 때에, 10%의 자기부담으로 요양간호서비스를 이용할 수 있다.

이 제도가 생긴 배경은 요양간호를 필요로 하는 고령자의 급속한 증가에 있다. 요양간호기간도 장기화되고 요양간호하는 가족의 핵가족화와 고령화도 큰 문제로, 고령자의 요양간호문제는 가족만으로는 감당하지 못하는 사회적인 문제라는 점에서 요양간호를 사회 전체 차원에서 보장하는 개호보험이 도입된 것이다. 후유증이나 장애 등으로 요양간호가 필요한 상태에서 오랫동안 삶을 보내게 되는 노후생활에 있어서 가족에게 불필요한 부담을 주지 않기 위해서 이 제도가 생겼다.

개호보험이 생긴 또다른 배경으로는 국가의 재정사정을 들 수 있다. 급속한 고령화는 치료를 목적으로 하는 의료기관의 '사회적 입원'이라는 현상으로 인해 의료비는 부풀어 올랐고, 건강보험제도나 나라의 재정상태가 궁핍해져 새로운 재원을 확보할 필요가 있었다. 노인복지는 세금에 의해서 유지되어 왔지만 개호보험은 보험료와 세금으로 유지되게 된다.

일본의 개호보험법은 고령사회의 불안요인이 되고 있는 요양간호문제를 해결하기 위하여 사회보험방식으로 요양간호시스템이 만들어졌다. 요양간호서비스의 창출로 노인서비스의 새로운 장을 열어가고 있는데, 이는 증가하는 노인 인구의 보호를 누가, 무슨 재원으로 어떻게 제공할 것인가에 대해 우리에게 시사하는 점이 크다고 하겠다.

2. 개호보험제도의 목적

개호보험제도의 목적은 고령기에 있어서 최대의 불안요인인 요양간호문제에 관해서 사회 전체가 상호부조하는 틀을 구축함으로써 요양간호의 불안을 해소시켜 안심하고 생활할 수 있는 사회를 만들고, 가족 등 요양간호자의 부담을 경감시키는 데 있다.

복지와 의료를 분리시킴으로써 입주자 부담의 불균형을 시정하고, 의료비의 비효율적인 사용을 수정함과 동시에 의료보험에서 요양간호부분을 떼어내어, 치료라는 본래의 목적에 맞도록 의료보험제도를 수정해 나가고자 하는 것이다.

개호보험제도는 증가하는 요양간호 고령자에 대해 의료, 보건, 복지서비스가 개별적으로 제공해 오던 것을 종합적으로 제공하고, 요양간호가 필요해지는 경우 지역의 양호한 요양환경을 확보하여 각각 자립한 생활을 보낼 수 있도록 하기 위해 제도화된 것이다. 또한 시설지향적인 요양간호를 주택으로 하거나, 요양간호노인 본인의 의사를 존중하여 익숙한 지역의 주거장소에서 생활할 수 있도록 제도화한 것이다.

3. 개호보험제도의 내용

40세 이상의 모든 국민이 보험가입자가 되어 보험료를 부담하고, 65세 이상(제1호 피보험자)은 그 원인에 관계없이 요양간호나 지원이 필요하다고 인정되었을 때에 서비스를 이용할 수 있지만, 40세 이상 65세 미만(제2호 피보험자)은 노인성질환을 원인으로 요양간호나 지원이 필요하다고 인정되었을 때만 서비스를 이용할 수 있다. 40세 미만은 개호보험의 대상자가 아니므로 요양간호가 필요하게 되어도 개호보험을 이용할 수 없다.

입주자의 부담은 65세 이상 노인 당사자(제1호 피보험자)는 비용의 10%만 내고 나머지는 보험재원과 국가, 지자체의 예산으로 충당하며 노인의 불편한 정도에 따라 7개 등급(요지원 1~2, 요양간호 1~5)으로 분류되어 노인시설이나 자신의 집에서 전문개호복지사로부터 요양간호서비스를 받는 것이다.

개호보험의 급부대상이 되는 시설서비스는 요양간호노인복지시설(특별양호노인주택), 요양간호노인보건시설(노인보건시설), 요양간호의료시설(개호요양병상)로 구분된다.

개호보험제도는 행정기관이 서비스의 종류와 제공기관을 결정했던 '조치제도'에 의한 서비스제공 체계에서, 입주자 선택에 의한 보건·의료·복지 등 요양간호서비스가 종합적으로 이용될 수 있는 '계약제도'라는 새로운 이용방식으로 바뀜으로써 사회복지의 새로운 패러다임으로 전환되는 계기를 마련했다고 볼 수 있다.

개호보험 실시 이후 입주자와 시설(직원)의 관계가 이전보다 대등한 관계로 변화되어 가고 있다. 입주자는 기본적으로 자신의 의지로 이용할 서비스를 선택하고 결정하고, 이러한 입주자의 자기결정을 지원하기 위해 요양간호지원사업자(케어플랜 작성기관) 등이 폭넓게 요양간호서비스에 관한 정보제공을 행하게 되어 있다.

1) 개호보험사업서비스의 분류

고령자 주거사업의 기획에서 반드시 고려해야 하는 사항 중 하나가 개호보험으로 이에 대한 상세한 이해 없이 노인주택사업에 참여하기는 어렵다.

개호보험사업은 개호서비스 뿐만 아니라 개호예방서비스도 만들어졌다. 개호보험서비스 중에 이해하기 어려운 것이 '특정시설입주자생활개호'이다. 이 서비스는 2006년 4월에 '외부서비스이용형특정시설입주자생활개호'라는 제도가 만들어져, 고령자의 거주를 고려할 때 보다 중요한 역할을 담당하게 되었다.

개호보험법에서 '특정시설'이라 함은 후생노동성에서 정한 시설로서 '지역밀착형특정시설'과는 구분된다. '특정시설입주자생활개호'는 특정시설에 입주하고 있는 요양간호대상자에 대하여 해당 특정시설이 제공하는 서비스의 내용, 즉 후생노동성에서 정한 사항에 기초하는 입욕, 배설, 식사 등의 개호 기타 일상생활상의 도움으로 기능훈련 및 요양상의 도움을 말한다고 정의한다.

후생노동성에서 정한 시설로는 요양노인주택, 경비노인주택, 고령자의 거주안정확보에 관한 법률규정에 의해 등록되어 있는 임대주택 중 후생노동대신이 정한 기준에 적합한 것으로서 지방자치단체장에게 신고된 것 등이 있다.

신설된 '외부서비스이용형특정시설'에서는 개호서비스계획과 일상의 건강관리 등은 시설의 직원이 담당하지만, 식사제공과 입욕 등의 개호서비스는 외부의 방문개호사업자와 통소개호사업자로부터 서비스를 제공받도록 되어 있다. 운영에 관해서는 운영규정의 개요, 종업원의 근무체제, 외부서비스이용형지정특정시설 입주자생활개호와 수탁서비스사업자의 업무분담내용, 수탁서비스사업자의 명칭, 종류, 이용료 등의 내용을 입주자에게 알리도록 되어 있다.

|표 2-1| **재택서비스**

재택서비스	개호예방서비스	서비스의 개요	비고
방문개호	개호예방방문요양간호	재택에 있어서 개호복지사 등에 의한 입욕, 배설, 식사 등의 요양간호 및 일상생활상의 지원	
방문입욕개호	개호예방방문입욕요양간호	재택을 방문하여 욕조를 제공하여 행하는 입욕보조	
방문간호	개호예방방문간호	간호사 등에 의한 요양상의 도움, 진료의 보조	
방문리허빌리테이션	개호예방방문리허빌리테이션	재택에서의 이학요법, 작업요법 등의 리허빌리테이션	
재택요양관리지도	개호예방재택요양관리지도	의사 등에 의한 요양상의 관리 및 지도	
통소개호	개호예방통소요양간호	데이서비스센터에서의 개호서비스, 일상생활지원, 기능훈련	통칭 : 데이서비스
통소리허빌리테이션	개호예방통소리허빌리테이션	병원, 진료소 등에서의 이학요법, 작업요법 등의 리허빌리테이션	통칭 : 데이케어(의료시설에 병설)
단기입소생활개호	개호예방단기입소생활요양간호	단기입소에 의한 요양간호 등 일상생활상의 지원, 기능훈련	통칭 : 쇼트스테이(노인복지시설에 병설)
단기입소요양개호	개호예방단기입소요양요양간호	단기입소에 의한 간호, 의학적 관리하에서의 요양간호, 기능훈련, 의료, 일상생활상의 지원	통칭 : 쇼트스테이(노인보건시설에 병설)
특정시설입주자생활개호	개호예방특정시설입주자생활 요양간호	입주자에 대한 요양간호, 일상생활상의 지원, 기능훈련, 요양상의 도움	유료노인주택 등
복지용구대여	개호예방복지용구대여	복지용구의 대여	
특정복지용구판매	특정개호예방복지용구판매	복지용구의 판매	

|표 2-2| **지역밀착형서비스**

지역밀착형 서비스	지역밀착형개호 예방서비스	서비스의 개요
야간대응형 방문개호	–	야간, 정기적인 순회방문, 통보에 의한 재택에서 개호복지사 등이 입욕, 배설, 식사 등의 요양간호, 일상생활의 도움
인지증대응형 통소개호	개호예방인지증대응형통소요양간호	인지증인 사람을 대상으로 데이서비스센터에서의 개호서비스, 일상생활지원, 기능훈련을 수행
소규모다기능형 재택개호	개호예방소규모다기능형재택요양간호	대상자의 심신상황, 환경에 따라 자택이나 서비스거점에 단기간 숙박시켜 일상생활상의 지원과 기능훈련을 담당
인지증대응형 공동생활개호	개호예방인지증대응형공동생활요양간호	인지증인 사람을 공동생활을 하는 주거에서 요양간호, 일상생활의 지원, 기능훈련을 수행
지역밀착형 특정시설 입주자 생활개호	–	소규모(29인 이하)인 특정시설에 있어서 요양간호, 일상생활의 지원, 기능훈련, 요양상의 도움
지역밀착형 개호노인복지시설 입소자생활 요양간호	–	소규모(29인 이하)인 노인복지시설에 있어서 요양간호, 일상생활의 지원, 기능훈련, 건강관리, 요양상의 도움

|표 2-3| **지정재택서비스**

지정재택서비스	지정개호예방서비스	서비스의 개요
재택개호지원	개호예방지원	재택에 있어서 일상생활을 위해 필요한 보건의료서비스, 복지서비스의 적절한 이용계획을 작성

|표 2-4| **개호보험시설**

개호보험시설	서비스의 개요	비고
개호노인 복지시설	입소자에 대한 입욕, 배설, 식사 등의 요양간호 기타 일상생활상의 도움, 기능훈련, 건강관리 및 요양상의 도움	통칭 : 특별양호노인주택
개호노인 보건시설	입소자에 대한 간호, 의학적 관리하에서의 요양간호 및 기능훈련 기타 필요한 의료 및 일상생활상의 도움	통칭 : 노인 보건시설
개호요양형 의료시설	요양병상 등에 입원하는 요개호자에 대한 요양상의 관리, 간호, 의학적 관리하에서의 요양간호, 기타의 도움, 기능훈련 및 기타 필요한 의료	통칭 : 개호 요양병상

2) 개호보험사업의 시작

개호보험사업을 시행하기 위해서는 자치단체장의 인가를 받아서 지정사업자가 되어야 한다. 고령자주거와 관련된 사업을 시작하기 위해서는 개호보험서비스도 외부위탁이 아닌 스스로 담당하는 것을 검토할 필요가 있다.

데이서비스센터 등의 개호서비스 사업을 사업주가 운영하기 위해서는 개호보험법에서의 개호보험지정사업자로서 자치단체장의 지정(또는 인가)을 받아야 한다. 제공하는 개호서비스의 종류에 따라서는 재택개호지원사업자, 재택서비스사업자, 개호보험시설의 3종류 지정이 가능하다. 데이서비스를 제공하기 위해서는 재택서비스사업자의 지정을 받아야 하고, 지정사업자가 되기 위해서는 법인격이 필요하다.

주식회사 등으로 시작하는 경우에는 정관의 변경과 임원회의 합의도 필요하고, 개호보험사업자의 지정스케줄은 행정기관에 따라 조금씩 차이가 있다. 지정사업자로서의 신청을 하기 위해서는 사업계획서의 작성과 운영하기 위한 직원의 모집 등도 필요하다.

데이서비스사업자 지정은 사업개설 2개월 전부터 신청이 가능하지만, 통상은 건축공사를 시작하기 전부터 사전에 협의를 하고, 계획내용의 지도를 받아서 진행해야 한다. 시설기준과 계획지역의 지도내용을 충분히 이해하고 있는 경우에는 문제가 없지만, 방의 배치와 면적의 산정 등에 있어서 지방자치단체의 독자적인 판단기준과 지도내용에 차이가 있는 경우에 공사가 진행되어버린 뒤에는 대처하기 곤란한 상황이 발생할 우려가 있기 때문이다.

4. 개호보험제도의 방향

요양간호서비스는 가령에 따라 수반되는 장애 등으로 인하여 자력으로 일상생활이 곤란한 고령자에 대하여 제공되는 것이며, 고령자의 자립을 지원하여 다양한 생활을 지원하는 관점에서 폭넓은 서비스를 사회적으로 제공하는 것이다.

고령자가 이용하기 쉽고 적절한 요양간호서비스를 원활하게 사용하기 위해 입주자 자신이 요양간호서비스를 선택하는 것을 기본으로, 전문가와 연계하여 가까운 지역에서 고령자 및 그 가족을 지원하는 시스템을 확립해 나간다.

고령자의 일상생활에서의 건강관리나 건강증진의 추진과 함께 요양간호가 필요한 상태가 되어도, 그 악화를 막기 위하여 지자체의 노인보건사업 등 관련 시책과 연계시키면서 예방 및 재활의 충실을 지향해야 한다.

더불어 요양간호가 필요한 고령자에 대하여 개개인의 욕구나 상태를 감안한 요양간호서비스가 적절하고 효과적으로 제공되도록 서비스제공 주체에 의해 보건, 의료, 복지에 걸쳐 종합적, 일체적, 효율적으로 제공되는 요양간호서비스 체계를 확립해 나간다.

5. 개호보험의 장·단점

유료노인주택은 입주일시금이 수천만 엔대에 달하고 요양간호서비스는 전액 사비부담이며 월지불금액의 비용도 고액인 까닭에 일반서민과는 거리가 있는 상품이었다. 또한 노인주택에 대한 감사·지도제세가 불충분하고 모호한 규정과 경영미숙으로 도산이나 폐쇄를 초래하여, 갈 곳 없는 고령자가 전기와 가스가 끊긴 노인주택에서 살아가는 등 사회문제가 되기도 하였다.

이러한 가운데 노인주택의 전체상을 크게 바꾼 것이 개호보험제도이다. 특정시설 입소자요양간호에 민간기업, 요양간호서비스 사업소 등이 참여하게 되어 기존의 입주일시금이 수천만 엔에 달하는 고액시설이 아닌 일시금 1,000만 엔 미만에 월액 20~25만 엔 정도의 중산층을 위한 시설이 많아지고 있다. 그러나, 감사·지도 체제가 불충분하고 애매한 미사여구가 난무해 악덕업자도 횡행하는 등 고령자나 가족과의 분쟁이 급증하고 있다.

예전에는 자신이나 가족이 요양간호 상태가 된 경우, 시설이나 요양간호서비스를 이용하면 고액의 비용이 들었다. 그러나 개호보험 시행 이후에는 요양간호로 인정되면, 건강 정도에 따라 나라와 지방자치단체로부터 보조를 받을 수 있다. 요양간호비용의 90%가 개호보험에서 조달되고, 입주자는 나머지 10%를 자기부담한다. 지방자치단체에 따라 차이는 있지만, 저소득자 전용으로 요양간호비용의 감면이나 기저귀 배포 등을 실시하고 있는 곳도 있다. 그러나 자신이나 가족이 요양간호의 인정을 받았어도 요양간호서비스를 필요로 하지 않는 한 개호보험은 관계없는 것이 되어 버린다.

개호보험제도가 시행되기 전에는 요양간호 고령자를 대상으로 하는 주택은 존재하지 않았고, 4~8인실 규모의 행정기관에 의한 조치시설인 특별양호노인주택뿐으로 미정비 상태였다. 공적복지시설의 한계로 특별양호노인주택의 공급량은 증가하는 수요에 부응하지 못하였고, 입주신청 후 1~2년의 대기기간이 필요했기 때문에 자택에서 생활이 어려워지면 노인병원·노인보건시설에서 요양간호를 받는 사회적 입원이 일반화되고 있었다. 갈 곳을 잃은 고령자는 의료기관이나 노인보건시설을 전전하고, 불필요한 의료가 과잉투여되어 의료보험 재정을 크게 악화시키는 원인이 되었다.

6. 개호보험과 의료보험의 차이

개호보험과 의료보험을 동시에 수급받는 대상이 되는 일은 없다. 개호보험을 적용받는 사람이라도 감기나 골절 등의 경우는 의료보험의 대상이 된다. 가령으로 인한 요양증상으로 입원하고 있는 사람의 경우, 재활훈련[1]이나 욕창치료 등의 장기요양에 대한 일상적이고 지속적인 의료행위는 개호보험으로부터 급부된다. 수술이나 투석 등 빈도가 적은 복잡한 의료행위는 의료보험의 대상이 된다. 재가복지서비스의 경우, 요양간호노인에 대한 일상의 방문요양간호는 개호보험의 대상이 되나 상태가 급변했을 때 등의 긴급 시에는 의료보험의 대상이 된다.

보험료를 지불하고 있다고 누구나 요양간호서비스를 받을 수 있는 것은 아니다. 개호보험을 사용할 수 있는 대상은 다음과 같이 제한되어 있다. 65세 이상인 사람(제1호 피보험자)은 요양간호 인정의 신청을 하여 인정된 경우, 40~64세까지의 사람(제2호 피보험자)은 이용조건이 제한되어, 요양간호가 필요하게 된 원인이 장년기의 치매 또는 뇌졸중 등의 노화에 수반되는 특정질병 등인 경우로 한정되고, 사고로 와병생활을 하게 된 경우에는 의료보험이나 장애자복지법의 대상이 된다.

---

1) 재활훈련서비스로는 상담(생활, 의료, 훈련, 직업, 주택, 결혼 등에 관한 상담), 평가 및 판정(심리, 적성, 신체기능 등에 대한 평가 및 판정), 의료재활(물리치료, 작업치료, 심리치료, 장애진단 등), 직업재활(적응훈련, 기능훈련 등의 직업훈련, 취업알선, 사후지도 등), 사회생활적응(보장구사용, 기능회복훈련, 일상생활적응훈련), 학습지도(정신교육, 도서관 운영, 특수교육 등), 스포츠 및 레크리에이션 등이 있다.

7. 개호보험료의 결정

개호보험제도에서 요양간호 혹은 요지원이라고 인정된 뒤, 이용하는 서비스 내용・종류를 결정・계획하는 것을 요양간호서비스계획이라고 한다. 계획내용으로 이용하는 서비스의 종류, 내용, 담당자, 본인의 건강・생활상의 문제점, 해결해야 할 과제, 서비스의 목표와 달성시기를 명확하게 정한다. 요양간호지정사업자에게 의뢰하여 요양간호서비스계획을 세운 경우, 재가복지요양간호지원서비스로서 보험급부의 대상이 된다.

피보험자는 65세 이상(제1호 피보험자)과 의료보험에 가입하고 있는 40~64세(제2호 피보험자)로 구별된다. 개호보험의 지급액은 전국이 일률적이지만, 납부하는 보험료는 일률적이지 않다.

제1호 피보험자[2)]의 개호보험료는 소득에 따른 보험료로, 저소득자에게도 크게 부담이 되지 않을 정도의 구조로 되어 있다. 징수방법은 연금에서 공제하는 것 외에, 공제가 곤란한 사람은 시・구・읍・면이 개별적으로 국민건강보험료와 함께 징수한다. 제1호 피보험자의 보험료는 시・구・읍・면이 결정하므로 지역에 따라 다르다.

제2호 피보험자의 개호보험료는 가입하고 있는 의료보험에 근거해 결정된다. 납부방법은 의료보험과 일괄로 납부하게 된다.

2) 개호보험의 제1호 피보험자란 개호보험의 피보험자 중 65세 이상인 사람을 말한다. 요양간호나 지원이 필요하다고 인정되면 그 요양간호 상태가 된 원인에 관계없이 개호보험을 이용할 수 있다. 보험료는 시・군・구마다 조례로 정해져 있으며 원칙적으로 5단계의 소득에 따라 정액의 보험료가 연금에서 공제되고, 연금액이 적은 경우는 시・구・읍・면이 개별적으로 징수한다.

8. 요양간호등급별 보수금액

요양간호서비스는 개호보험에 있어서 요양간호인정을 받은 피보험자(요지원자・요양간호노인)에게 제공되는 복지서비스로 재가복지서비스와 시설서비스로 나누어진다. 구체적으로는 재가복지 요양간호서비스비, 특례재가복지 요양간호서비스비, 복지용구구입비, 재가복지 요양간호 복지용구구입비, 재가복지 요양간호서비스계획비, 재가복지 요양간호주택개수비, 특례재가복지 요양간호서비스계획비, 시설요양간호서비스비, 특례시설 요양간호서비스비, 고액요양간호서비스비의 지급이 있다. 재가복지서비스는 방문요양간호와 방문입욕요양간호, 통소요양간호(데이케어서비스),[3] 복지용구렌탈, 단기보호[4] 등이다.

---

3) 통소요양간호(day care service)란 노인복지의 영역에서는 개호보험제도에 의한 재가복지 요양간호서비스로 요지원자・요양간호자에 대하여 제공되는 요양간호, 간호, 건강상태의 확인, 리허빌리테이션 등의 서비스를 가리킨다. 즉 데이케어서비스사업이란 가족으로부터 적절한 보호를 받지 못하거나 가족에게 개호의 부담을 주는, 혹은 가족의 질병, 출산, 관혼상제, 사고, 출장, 휴가 등 부득이한 사유로 일시적으로 가족의 보호를 받을 수 없는 재가중증장애인에게, 낮 동안 복지관 내에서 보호 및 각종 서비스를 제공하여 가족의 일상 보호 부담을 해소시키고, 건전한 가정 조성과 사회적・경제적 활동에 도움을 주기 위한 프로그램이다. 고령자를 대상으로 하는 데이케어서비스 외에 지적장애자, 신체장애자, 정신장애자 등을 대상으로 하는 데이케어서비스가 있다. 주요 서비스내용은 일상동작훈련, 취미생활, 여행 및 견학 등으로 구성되어 있는데, 일상동작훈련은 질환이나 손상, 결손 등으로 기본적인 일상생활을 하는 데 문제가 있는 장애인들을 위해 신변처리, 의복착탈, 식생활, 위생, 침상자세, 보행, 물건사용법 등을 훈련시키며, 취미생활은 폭넓은 대인관계형성 및 자신의 특기와 취미를 살릴 수 있도록 음악, 영화감상, 레크리에이션, 서예, 수예, 바둑, 장기, 운동 등을 실시하며, 새로운 환경과 정보를 접하게 하여, 심신의 기능을 향상시키기 위한 고궁, 박물관, 민속촌, 한강선착장 등지의 견학이나 야유회 등을 실시한다.

4) 단기보호(short stay)란 요양간호자의 질병, 혹은 관혼상제 등의 사회적 이유, 또는 여행 등의 경우에 주택에서 노인을 돌보는 요양간호자를 대신해 단기간 시설에 입소시켜 요양간호서비스를 실시하는 것으로, 개호보험법상에서는 특별양호노인주택에서의 단기입소생활요양간호, 노인보건시설 등에서의 단기입소요양간호가 있다. 고령자뿐만 아니라 신체나 정신의 장애에 의해 일상생활을 하는 데 지장이 있는 장애아에 대한 서비스도 있다. 비용은 식사, 요양간호서비스, 주거비를 포함해서 1~2만 엔 정도이고, 개호보험이 이용가능한 시설인 경우에는 자기부담은 10%로 크게 줄어든다. 유사한 단기보호 형태로 미들스테이(middle stay)가 있다. 이는 가족이 출장 등으로 요양간호를 할 수 없는 경우 또는 노인주택의 입주 전 체험입주 등에서 이용된다. 비용은 식사, 요양간호서비스, 주거비를 포함해서 1개월에 25만 엔 정도이다. 반년 또는 1년 단위로 입주하는 유형도 있는데, 북해도와 같이 겨울이 반년 정도 되는 지역의 경우, 실내와 외부의 온도가 20~30도 차이가 나게 되면 고령자의 체력이 감당하기 어려워지고, 쌓이는 눈을 치우면서 겨울을 보내는 것은 고령자에게는 쉽지 않은 환경이 되므로 반년 정도의 시설입주를 원하는 수요가 있다. 또한 거액의 입주금을 지불하고 싶지 않거나, 말기암과 같이 터미널케어가 필요한 경우에는 연단위의 입주도 선호되고 있다. 비용은 미들스테이와 거의 유사하다.

|표 2-5| **개호보험의 등급별 지불한도액**

등급	1개월 지급한도액	이용가능한 서비스의 기준	신체의 상태별(기준)
요지원 1	49,700엔	요양간호예방통소리허빌리테이션의 이용, 주 1회의 방문요양간호, 월 2일의 단기보호를 이용	일상생활의 일부에 요양간호가 필요하지만, 요양간호 서비스를 이용하면 심신기능의 유지·개선을 기대할 수 있다
요지원 2	104,000엔	요양간호예방통소리허빌리테이션의 이용, 주 2회의 방문요양간호, 월 2일의 단기보호를 이용	
요양간호 1	165,800엔	매일 요양간호서비스를 이용	일어서기와 보행이 불안정하고 배설과 입욕 등에 부분적 시중이 필요
요양간호 2	194,800엔	주 3회의 통소리허빌리테이션 또는 매일 요양간호서비스를 이용	일어서기와 보행이 자력으로는 곤란하고, 배설·입욕 등에 일부 또는 전부 시중이 필요
요양간호 3	267,500엔	야간, 이른 아침의 대응을 포함하여, 방문요양간호를 1일 2회 이용, 의료의 필요도가 높은 경우, 주 3회의 방문요양간호를 이용, 인지증의 경우, 주 3회의 통소리허빌리테이션 또는 통소요양간호를 포함해 매일 서비스를 이용	일어서기와 보행이 자력으로는 불가능하고, 배설·입욕·의복의 착탈 등 전면적인 시중이 필요
요양간호 4	306,000엔	야간, 이른 아침의 대응을 포함하여, 방문요양간호를 1일 2~3회 이용, 의료의 필요도가 높은 경우, 주 3회의 방문요양간호를 이용, 인지증의 경우, 주 5회의 통소리허빌리테이션 또는 통소요양간호를 포함해 매일 서비스를 이용	일상생활 능력의 저하가 보여 배설·입욕·의복의 착탈 등 전반에 걸쳐 전면적인 시중이 필요
요양간호 5	358,300엔	야간, 심야, 이른 아침의 대응을 포함하여, 방문요양간호를 1일 3~4회 이용, 의료의 필요도가 높은 경우, 주 3회의 방문요양간호를 이용	일상생활 전반에 대해 전면적인 시중이 필요하고, 의지의 전달도 곤란

주 : 2006년 4월부터 요지원은 2가지로 구분되었다. 이전의 '요지원' 인정을 받고 있는 사람은 그 인정기간이 끝날 때까지 기존의 이용한도액이 되어, '경과적 요양간호'로 구분이 된다. '경과적 요양간호'의 1개월 지급한도액은 61,500엔이다.

비용은 서비스마다 가격이 정해져 있고, 노인주택에 입소한 경우는 식비와 주거비 부담이 별도로 있다. 재가복지서비스를 이용하는 경우에도 요지원, 요양간호의 단계에 따라 1개월에 이용가능한 한도액이 정해져 있다. 특별양호노인주택, 노인보건시설, 요양병상 등에서는 요양간호도별로 1일당으로 요금이 든다. 재가복지서비스, 시설요양간호서비스의 자기부담액은 요금(식비·거주비는 제외)의 10%로, 자기부담액은 사업자에게 지불한다. 개호보험에 의한 서비스는 요양간호의 구분에 따라 보험급부의 상한액이 정해져 있고, 상한액을 넘어 서비스를 이용하는 경우의 초과분은 전액 자기부담이 된다.

9. 요양간호시장의 규모

고령자 요양간호시장의 규모는 일본의 개호보험비용의 2006년 예산이 7.2조 엔이고 여기에 보험대상 외의 서비스를 감안하면 노인주택 요양간호시설업계 전체에서 13조 엔 규모로 추정(2006년 말 기준)된다.

2000년 개호보험제도가 시작될 때 3.6조 엔이었던 보험비용은 7년간 약 2배로 성장했다. 2005년 말 고령자 시설현황으로는 특별양호노인주택 5,535시설(정원 39만 5천 명), 노인보건시설 3,278시설(정원 28만 5천 명), 요양간호형의료시설 3,411시설(정원 13만 9천 명), 유료노인주택 1,418시설(정원 9만 5천 명), 그룹홈 5,450시설(정원 7만 7천 명) 수준이다. 개호보험이 시작된 후 공적 시설은 1.2배 증가하였지만, 민간사업자가 참여하는 유료노인주택은 약 2.5배, 그룹홈은 약 11배의 성장을 하였다.

10. 개호보험 사업자의 행동규범

개호보험제도는 여러 사업자의 참가를 인정하고 입주자가 요양간호서비스를 선택하고 자율적으로 시장을 통해 구입할 수 있도록 되어 있다. 요양간호서비스는 인간의 존엄과 인권에 관한 서비스가 주를 이루고 있으며, 개호보험은 고령자, 현역세대, 사업주, 국가, 지방자치단체 등 다양한 주체가 보험과 세금이라는 형태로 재원을 출연하여 운영하는 공적사회보장제도이다. 이러한 취지 아래 사업활동을 하는 사업자는 영리와 비영리를 떠나서 공적재원에 의해 운영되는 상호부조로 공익성이 높은 행동규범 준수가 요구된다. 요양간호고령자는 지속적으로 증가하고 그에 따라 요양간호 서비스시장도 확대되므로 민간사업자의 역할이 더욱 커지게 된다.

공적제도와 공적재원에 의해 유지되는 시장인 요양간호 서비스시장 특성에 적합한 사업자의 행동규범과 적절한 사업경영방식, 경영모델의 확립이 요구된다.

Chapter 03 노인주택

고령자와 장애자는 사회적 약자, 핸디캡이 있는 사람으로 간주되어 이들을 위한 주거시설의 정비는 주택정책에서 분리하여 주로 복지정책에서 담당하였다. 복지의 영역에서는 본인의 의사로 자립하여 사는 것보다는 행정기관의 판단으로 약자를 수용한다는 견해가 강하며, 고령자나 장애자가 집단으로 생활하는 장소는 주택이 아니라 시설[1)]로 인식되어 왔다.

1. 노인주택의 정의

1) 고령자주택과 노인주택

고령자주택과 노인주택을 구분하기는 어렵다. 통상적으로 고령자주택이라고 표현하는 경우는 공공과 민간의 구분 없이 특별양호노인주택에서 유료노인주택까지 고령자의 주거와 관련된 모든 것을 총칭하는 표현이다. 그러나 노인주택의 경우에는 고령자주택과 혼용해서 많이 사용되지만, 굳이 구분하자면 유

1) 시설을 이용하는 이유로는 가정과 지역의 상호부조라는 관습이 점차 상실되어가는 오늘날 와병생활자와 치매상태인 고령자에게, 요양간호자가 없는 경우, 어쩔 수 없이 특별양호노인주택 등의 시설을 이용할 수밖에 없게 된다. 심신에 약간의 장애가 있음에도 불구하고 자립된 생활을 영위하고 싶어하는 고령자는 많이 있다. 그러나 아무리 원하더라도 가정과 지역에 생활거점을 확보하기 어려운 사람은 특별양호노인주택이나 노인전문병원 등에 들어가거나, 아니면 가족의 무거운 짐이 되어버린 자신을 마음의 부담으로 느끼면서 생애를 마칠 때까지 지역과 가족의 짐이 된 채로 있게 되는 것이다.

료노인주택, 그룹홈, 시니어주택, 고령자맨션, 고령자전용임대주택, 고령자용우량임대주택 등 민간에서 공급하는 주택으로 노인의 주거에 공여되는 주택을 일컫는다. 본 서에서도 혼용되어 기술되는 부분도 있지만, 이와 같은 구분을 기준으로 설명하고 있다.

부모부양의 쇠퇴, 저출산으로 가족부양을 기대하기 어려운 상황 속에서 고령자는 리스크에 노출되어 있는 존재라고 할 수 있다. 따라서 고령자는 요양간호 상태의 리스크를 공유하고 생활능력과 자기결정 능력이 저하되어 버린다는 의미에서 일정한 보호를 필요로 하게 된다.

노인주택은 고령자를 위해서 특별히 계획된 주택 또는 시설을 말한다. 하나의 건물에 고령자만이 모여서 거주하고, 건물은 고령자의 신체기능이나 생활특성을 고려한 구조, 설비, 사양을 갖추고 있으며, 고령자의 니즈에 맞는 일상생활 지원이나 케어 등 필요한 서비스가 제공된다. 즉, 노인주택은 고령자만을 대상으로 하여 노인의 신체특성이나 생활양식에 적합한 시스템이 제공되는 주거형태이다.

|표 3-1| 다양한 고령자 전용시설(일본)

○입주가능 △입주가능한 시설도 있음 ×입주불가

<table>
<tr><th rowspan="2"></th><th rowspan="2" colspan="2">고령자 전용시설</th><th colspan="3">신체조건</th><th rowspan="2">입주연령</th><th rowspan="2">입주기간</th></tr>
<tr><th>자립</th><th>요지원</th><th>요개호</th></tr>
<tr><td rowspan="3">공적</td><td colspan="2">특별양호노인주택</td><td>×</td><td>×</td><td>○</td><td>원칙 65세 이상</td><td>종신 원칙</td></tr>
<tr><td colspan="2">노인보건시설</td><td>×</td><td>×</td><td>○</td><td>원칙 65세 이상</td><td>3개월~6개월</td></tr>
<tr><td colspan="2">케어하우스</td><td>○</td><td>△</td><td>△</td><td>원칙 60세 이상</td><td>종신 원칙</td></tr>
<tr><td rowspan="5">민간</td><td colspan="2">고령자전용임대주택</td><td>○</td><td>△</td><td>△</td><td>60세 이상</td><td>종신 원칙</td></tr>
<tr><td rowspan="2">개호형유료 노인주택</td><td>자립형</td><td>○</td><td>×</td><td>×</td><td>60세 이상</td><td>종신 원칙</td></tr>
<tr><td>개호전용형</td><td>×</td><td>○</td><td>○</td><td>원칙 65세 이상</td><td>종신 원칙</td></tr>
<tr><td colspan="2">주택형유료노인주택</td><td>○</td><td>○</td><td>○</td><td>60세 이상</td><td>종신 원칙</td></tr>
<tr><td colspan="2">기타 고령자주택</td><td colspan="3">시설에 따라 다름</td><td>-</td><td>-</td></tr>
</table>

노인주택은 고령자 거주의 장을 제공함은 물론이고 고령자 생활의 여러 가지 일상생활에 관한 서비스 제공이 포함된다. 이는 식사의 제공과 기타 일상생활상 필요한 편의를 제공하는 것을 말하는데, 노인주택마다 매우 다양하여 건강한 노인부터 요양간호 상태의 노인까지 적용되는 요양간호서비스는 매우 다양하다.

2) 공동주택과 노인주택

유료노인주택과 고령자를 위한 주거를 계획하기 위해서는 일반적인 공동주택의 계획보다 세밀한 검토가 필요하다. 그 이유는 노인주택에 필요한 주택의 사양은 일반적인 공동주택의 기능과 차이가 있고, 일반적인 공동주택은 거주가 목적이지만 노인주택에는 거주뿐만 아니라 개호와 의료라는 요소가 추가되기 때문이다.

노인주택사업에서 검토해야 하는 항목으로는 사업목적, 사업화구상과 조건, 개호보험서비스의 검토, 사업수지검토, 개호보험의 특정시설지정신청, 입주자 모집 등이 있다.

일반적인 공동주택사업과 달리 노인주택사업은 목적을 명확히 하는 것이 매우 중요하다. 일반적인 공동주택은 사업수익에 초점이 맞추어지고 상황에 따라 절세대책이 요구되는 정도라고 하면, 노인주택은 복지라는 특성이 있기 때문에 사업주의 사회적 책임과 역할도 중요한 요소이고, 건강한 노인부터 중증노인까지 입주대상자의 건강 정도에 따라 시설기준도 달라진다.

또한 노인주택 사업의 성립가능성을 검토해야 한다. 인구구성, 재택고령자의 요개호자 수와 상황, 연금수급액 등의 조사분석, 토지 제반조건의 정리와 건설시의 문제점 정리, 행정기관과의 사전조율, 개호보험서비스의 인정을 받을 수 있는지에 대해 검토해야 한다.

고령자의 주거 형태를 정하기 위해서는 입주자의 개호서비스 체계를 정해야 한다. 노인주택으로 해당시설에서 개호서비스를 받을 수 있는 '특정시설 입주자생활개호', 외부의 서비스를 받는 '외부서비스이용형 특정시설 입주자생활개호' 등을 검토한다. 노인주택의 사업기획을 설명함에 있어서 개호서비스의 병설 등 일반적인 공동주택사업에는 없는 요소가 많이 있다.

3) 주택과 시설

고령자 주거에 대한 분류로 후생노동성의 기준에 의하면, 시설로는 특별양호노인주택, 노인보건시설, 개호요양시설, 유료노인주택, 경비노인주택, 그룹홈,[2] 양호노인주택 등이 있다.

또한 국토교통성의 기준에 의해 주택으로 분류되는 것 중에서도 고령자원활입주임대주택, 고령자전용임대주택, 고령자용우량임대주택 등은 주택에서도 노인주택으로 분류될 수 있다.

고령자전용임대주택은 고령자의 입주를 거부하지 않는 고령자원활입주임대주택 중, 고령자만을 임차인으로 하는 임대주택을 말한다. 고령자전용임대주택은 허가와 인가는 필요하지 않지만, 고령자원활입주임대주택으로 등록[3]하여야 한다. 이처럼 등록된 주택은 개호보험법에서 규정하고 있는 특정시설 입주자 생활개호의 대상이 될 수 있지만, 유료노인주택의 정의에서는 제외된다.

고령자용우량임대주택은 고령자단신세대와 고령자부부세대의 거주안정을 도모하려는 제도로 민간의 토지소유자 등이 고령자의 생활특성을 배려한 사양과 설비, 긴급 시 대응서비스 등을 갖춘 고령자를 위한 임대주택으로 지방자치단체장에게 신청하여 인정받는 경우 건설비보조 및 임대료보조가 있다. 고령자용우량임대주택을 계획하기 위해서는 공급계획을 작성하여 자치단체장의 인정을 받을 필요가 있다. 인정을 받기 위해서는 지방자치단체의 인정기준을 충

---

2) 대규모 수용시설을 중심으로 실시되었던 기존의 장애인 거주 프로그램에 대한 비판으로, 정상화원리(normalization)에 입각하여 새롭게 형성된 장애인 거주 프로그램이다. 그룹홈은 장애인의 가치회복과 일탈방지를 위하여 보다 쉽게 지역사회에 통합될 수 있도록 물리적 환경을 제공하는 프로그램으로, 장소는 지역사회 내에 존재할 것, 일반 가정과 유사한 규모와 형태를 갖출 것, 이용자는 모두 낮 동안에 일정한 직장이나 시설의 프로그램에 소속되어 있을 것, 지역사회에 접근이 용이하도록 교통이 편리할 것 등의 전제조건이 갖추어져 있어야 한다.

3) 고령자전용임대주택(각 세대의 면적이 25㎡ 이상)의 세대 수, 보증금과 기타 입주 시에 수령하는 비용, 공동이용하는 거실, 식당, 주방, 수납설비 및 욕실의 유무, 입욕, 배설, 식사 등의 개호 및 기타 일상생활상 도움의 제공 유무, 임대료의 보전조치 등

족시키고 계획하는 장소에서의 인정이 가능한지 여부를 사전에 확인할 필요가 있다.

|표 1-7| **일본의 고령자주택과 시설의 체계도**

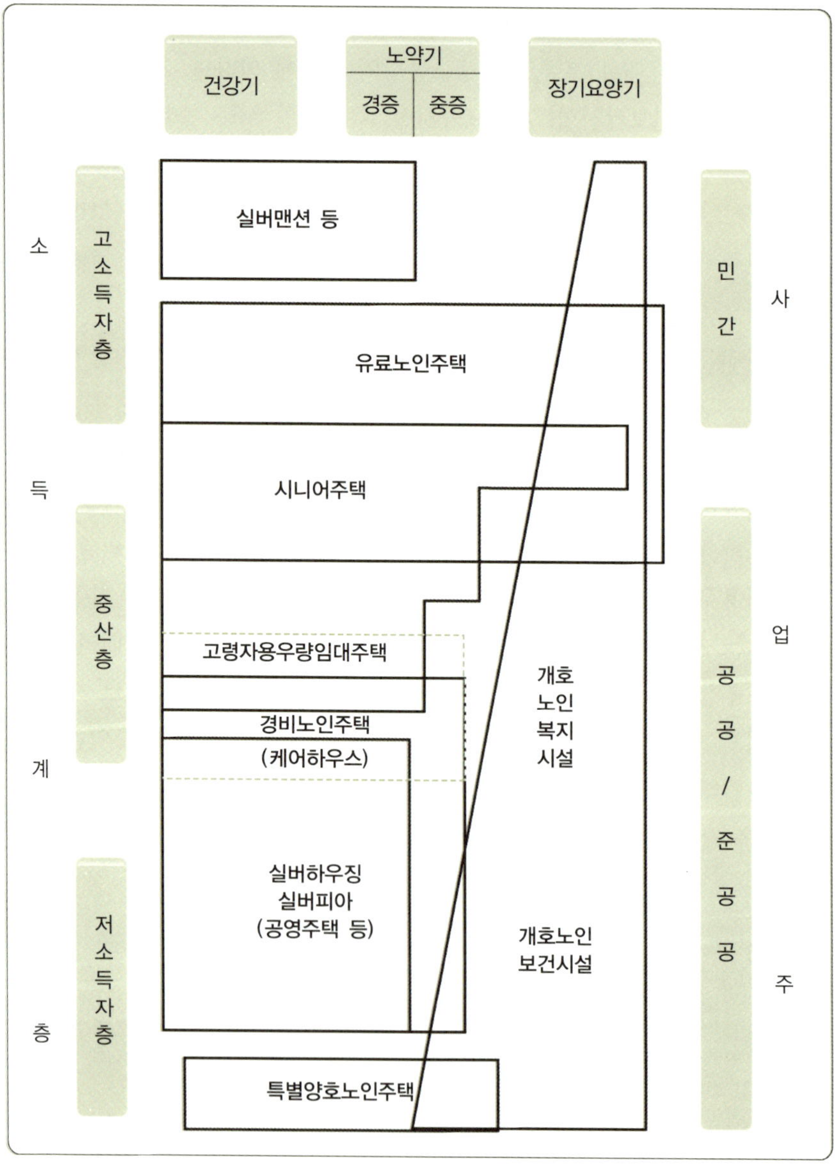

4) 주거교체 시 고려되는 요소

요양간호상태가 되었을 때 자택에서의 생활을 계속하기 어렵게 하는 요인 중 하나가 주거이다. 주택의 구조가 요양간호 대상자의 생활에 적절하지 않고, 자택에 계속 거주하는 것이 물리적으로 곤란한 경우와 단독세대 등의 이유로 자택에서의 생활이 곤란하거나 불안한 고령자인 경우 주거교체를 고려하게 된다. 이와 같이 주거교체를 고려하는 경우에 새로운 주거에 요구되는 요건은 다음과 같다.

- 배리어프리의 구조를 갖추고 있을 것
- 긴급통보장치 등의 설비가 각 방에 설치되어 있을 것
- 일상적인 안부확인과 생활상의 상담에 부응하는 서비스가 있을 것
- 입주자에 대하여 필요한 케어매니지먼트를 신속히 제공할 수 있는 체제가 정비되어 있을 것
- 주거에 개호서비스가 부수되어 있거나 외부의 사업자와 제휴하여 입주자가 개호를 필요로 하는 때에는 365일 24시간 언제라도 신속하게 개호서비스를 제공할 수 있는 체제가 정비되어 있을 것

5) 법률적 정의

우리나라는 노인의 주거문제를 법적으로 노인복지법과 장애인·노인·임산부 등의 편의증진보장에 관한 법률에서 부분적으로 규정하고 있다. 장애인·노인·임산부 등의 편의증진 보장을 위한 법률은 1997년 제정되었으며, 노인뿐만 아니라 약자를 위해 공공시설이 무장애공간으로 전환되는 데 기여하였다.

노인복지법은 노인들의 생활안정과 복지증진에 기여하기 위하여 1981년 제정되었으며, 그 후 여러 차례에 걸쳐 법을 개정하였다. 그러나 노인복지법은 노인복지시설에 대한 지원 등 노인복지서비스 내용이 중심을 이루고 있어, 노인인구의 급증과 사회환경의 변화로 인한 노인주거의 복지 수요를 충족하기에는 부족하다.

우리나라의 노인복지법에 의한 노인복지시설의 종류에는 노인주거복지시설,

노인의료복지시설, 노인여가복지시설, 재가노인복지시설, 노인보호전문기관의 5가지로 나뉜다. 노인주거복지시설에는 노인복지주택, 양로시설, 노인공동생활가정이 있고 노인의료복지시설에는 노인요양시설, 노인요양공동생활가정, 노인전문병원이 있다. 노인여가복지시설에는 노인복지관, 경로당, 노인교실, 노인휴양소가 있으며 재가노인복지시설에는 방문요양서비스, 주·야간보호서비스, 단기보호서비스, 방문목욕서비스가 있다.

노인주거복지시설이란 노인의 주거에 적합한 기능 및 설비를 갖춘 주거용 시설로서 양로시설은 "노인을 입소시켜 급식과 그 밖에 일상생활에 필요한 편의를 제공함을 목적으로 하는 시설"이고, 노인공동생활가정은 "노인들에게 가정과 같은 주거여건과 급식, 그 밖에 일상생활에 필요한 편의를 제공함을 목적으로 하는 시설"을 말한다. 그리고 노인복지주택은 "노인에게 주거시설을 분양 또는 임대하여 주거의 편의·생활지도·상담 및 안전관리 등 일상생활에 필요한 편의를 제공함을 목적으로 하는 시설"이다.

노인의료복지시설은 치매·중풍 등 노인성질환 등으로 심신에 장애가 발생한 노인을 대상으로 급식과 요양 등 일상생활에 필요한 편의를 위한 기능 및 설비를 갖춘 시설로서, 노인요양시설은 "치매·중풍 등 노인성질환 등으로 심신에 상당한 장애가 발생하여 도움을 필요로 하는 노인을 입소시켜 급식·요양 그 밖에 일상생활에 필요한 편의를 제공함을 목적으로 하는 시설"을 말한다. 또한 노인요양공동생활가정은 "치매·중풍 등 노인성질환 등으로 심신에 상당한 장애가 발생하여 도움을 필요로 하는 노인에게 가정과 같은 주거여건과 급식·요양 그 밖에 일상생활에 필요한 편의를 제공함을 목적으로 하는 시설"을 말하고, 노인전문병원은 "주로 노인을 대상으로 의료를 행하는 시설"을 말한다.

6) 실버타운의 의미

우리나라와 일본에서는 실버타운(silver town)이라는 용어로 오용되어지고 있다. 실버타운(silver town)이란 용어는 silver + town의 합성어로서 우리나라에서는 실버타운에 관한 개념이 정립되어 있지 않으며, 법률에도 이에 대한 명확한 규정이 없다.

실버타운이라는 용어는 업계에서 통용되고 있는 실버타운이라는 용어를 수용함으로써 통용되고 있다. 그러나 실버타운이라는 용어는 경우에 따라 노인주거복지시설과 노인의료복지시설을 포괄하기도 하고, 유료시설과 실비시설과 무료시설을 포괄하기도 하며, 단일시설과 복합시설을 포괄하기도 하며, 건강한 노인이 입주하는 시설과 중증의 노인요양등급을 받은 노인이 입주하는 시설을 포괄하기도 하며, 시장경제 차원에 따라 선택적으로 이루어질 수 있는 다양하고 고급화된 부대시설을 지칭하기도 하고, 영어문화권에서는 이해하기 어려운 개념이 되는 등 급속한 고령사회의 진전을 앞두고 있는 상황에서 용어의 혼선을 피하기 위해서라도 용어에 대해 재고할 필요가 있다.

7) 노인주택의 정의

노인주택(senior housing)은 노인에게 필요한 시설 및 서비스 기능을 갖춘 복합시설로서 양로원 및 요양원보다 큰 규모로 집단적 또는 단독적으로 거주하는 데 필요한 시설이다.

노인주택에 요구되는 기능은 생활케어기능, 건강의료케어기능, 취미여가기능, 공동생활기능으로 구별된다. 생활케어기능은 식사, 입욕, 배설 등 생활편의 서비스가 제공되고, 건강의료케어기능으로는 노인의 정신안정, 신체적 기능증진, 체력단련시설, 의료시설을 갖춘 메디컬센터, 건강유지관리서비스가 제공되고, 취미여가기능으로는 취미, 오락, 레저, 스포츠 및 휴양시설, 문화활동 및 일상생활의 즐거움이 제공되고, 공동생활기능으로는 가족, 입주자, 직원, 지역과의 교류 등 각종 서비스 기능이 제공된다.

즉, 소프트웨어로서의 기능은 문화 · 일상생활서비스와 건강관리서비스가 요구되고, 하드웨어로서의 기능은 쾌적한 주거시설, 병원과 연계된 의료시설, 문화 · 오락 · 체력서비스를 위한 공용시설이 요구된다.

따라서 노인주택은 단순한 주거시설의 차원을 넘어 입주자의 눈높이에 맞는 각종 서비스를 충족시키도록 설계된 시설로, 노인의 신체적 · 정신적 특성에 맞도록 주거를 설계하고 각종 서비스 프로그램을 제공하여 생활의 편의를 제공하는 노인주거공동체로서 Retire Community와 Senior Housing으로 구분해서 생각할 수 있다.

노인주택은 입주자에게 노후생활에 필요한 재화나 서비스를 제공하고, 노인들에게 안정감과 평안함 및 신뢰감 등을 함께 제공하는 등 노인복지적인 의미도 내포하고 있으며, 민간기업이 시장경제의 원리에 입각하여 노인을 대상으로 재화나 서비스를 제공하는 경제활동으로서의 의미를 포함하고 있다. 따라서, 노인주택의 업역은 공익성이 요구되는 노인복지사업이면서도 수익성을 추구하는 영리사업으로 민간기업의 입장에서도 수익성과 공익성이 공존하는 산업으로 능동적인 참여가 기대되는 분야라고 할 수 있다.

2. 노인주택의 발전과정

고령자주택은 고령자의 연령이나 신체조건, 경제상황, 가정사정, 의료나 요양간호서비스의 필요성 등 여러 가지 기준에 의해 분류되면서 기능분화를 계속하여 왔다. 이것은 후생행정(의료, 보건, 복지), 건설행정(주택)이라는 행정구분에서 보면 중요한 법률이나 제도가 시작될 때마다 새로운 고령자주택이 제도화되어 파생되어 온 것으로도 알 수 있다.

1960년대 이후 연대별로 구분하면 일본의 고령자주택은 다음과 같이 변천하여 왔다. 1960년대에는 전후 고령자주택의 출발점인 노인복지법이 시행되고 양로시설이 고령자주택으로 전환되었다. 1970년대에는 복지정책에 있어서 주거의 관점이 부각되었다. 1980년대에는 의료분야에서 고령자주거환경이 정비되고 복지정책과 주택정책이 연계되었다. 1990년대에는 노인복지의 전환기로 요양간호에 대한 인식이 높아져 개호보험법이 성립되었다. 2000년대에는 개호보험의 시행으로 고령기의 새로운 주거패턴이 모색되고 있다.

1) 1960년대

일본의 전후 고령자주택의 역사는 1963년에 제정된 노인복지법이 출발점이 되었다. 이 법 이전의 고령자에 대해서는 빈곤층의 보호와 구제의 범위에 그쳤다. 그러나 고령인구의 증가, 핵가족화의 진행, 노부모 부양의 방식이나 사고의 변화와 함께 종합적인 복지정책에 대한 관심이 높아져 법제정에 이르게 되었다. 따라서 이 법은 여러 가지 노인복지정책을 전개하는 틀의 기초가 되었고 노인주택의 체계를 정비하는 초석이 되었다.

상시요양간호가 필요한 특별양호노인주택이 제도화되었고, 가정환경이나 주택사정 등의 이유로 자택생활이 곤란한 고령자가 입소하는 경비노인주택(軽費老人ホーム)이 제도화되었다. 또한 상시 10인 이상의 노인을 입소시켜 식사제공 및 그 외 일상생활에 필요한 편의를 제공하는 것을 목적으로 하는 시설로서 노인복지시설이 아닌 유료노인주택이 규정된 시기이다.

2) 1970년대

고령화율이 7%를 넘어 고령화사회의 시작이라고 불리는 1970년대에는 경비(軽費)노인주택이 2개로 분화된다. 1972년 자취(自炊)설비가 있는 것을 경비노인주택 B형, 기존의 타입(급식이 있음)을 경비노인주택 A형이라고 하게 되었다. 시설에서 서비스를 제공한다는 기존의 사고방식에 본인의 자립성을 존중한다는 관점이 추가되었다.

3) 1980년대

유럽의 너싱홈과 같은 요양간호시설의 필요성이 대두되어 1985년 사회보장심의회에서 노인병원과 특별양호노인주택의 특징을 가진 중간시설의 창설을 건의하여 1986년 노인보건시설이 만들어졌다.

1980년대는 복지정책과 주택정책이 연계되는 시기로 1985년 후생성(당시)과 건설성(당시)이 연계하여 정리한 실버하우징 구상이 기초가 되어 1987년에 실버하우징 프로젝트가 창설되었다. 고령자세대 및 장애자세대를 대상으로 하여 고령자 등의 생활특성을 배려한 배리어프리 사양의 주택과 LSA(Life Support Adviser)에 의한 일상생활지원서비스의 제공을 세트로 한 실버하우징이 제도화되어 공적임대주택 등의 공급이 이루어지게 되었다.

유료노인주택은 1950년대부터 이미 있었으나 주목을 받게 된 것은 1970년대 중반부터이다. 특별양호노인주택이 양적으로 부족하고 조치제도라는 한계로 인해 이용하기가 어렵고, 개인실 등 질이 높은 주거환경에 대한 니즈가 증대하게 되는 것이 그 배경이었다. 당시의 유료노인주택은 건강한 고령자가 노후의 생활을 즐기는 장소로서 식사나 레크리에이션 등의 서비스가 있는 공동주택의 형태가 대부분이었다.

1980년대 후반 버블경제기에는 유료노인주택의 붐이 일어나 개설의 러시를 이루었다. 그 무렵에는 단신 또는 부부로서 입주하여 식사나 가사서비스, 레크리에이션서비스 등을 받다가 요양간호상태가 되면 종신까지 요양간호서비스를 받을 수 있는 형태의 고령자주택이 일반적이었다. 분양도 임대도 아닌 종신이용권방식이 대부분으로 입주일시금은 통상 수천만 엔대였고 그 중에는 1억 엔을 넘는 것도 등장하였다. 노인주택의 호수규모도 대형화하여 고급화와 대형화가 버블시기에 공급된 유료노인주택의 큰 특징이다.

4) 1990년대

일반병원에서는 급성기환자와 고령만성질환자를 혼재시켜서 입원치료를 하였으나 1980년대부터 고령만성질환자에 대해서는 요양간호나 재활에 역점을 둔 요양의 장소에서 케어를 하려는 풍조가 생겨났다. 1992년 의료법 개정에서 장기에 걸친 요양을 필요로 하는 환자를 입원시키는 의료시설(병상)로서 요양형병상군이 도입되었다.

또한 1990년에는 경비노인주택의 발전된 형태로서 케어하우스가 제도화되었다. 경비노인주택 A형, B형이 소득제한이나 자취가능 여부를 원칙으로 하는 일정한 제약이 있는 것에 비해서 케어하우스(ケアハウス)에는 제약조건이 없다. 고령자의 생활이나 신체기능의 특성을 배려한 배리어프리 설계에 의한 주

거환경, 식사나 입욕 등 생활서비스와 생활상담에 대해 긴급 시 대응서비스를 받을 수가 있다.

1994년에는 고령화율이 14%를 넘어 고령사회의 시대로 들어서며 노인의 치매문제가 사회문제로 부각되기 시작하였다. 치매노인의 생활 장소로서 유럽의 Double Home이 주목을 받았고 후생성(당시)의 모델사업을 거쳐서 1997년에 치매대응형노인공동생활원조사업(그룹홈)으로 제도화되었다. 그룹홈은 공동생활을 하는 데 지장이 없는 소수인원의 치매노인이 일상생활상 필요한 케어서비스를 받으면서 가정적인 환경 속에서 직원과 함께 생활하는 형태이다. 치매노인의 케어를 위한 대책으로 등장한 이후 개호보험과 더불어 급속히 수가 증가하고 있다.

1990년대에는 주택정책에 있어서도 고령자를 위한 주거환경정비가 주요 과제로서 거론되어 본격적으로 다루어지게 되었다. 1990년 건설성(당시)에 의해 시니어주택[4]이 제도화되어 주택도시정비공단(당시)이나 지방주택공급공사가 고령자를 위한 생활지원서비스가 있는 주택의 공급을 시작하였다. 시니어주택의 사업주체는 처음에는 공단과 공사로 한정이 되었으나 1995년 이후 공익법인이나 민간법인도 사업을 할 수 있게 되었다.

1998년에는 고령자용우량임대주택제도가 창설되었다. 기존의 시니어주택제도는 고령자용우량임대주택제도에 발전적으로 흡수[5]되었다.

고령자용우량임대주택은 2001년에 시행된 고령자주거의안정확보에관한법률(고령자주거법) 속에서 새롭게 정의되어 고령자의 신체특성을 배려한 사양을 구비하고 긴급통보서비스 등의 이용이 가능한 고령자용우량임대주택으로서 공급이 계속되고 있다.

4) 시니어주택이란 고령자가 안심하고 생활할 수 있도록, 배리어프리 설계는 물론이고 안부 확인, 생활상담 등의 서비스를 받을 수 있는 주택이다. 유료노인주택과 같은 서비스 내용이며 향후는 유료노인주택으로서의 신고가 의무화되고 있다. 지방자치단체와 도시기반정비공단 등을 사업주체로 하여 1990년에 제도화되었으나 개발이 진행되지 않음으로 인해 목표로 하는 공급세대 수가 달성되지 않았다. 1995년에는 사업주체를 민간사업자에까지 확대했으나, 입주 대상자인 고령자가 선택하지 않았으며 공급세대 수도 늘지 않았고 사업에 참여한 기업도 극히 적었다. 이로 인해 1998년에는 같은 건설성의 주도로 진행되고 있던 고령자용우량임대주택제도에 흡수 합병되었고, 현재 노인주택재단이 그 역할을 담당하고 있다.

5) 시니어주택은 2001년도 이후 재단법인 노인주택재단의 임의사업인 시니어주택인정제도로서 지속되었다.

5) 2000년대

2000년 4월에 개호보험법의 시행으로 개호보험제도가 시작되었다. 이 제도는 신체상 또는 정신상의 장애 때문에 입욕·배설·식사 등의 일상생활에 있어서 기본적인 동작의 전부 또는 일부에 대해 요양간호상태(요양간호노인) 또는 요양간호가 될 위험성이 있는 상태(요지원자)의 경우에 보험급부가 행하여지는 것이다. 개호보험의 급부대상이 되는 서비스는 재가복지서비스(12종류)와 시설서비스(3종류)로 나누어지며 요양간호노인에게는 주택과 시설 양면에 이르는 서비스가 제공되고, 요지원자에게는 재가복지서비스가 제공된다.

고령자주택 중에서 특별양호노인주택, 노인보건시설, 요양병상 등은 시설서비스로서, 또한 치매노인그룹홈, 유료노인주택 및 경비노인주택은 주택 및 시설서비스로서, 각각 개호보험의 급부대상이 되고 있다. 이들 고령자주택은 개호보험제도하에서 사회적인 인지도가 높고, 특히 민간기업의 사업참여가 가능한 유료노인주택과 치매노인그룹홈은 입주자 니즈가 증대하여 2000년 이후 급증하고 있다.

특별양호노인주택은 2~4인의 다인실로 사용되고 있었으나 개인의 사생활침해 등의 문제가 부각되어 개인실로 바뀌는 가운데 있지만, 지자체의 예산상의 제약과 개호보험시설의 총량규제로 인해 신규공급은 거의 없는 상황이다.

유료노인주택은 시설 수가 크게 증가하고 있으며, 고소득층이 입주하는 고령자주택과 중산층이 입주하는 고령자주택은 물론이고, 저소득층이라도 월이용료를 지불할 수 있는 상황이라면 입주가 가능한 입주일시금을 받지 않는 고령자주택이 출현하는 등 다양한 형태의 유료노인주택이 등장하였다.

그룹홈은 개호보험에서 지정하는 특정시설로 지정받으면 요양간호서비스의 제공이 가능하게 되면서 유닛케어[6]의 형태로 보급되고 있다. 민간기업이 참여

6) 유닛케어(Unit Care)는 Private부분과 입주자의 공유부분을 나눈 요양간호방법이다. 기본적으로 입주자는 개인실을 가지며 차를 마시거나 TV를 보거나 식사를 하는 부분은 공유분분을 이용하는 것이다. 여기서 기준이 되는 것은 일반가정에서의 생활형태이다. 가족이 각자 자기방을 갖고 있는 상태에서 식사나 TV를 볼 때는 거실에서 생활하는 것과 같은 유형으로, 일반적인 가정과 같이 생활하는 환경조성을 목적으로 고안된 것이 유닛케어이다. 이는 고령자가 노인주택에서 생활해온 생활리듬을 그대로 유지시키는 구조로 지금까지의 요양간호형태에서 보다 서비스를 세분화한 것이 된다. 즉, 특별양호노인주택 등에서 입주자 한 사람 한 사람의 개성을 존중하기 위해 시설의 개인실

하게 되면서 유료노인주택과 그룹홈은 개호보험으로 인한 안정적인 수익기반을 바탕으로 상장을 통해 자본시장으로부터 자본을 유치하는 회사도 다수 출현하고 있다.

3. 노인주택의 선택기준

노인주택은 단순히 요양간호만을 받는 장소에서 인생의 마지막을 의미있게 마무리하고 생활을 즐기는 주거장소라는 인식의 전환이 필요하다. 요양간호가 필요해질 때까지는 자택에서 생활하고, 재가복지케어가 어려워지게 되면 자신의 의사보다는 주위의 판단에 따라 시설로 입주하는 것이 지금까지의 패턴이었다.

최근에는 고령자 스스로가 건강할 때, 요양간호가 필요해질 때, 인생 3막을 위한 주거를 선택하는 사례가 늘고 있다. 건강한 사람도, 요양간호가 필요한 사람도, 인생을 마치기 직전의 사람도 안심하고 쾌적한 생활을 보낼 수 있는 주거를 찾게 되었다.

과거의 노인주택은 한적하고 교통편이 좋지 않은 위치에 세워지는 경우가 많았지만, 오늘날에는 건강한 노인이 입주하는 고령자주택도 많아졌고, 역이나 번화가에서 멀지 않은 권역에 세워지는 등 더 이상 요양간호만을 받기 위한 시설이 아닌 생활을 즐기는 주거라는 특징이 입지에도 나타나고 있다. 개호보험시설에 대한 총량규제로 특정시설 입주자 생활요양간호지정을 받지 못하는 고령자전용임대주택은 외부의 요양간호서비스를 이용하는 형식으로 입주자의 니즈를 충족시키고 있다. 총량규제가 지속되는 한 도심부에서는 고령자전용임대주택[7]이 늘어갈 것이라 판단된다.

을 10인 정도의 그룹으로 나누어 각각을 하나의 유닛(생활단위)으로 하여, 이 유닛별로 식사나 입욕, 시설 내의 행사 등의 일상생활을 하며, 소인원 수의 가정적인 분위기 안에서 함께 생활하면서 개별적으로 케어(요양간호)하는 것이다. 요양간호형 유료노인주택에서도 유닛케어를 도입하는 시설이 증가하고 있으며, 그룹홈에서는 2개의 유닛까지 개설이 가능하다.

1) 개호보험 이용

시설과 주택에 따라 개호보험의 적용형태는 달라지므로 시설과 주택에서 수급받을 수 있는 서비스의 내용을 확인하고 이해하는 것이 중요하다. 특정시설 입주자 생활요양간호[8]는 지자체의 지정을 받은 유료노인주택, 케어하우스, 고령자전용임대주택 등의 시설에 입주하면 이용할 수 있는 요양간호서비스이다. 특정시설 입주자 생활요양간호는 크게 2가지 서비스로 나뉜다. 시설 내의 직원이 요양간호서비스를 제공하는 일반형과 시설이 외부사업자와 계약하여 요양간호서비스를 제공하는 외부서비스이용형이다.

가. 일반형

유료노인주택 요양간호서비스의 주류를 이루는 것으로, 시설의 케어매니저(요양보호사)가 요양간호도에 따라 본인과 가족의 요구에 부합하여 요양간호서비스 계획을 세우고, 시설 내의 직원에 의해 요양간호서비스가 제공된다. 기본적인 서비스 내용은 식사·입욕·배설 등에 대한 도움과 생활상의 도움, 레크리에이션, 기능훈련 등이다. 특정시설의 간호, 요양간호직원의 인원배치 기준은 개호보험시설과 같은 요양간호노인 3인당 1명이다.

일반형에는 개호보험 시설서비스와 같이 요양간호도에 따라 1일당 정해진 금액으로 설계되어 있다. 자기부담액은 요양간호도 1이 약 16,000엔, 요양간호도 5가 약 25,000엔 정도이다. 유료노인주택의 경우는 여기에 임대료, 수도광

---

7) 고령자전용임대주택은 입주와 요양간호서비스 제공이 별도의 계약으로 된 주거형태라 할 수 있다. 자택에 거주하는 것과 같이 자유롭게 거주하고 있다가 불측의 사태가 발생하면 긴급통보서비스를 이용하고, 요양간호가 필요하게 되면 요양간호서비스를 받게 되는 그때그때 상황에 맞추어 유연하게 생활할 수 있는 이점이 있다.

8) 특정시설입주자 생활요양간호란 개호보험의 주택서비스의 하나로 유료노인주택, 케어하우스에서 요양간호·요지원인 입주자에 대하여 행해지는 입욕·배설·식사 등의 요양간호 등 일상생활상의 도움이나 기능훈련, 요양상의 도움 등의 서비스를 말한다. 유료노인주택에서 요양간호형이라고 표시하려면 특정시설입주자 생활요양간호의 지정이 필요하고, 특정시설로서 개호보험의 급부대상이 되기 위해서는 인원, 설비, 운영에 관한 기준을 만족시켜 지방자치단체장으로부터 사업자 지정을 받는 것이 필요하다. 지정을 받은 유료노인주택 등의 요양간호·간호직원이 서비스를 제공하는 일반형, 유료노인주택과 계약한 외부 서비스 사업소가 서비스 제공을 하는 외부서비스이용형으로 나누어져 있다.

열비, 식비, 관리비 등이 부가된다. 유료노인주택에 따라서는 추가적인 요양간호서비스를 제공하기 위해 직원의 숫자를 개호보험기준보다 높이고, 그에 상당하는 요양간호비용을 청구하는 곳도 많다. 또한 기본서비스 이외에 외출동행 등 개호보험 이외의 서비스를 제공하고 비용을 청구하여 입주 후 분쟁이 발생하기도 한다.

나. 외부서비스이용형

외부서비스이용형 특정시설은 2006년 4월 개호보험의 개정을 통해 시작되었다. 그 이전에는 시설 내 직원에 의한 요양간호서비스가 제공되는 일반형 밖에 없었다.

전체입주자 중 요양간호노인 비율이 낮은 경우 특정시설의 인원기준에 따라 직원을 배치하는 것은 인건비 비중이 높아져 비효율적이기 때문에, 개설한지 얼마 되지 않아 요양간호대상 노인이 적은 경우를 위해 외부서비스이용형이 만들어지게 되었다. 구체적인 내용으로는 생활상담과 요양간호서비스 계획의 책정, 안부확인은 특정시설의 직원이 담당하고, 요양간호서비스 제공은 특정시설이 외부서비스 제공사업자와 계약하는 형태로, 입주자 상태에 맞는 유연성 있는 서비스 제공이 가능하게 되었다.

인원배치는 일반형보다 완화되어서, 요양간호직원은 요양간호노인 10인당 1명(요지원의 경우는 30인당 1명)이다. 요양간호 수가의 구조는 일반형과 크게 달라 기본부분과 매출실적부분으로 나뉜다. 기본부분은 특정시설 직원에 의한 서비스계획의 작성과 입주자의 안부확인 등에 해당하는 수가로 1일 정액제이다. 매출실적부분은 이용한 재가복지서비스 양에 따라 변동한다. 기본부분과 매출실적부분의 합계액에 대해서는 한도액이 설정되어 있다. 또한 개호보험 부담 외에 임대료, 식비, 관리비 등과 추가요양간호 비용은 일반형과 같은 구조이다.

|표 3-2| **특정시설 입주자 생활요양간호 수가(일반형과 외부서비스이용형)**

구분	일반형	외부서비스이용형		
		기본부분	매출실적부분	한도액
요지원 1	214단위/일	63단위/일	방문요양간호 통원서비스 신체요양간호 생활원조 승강서비스 복지용구대여	4,970단위
요지원 2	494단위/일	63단위/일		10,400단위
경과적요양간호	214단위/일	84단위/일		6,505단위
요양간호 1	549단위/일	84단위/일		16,689단위
요양간호 2	616단위/일	84단위/일		18,726단위
요양간호 3	683단위/일	84단위/일		20,763단위
요양간호 4	750단위/일	84단위/일		22,800단위
요양간호 5	818단위/일	84단위/일		24,867단위

주) 1단위는 약 10엔, 예를 들어 요양간호 5로 야간간호체제 가산 10단위를 가산하는 경우, 1개월의 수가는 (818+10)×30일×10엔=248,400엔, 입주자부담은 이 중 10%인 24,840엔이 된다.

2) 종신거주

노인주택에 입주한 뒤에 자기의사나 사망으로 인해 퇴거할 때까지 계속거주가 가능한지 여부는 매우 중요하다. 고령자주거유형과 시설 중 요양간호를 받으면서 인생의 마지막까지 계속거주가 가능한 유형은 유료노인주택, 경비노인주택, 케어하우스, 요양간호서비스가 있는 특정시설, 고령자전용임대주택, 특별양호노인주택, 요양간호형의료시설 등이다.

고령자 대상 분양아파트 등 건강한 상태에서 평생거주가능한 주택에서 요양간호가 필요하게 된 경우에는 외부서비스 등을 이용할 수 있지만, 종신거주하는 것은 어렵고 치매나 와병상태 등 요양간호도가 진행되어 계속거주가 불가능하게 된다.

따라서 주택을 선택할 때 요양간호도가 높아지는 경우에도 계속거주가 가능한지 여부를 확인할 필요가 있다.

3) 의료케어체제

의료케어체제는 인슐린 주사와 경관영양기 설치, 세정 등 간호사에 의한 전문적인 케어를 받을 수 있는지에 대한 것으로, 의료케어를 24시간 시설 내에서 받을 수 있는 곳은 한정되어 있다. 따라서 의료케어를 24시간 시설 내의 직원을 통해 받을 수 있는지, 만약 받을 수 없다면 어떠한 연계체제로 의료케어를 받을 수 있는가라는 시점에서 검토할 필요가 있다. 의료케어를 시설 내에서 받기 위해서는 의사, 간호사 등 의료직원이 필요하며 이러한 시설을 요양간호의료형 의료시설이라고 한다.

특정시설인 유료노인주택은 간호사 근무가 의무화되어 있으나 개호보험제도상 배치기준은 입주자 30인당 1명으로, 최저 2명이 근무하지 않으면 주간시간대를 커버하기는 어렵다. 24시간 의료케어가 필요한 경우에는 2006년의 요양간호 수가 개정으로 야간간호체제 가산이 가능하게 되어, 요양간호형 의료시설이나 간호사가 24시간 상주하고 있는 유료노인주택이 선택 가능하게 되었다.

4) 입주용이성과 전체비용

요양간호가 필요 없고 자립된 생활이 가능한 경우의 선택에서부터 요양간호도가 높고 자립된 생활이 불가능하여 시설에 입주하려는 의사결정을 하는 경우, 시설 수가 충분히 있다면 문제가 없다. 그러나 특별양호노인주택 등은 저비용 구조로 되어 있는 까닭에 시설마다 몇천 명의 입주대기자가 있다. 따라서 민간이 운영하는 유료양호노인주택 등에서는 대기수요를 흡수하는 구조로 참여하고 있는 상황이다. 유료노인주택은 입주 시에 드는 비용의 폭이 상당히 크다. 입주일시금도 0엔에서 수억 엔까지 폭이 크고, 매월의 이용료도 십수만 엔에서 수십만 엔까지 그 폭이 크다.

4. 개설주체별 분류

일본에는 다양한 형태의 노인주택이 있는데 이들 노인주택을 편의상 복지계, 의료계, 주택계의 3가지로 구분하였다. 복지계, 의료계는 주로 후생노동성에 의한 의료보건복지정책에서 제도화된 것이며, 주택계는 국토교통성에 의한 주택정책이 제도화된 것이다.

1) 후생노동성계 시설

고령사회에 대응하기 위해 1990년에 시작된 후생노동성계의 시책인 골드플랜(고령자 보건복지추진 10년전략)은 1995년에 신골드플랜, 2000년에는 골드플랜21로 명칭을 바꿔가며 개호보험과의 시너지효과를 발휘하는 노인복지인프라를 구축해 왔다.

특별양호노인주택(요양간호형복지시설), 노인보건시설(요양간호노인보건시설), 요양형의료시설(요양간호노인의료시설), 케어하우스, 그룹홈 등에는 15년간에 걸쳐 공적보조금(보조율 최대 75%)이 급부되었다.

사회복지의료사업단(현 독립행정법인복지의료기구)의 공적융자가 우대금리로 사업비의 나머지를 커버하는 등 고령화의 스피드를 쫓아가기 위해 복지시설이 건설되어 왔다. 이러한 시설은 사회복지법인에 의해 개설・운영되는 면이 많았으므로 조달자금의 성격과도 어울려서 준공공사업으로 인식되고 있다.

가. 사회복지법인

사회복지법인[9]은 노인주택의 개설・운영이 가능하다. 저소득층을 대상으로

---

9) 사회복지법인은 사회복지법에 근거하여 설립된 공익법인으로, 사회복지법의 규정 이외에도 민법의 규정이 준용된다. 사회복지법인은 재정적 기반으로 사회복지사업을 수행하기 위해 필요한 자산을 갖고 있어야 한다. 또한 공익법인이므로 영리를 목적으로 해서는 안 되고 사회복지사업에 한정된다.

하는 노인주택은 지자체 이외에 사회복지법인만이 개설주체가 될 수 있다. 일본에서도 유료노인주택, 고령자용우량임대주택과 고령자전용임대주택의 개설 운영 및 고령자용분양주택 등의 분양은 사회복지사업에 해당하지 않는다.

이러한 업무는 수익사업이 되므로 본래 업무인 사회복지사업의 규모를 넘지 않는 정도일 필요가 있고 개설 및 운영을 위한 자금은 사회복지사업에서 출연할 수 없게 되어 있고 이익에는 법인세가 부과된다. 시설에서 행해지는 요양간호서비스는 특별양호노인주택 등에서 실시되는 것이 많고 운영주체로는 사회복지법인이 압도적으로 많아지고 있다.

개호보험 도입으로 민간사업자의 시장참여가 인정되어 재가복지서비스 양이 크게 증가하는 등 지원체제가 강화되었지만, 채산성이 맞지 않는 서비스와 인구과소지역 등의 지역에는 재가복지서비스가 제공되지 않는 등 지역격차가 벌어지는 상황에서, 채산성만이 아니라 지역사회와 개인의 니즈에 대응하는 것이 사회복지법인의 역할 중 하나이다. 서비스제공 사업주체의 형태를 묻지 않고, 고객만족을 도모하는 것이 목적이라는 점에는 이론의 여지가 없지만 사회복지법인에는 또 하나의 고객만족이 존재한다.

개호보험사업을 실시하고 받게 되는 요양간호 수가는 사업주체의 형태를 묻지 않고 같은 금액을 지불하는데 민간사업자가 수익이 발생하는 경우에는 세금이라는 형식으로 사회에 환원시키고 있지만, 사회복지법인은 비과세이다. 그 이유는 사회복지법인의 업무가 사회복지사업이라는 비수익성 분야로 공익사업을 주체로 하고 있는 것에 기인하지만, 개호보험 도입에 의해 민간사업자와의 사이에 비대칭이 발생하고 있는 것으로 보이게 된다. 민간사업자의 납세에 대응하는 사회복지법인의 의무는 지역사회 니즈에 대응하는 선구적 사업개발과 비수익성사업의 전개, 저소득자에 대한 감면 등이 해당된다.

나. 의료법인

의료법인은 의료법에 근거한 법인으로 병원, 의사가 상시 근무하는 진료소 또는 노인보건시설을 개설하고 있다. 이들 법인이 개설하는 요양간호서비스

사업소는 의료법인으로 분류된다.

요양간호노인보건시설, 요양병상 등에 대해 의료법인의 본래 업무로서 개설과 운영이 가능하다. 케어하우스, 유료노인주택, 그룹홈, 고령자용전용주택(요건을 충족하는) 등은 의료법인의 부대사업으로서 개설과 운영이 인정되고 있다. 특별의료법인 또는 사회의료법인의 인가를 받으면 수익사업을 하는 것도 가능하고, 일정수준의 제약은 받지만 부대업무로서의 요건을 갖추지 못한 고령자용전용임대주택의 분양도 가능하다.

2) 국토교통성계 주택

국토교통성계의 실버하우징과 고령자용우량임대주택도 공적보조금과 공적융자(주택금융공고) 등 후생노동성계 시설과 유사한 방식으로 건설이 진행되어 왔으나 후생노동성계의 노인복지시설 정도로 널리 보급되는 상황은 아니다.

3) 민간업계 고령자주택

유료노인주택으로 대표되는 민간업계 시설은 공적융자에 의존하지 않고 고령자를 대상으로 하는 주택상품으로 시장에 등장했다. 고령자의 절대수가 사회 전체에서 차지하는 비율이 늘어가는 상황에서 주택산업도 고령자 시장에 맞추어 갈 수밖에 없다.

2001년에 시행된 「고령자의거주안정확보에관한법률」은 고령자용 임대주택의 건설을 촉진하는 것으로 '고령자용우량임대주택'도 이 법률에 포함되어 있다. 임대주택생활을 계속하는 고령자의 증가는 사회문제화될 가능성도 있다. 민간에게는 건설하기 쉬운 환경정비와 함께 고령자주택의 밀실화 방지 등의 관점에서 그 곳에 살게 되는 고령자의 인격과 존엄을 침해하지 않아야 한다.

민간법인의 범위는 영리법인인 주식회사와 유한회사, 비영리법인인 NPO[10] 법인 등이 포함된다. 방문요양간호 등은 NPO법인을 포함한 민간법인이 늘고 있는 추세이다. NPO법인과 영리법인 등은 유료노인주택, 고령자용우량임대주택과 고령자전용임대주택의 개설과 운영이 가능하다. 그룹홈과 케어하우스[11]도 일정한 요건을 충족시키면 지자체의 인가를 받아 개설 운영이 가능하다. 그룹홈과 유료노인주택은 개호보험의 특정시설 입주자 생활요양간호의 지정을 받아 요양간호 수가를 받을 수 있어 수익사업의 영위를 추구한다.

5. 노인주택의 종류와 특징

일본의 노인주택에는 공공에서 공급하는 특별양호노인주택, 노인보건시설 등과 민간에서 공급하는 그룹홈, 유료노인주택 등이 있다.

일본에서는 유료노인홈, 특별양호노인홈, 그룹홈 등 노인주택의 여러 유형에 대하여 '홈'이라는 표현을 하고 있지만, 우리나라의 경우 '홈'이라는 용어가 갖는 표현의 한계로 인해 '주택'이라는 표현으로 본 서에서는 기술하고 있다. 다만, 그룹홈은 어감상 그룹홈이라는 표현을 그대로 사용하고 있다.

---

10) NPO(Non-Profit Organization)는 공익사업이나 시민적 활동을 실시하는 민간의 비영리조직·단체로, 이익을 추구하지 않으며, 정부나 지방공공단체의 일부가 아닌 조직을 가리킨다. 시민이 스스로의 사회를 스스로의 손으로 구축하여, 유연성있게 사회를 변혁해 가기 위한 존재로서 그 역할이 기대되고 있으며, 1998년 3월 특정비영리활동촉진법(NPO법) 성립에 의해서 NPO에도 법인격을 취득하는 길이 열렸다.

11) 노인복지법에 규정한 경비노인주택의 일종으로 60세 이상 또는 배우자 어느 한쪽이 60세 이상인 사람으로, 신체기능의 저하 또는 고령이기 때문에 독립하여 생활하는 것이 불안한 고령자가 자립한 생활을 계속할 수 있도록 구조와 설비 면에서 고안된 시설이다. 프라이버시와 자립한 생활이 유지되는 구조로 되어 있고 각종 상담, 식사, 입욕서비스의 제공 외에 긴급호출 시의 대응 기능도 갖추고 있다. 비교적 자립한 노인(신변의 일을 스스로 할 수 있는 사람)이 거주할 수 있는 시설이다. 개인실로 되어 있고, 식사, 입욕 등의 생활서비스가 있는 경우가 대부분으로, 요양간호도가 중증이 되는 경우에는 퇴거해야 한다. 비용은 입주일시금이 필요한 곳부터 필요하지 않은 곳까지 다양하고, 입주자의 수입에 따라서 다르지만 관리비, 생활비, 사무비의 합계로 월액 7~15만 엔 정도이다.

1) 특별양호노인주택

근거법은 노인복지법으로, 개호보험법에서는 요양간호노인복지시설로 지정되어 생활과 요양간호의 양면을 가진 대규모 시설의 특징을 갖고 있으며 입주자 요양간호기능이 중요시되고 있다. 또한, 생활의 질적 향상이라는 시점에서 Unit형의 9세대를 넘지 않는 단위로 생활 Unit을 실현하는 시설로 정비되는 추세이다.

|표 3-3| **노인관계시설의 시설 수, 정원, 재소자 수의 추이(매년 10월 1일 시점)**

구분		2000년	2003년	2004년	2005년	2006년	2007년
양호노인주택	시설 수	949	959	962	964	962	958
	정원(명)	66,495	66,970	67,181	66,837	66,667	66,375
	재소자 수(명)	64,026	63,833	63,913	63,287	62,563	62,406
경비노인주택	시설 수	1,444	1,842	1,928	1,966	2,016	2,059
	정원(명)	61,732	77,374	80,951	82,594	84,325	86,367
	재소자 수(명)	56,068	71,761	75,679	77,473	79,595	81,218
유료노인주택	시설 수	350	694	1,045	1,406	1,968	2,671
	정원(명)	37,467	56,837	76,128	96,412	123,155	147,981
	재소자 수(명)	26,616	42,661	55,461	69,867	91,524	114,573

출처 : 유료노인협회의 각년도 자료를 정리

개호보험법상의 요양간호노인복지시설의 지정을 받아 운영되고 있으며, 사업주체는 사회복지법인과 지방공공단체이고, 65세 이상의 저소득층 고령자로 신체상·정신상 현저한 장애가 있어 항상 요양간호를 필요로 하는 요양간호도 1 이상인 경우에 입주할 수 있다. 유료노인주택이 개인실 배치를 기본으로 구성하는 데 반해, 특별양호노인주택은 주로 2~4인 1실로 시설 내에서는 식사, 입욕, 배설 등 고령자의 일상생활의 서포트 및 신체 기능이나 건강관리를 실시한다. 2001년에 도입된 신형특별양호노인주택에서는 다인실의 문제점인 사생활 침해를 방지하기 위해 개인실 배치를 의무화하고 있다.

특별양호노인주택의 설치·운영에는 정부로부터 보조금이 나오기 때문에, 식사를 포함해서 매월 5~10만 엔 정도의 저렴한 비용으로 이용할 수 있다. 2007년 기준으로 약 37만 베드가 정비되어 있으나, 시설공급이 수요를 따라잡지 못하여 입소대기기간이 2~3년 정도 소요되며, 입소대기자가 전국에 약 40만 명 정도 있는 상태로 '요양간호도 4·5로 가족이 없다', '학대를 받고 있다' 등의 긴급성이 높은 고령자를 우선석으로 입주시키고 있다.

2) 노인보건시설

노인복지법에 규정된 노인복지시설의 일종으로, 65세 이상으로 신체상 또는 정신상 현저한 장애가 있어서 상시 요양간호를 필요로 하며, 집에서는 적절한 요양간호를 받을 수 없는 경우에 입소시켜 케어하는 것을 목적으로 하는 시설이다.

건강상태가 안정기에 있는 요양간호자에 대해, 시설의 서비스 계획에 근거하여 간호와 의학적 관리하에 요양간호, 재활훈련, 일상생활상의 도움을 받고 가정으로의 복귀를 위한 단기·중기의 요양을 실시하는 의료시설로서 지방자치단체의 지정허가를 받는다. 병원과 자택의 중간시설로, 퇴원 후 자택으로 돌아갈 수 없는 사람을 위한 재활훈련시설이라고도 할 수 있다. 입소기간은 3개월이 한도이고, 사업주체는 의료법인, 사회복지법인, 지방공공단체이다. 비용은 요양간호도에 따라서 다르지만, 월 7만 엔 전후이다.

3) 그룹홈

그룹홈(group home)은 인지증(치매)의 고령자나 장애자가 소인원 수(5~9인)의 가정적인 분위기 안에서 서로 도우면서 공동생활을 하는 곳이다. 개호보험에서는 인지증대응형 공동생활주택 요양간호형태로 제공되는 주택서비스의 하나로, 인지증의 진행완화에 효과가 있다고 하여 주목받고 있다.

|표 3-4| **시설별 특징 조견표**

○ 가능 △ 시설에 따라 다름 × 불가

분류	건강 상태	대상 연령	치매 대응	요양간호 서비스	의료적 케어	개인실	개호 보험 적용	부부 동거 가능
건강형 유료노인주택	건강	60세 이상	×	×	×	○	×	○
요양간호형, 주택형 유료노인주택	요양 간호	60세 이상	△	○	△	○	○	○
노인주택 (시니어주택)	건강	60세 이상	△	×	×	○	×	○
고령자용전용 임대주택	건강	60세 이상	△	×	×	○	△	○
그룹홈	요양 간호	60세 이상	○	○	△	○	○	△
케어하우스 (경비노인주택C형)	요양 간호	60세 이상	×	△	△	○	△	○
경비노인주택 A형	건강	60세 이상	×	△	×	○	×	○
경비노인주택 B형	건강	60세 이상	×	△	×	○	×	○
특별양호노인주택	요양 간호	60세 이상	○	○	△	△	○	×
요양간호노인 보건시설	요양 간호	규정 없음	△	○	○	△	○	×

인지증고령자그룹홈은 1997년도부터 새롭게 창설된 시설로, 비교적 안정상태에 있는 소인원 수의 인지증고령자가 가정적인 환경 속에서 직원과 함께 생활하며, 인지증의 진행을 완화시키고, 문제행동을 감소시키는 것을 목적으로 하고 있다. 기준으로는 원칙적으로 개인실이고, 정원이 5~9명, 거실·식당 등의 공유 공간을 마련하고, 주간에는 입주자 3명에 대해 직원 1명, 야간은 상시 1명 이상의 직원이 배치되는 것 등이다. 이 기준을 만족시키면 개호보험의 인

지증대응형 공동생활요양간호의 지정을 받을 수 있다. 입주대상은 65세 이상의 인지증상태의 요양간호자로 소인원 수에 의한 공동생활에 지장이 없고, 가정에서의 요양간호가 곤란한 사람이다. 비용은 식비, 관리비, 개호보험료(10%)를 포함해서 월 20만 엔 정도이다. 9세대가 하나의 Unit으로 구성되어 공동생활을 하는 Unit Care 형식으로, 하나의 그룹홈에 2개의 Unit까지 개호보험의 지정대상이 될 수 있고, 사업주체는 주식회사, 유한회사, 사회복지법인, 의료법인, NPO법인 등이다.

4) 유료노인주택

노인복지법에 근거하고 신고에 의해 사업을 경영하는 시설로, 민간영리기업의 경영이 중심을 이루는 시설이다. 시장성에 의한 경영으로 여러 가지 유형의 시설이 있으며, 요양간호서비스를 중심으로 하는 시설, 자립한 생활이 가능한 생활형의 시설로 구분된다.

유료노인주택은 고령자를 입주시켜서 입욕·배설 등의 요양간호, 식사의 제공 등을 실시하는 곳으로서 노인복지시설, 인지증고령자그룹홈, 등록된 고령자전용주택 이외의 것을 말한다. 요양간호서비스의 제공 방법에 따라, 요양간호형(일반형), 요양간호형(외부서비스이용형), 주택형, 건강형의 4가지로 나눌 수 있다. 설치에 있어서는 지방자치단체에 설치예정지·설치자·정관 등을 사전에 신고하는 것이 노인복지법으로 규정되어 있다. 개호보험제도 이후 유료노인주택의 수는 10배로 증가하였으며, 신규로 참가하는 사업자도 많아 계약이나 서비스 내용을 둘러싸고 여러 가지 갈등이 보고되고 있다. 요양간호형시설은 특정시설로 지정을 받아 시설 자체가 개호보험에서 정한 요양간호서비스를 제공하며 입주자는 요양간호서비스 구입과 노후 삶의 질을 위해 찾아가는 시설로 사업주체에는 제한이 없다.

|표 3-5| **노인주택의 종류**

영역	명칭	소관청	입주대상	개요
복지계	특별양호노인주택	후생노동성	65세 이상	요양간호 1 이상을 대상으로 생활전반에 걸쳐서 요양간호서비스를 제공
	양호노인주택		65세 이상	신체・정신적 환경 및 경제적인 사정으로 자택에서의 생활이 곤란한 고령자가 입소
	경비노인주택		60세 이상	가정환경이나 주택사정 등의 이유로 자택에서의 생활이 곤란한 고령자가 입소하며 식사나 입욕 등의 일상생활상 필요한 서비스가 제공
	A형			급식형. 소득제한이 있으며 급식서비스가 있음. 비용은 원칙적으로 전액 자기부담이나 사무비(인건비, 관리비)는 소득에 따라서 부담
	B형			자취(自炊)형. 자취가 가능한 건강상태의 고령자가 이용하며 비용은 전액 자기부담
	케어하우스			자취가 불가능하며 가족 등으로부터 도움을 받을 수 없는 고령자가 이용한다. 식사나 입욕 등의 생활서비스, 생활상담이나 긴급 시 서비스
	유료노인주택		–	상시 10인 이상의 고령자를 입소시켜 식사제공 및 기타 편의를 제공. 노인복지시설이 아님
	요양간호형(특정시설)		65세 이상	요양간호나 식사 등의 서비스가 있음. 요양간호가 필요한 경우에도 노인주택의 개인실에서 생활이 가능
	주택형		대략 60세 이상	식사서비스 제공. 요양간호가 필요한 경우 외부의 방문요양간호서비스를 이용하면서 개인실생활 가능
	건강형			식사서비스 제공. 요양간호가 필요한 경우는 계약을 해제하여 퇴거해야 함
	그룹리빙		–	생활을 공동화・합리화한 공동주거형태

복지계	치매노인그룹홈	후생노동성	65세 이상	치매노인이 식사·입욕·배설 등의 서비스를 받으면서 가정적 환경 속에서 케어직원과 함께 생활. 5~9인이 1유니트이며 2유니트가 상한
	생활지원하우스		60세 이상	고령 등으로 독립생활이 불안한 자가 이용. 특별양호노인주택에서 퇴거자 대책으로 정비. 데이서비스센터에 주거부분 등의 요소를 가미한 복합시설
의료계	요양간호노인보건시설		65세 이상	병상이 안정기에 있고 입원치료의 필요는 없으나 재활이나 간호, 요양간호를 중심으로 의료케어를 필요로 하는 고령자를 대상으로 의료케어와 생활서비스를 함께 제공하는 시설
	요양간호형의료시설 (요양병상)		65세 이상	장기요양을 필요로 하는 환자를 위하여 주거성을 높이기 위하여 일정한 기준을 만족한 병원 또는 병동. 일반 병원보다는 의사나 간호사의 배치가 적으나 요양간호직원이나 요양간호보조자의 배치가 필요
주택계	실버하우징	국토교통성 후생노동성	60세 이상	지방공공단체에 의한 임대주택으로 고령자의 신체특성을 배려한 배리어프리 사양의 주택. 생활원조원(LSA)의 상담, 안부확인, 긴급 시 대응서비스
	고령자용우량임대주택		60세 이상	민간사업자, 사회복지법인, 지방주택공사, 도시재생기구 등이 공급. 고령자의 신체특성을 배려한 사양. 긴급통보서비스 등이 가능한 고령자용 임대주택. 생활원조원의 생활지원서비스(상담, 안부확인 등)를 받을 수 있음
	고령자원활입주임대주택	국토교통성	–	고령을 이유로 입주를 거부하지 않는 임대주택으로 등록이 된 것
	시니어주택		대략 60세 이상	고령자의 생활특성을 배려한 사양·설비의 채용. 고령자의 안심을 확보하는 서비스의 제공. 고령자를 배려한 임대료 등의 지불방식 등을 배려
	고령자용분양맨션	(재) 고령자 주택 재단	–	입주 시 자립한 고령자를 대상으로 하는 배리어프리 사양의 분양맨션. 요양간호가 필요한 경우는 개호보험의 방문요양간호서비스 등 외부의 재가복지서비스를 이용

6. 노인주택사업 환경의 변화

1) 사회 · 경제적 환경

사회와 경제의 변화는 사회보장과 고령자의 생활환경에 큰 영향을 미친다. 저출산과 핵가족화, 흉악범죄의 증가 등의 사회문제, 실업률의 악화 등은 단기적인 경기회복 등의 지표가 아닌 중·장기적으로 파악해야 한다.

요양간호 고령자를 대상으로 한 유료노인주택사업은 요양간호나 의료서비스를 팔고 있는 것이 아니라 고령자의 일상이나 생활을 장기적으로 서포트하는 것이다. 그러기 위해서는 장기적 시야를 가지고 시시각각 변화하는 사회의 상황을 숙지하고 그러한 변화에 대처하기 위한 방안을 모색하는 등 사회 전체를 보는 시점과 중·장기적인 관점이 필요하다.

가. 시장화단계

요양간호서비스 제공은 초과수요상태가 계속되고 있기 때문에 완전한 매수자 시장이라고 말할 수는 없다. 그러나 신규참여, 기존사업자의 규모 확대로 서서히 매도자 시장에서 매수자 시장으로 이동하고 있다. 2015년에는 일본의 인구가 감소하고 고령화율은 26%에 달하고 베이비붐 세대가 70세 전후가 되어 노인복지업계는 참된 의미의 시장경쟁으로 이행할 것이다.

정부·지자체가 제공해야 한다고 규정된 요양간호서비스는 의료법인과 사회복지법인에 위탁하는 형태로 변화되기 시작하였다. 기존의 노인주택 설립과 운영에 있어서 위탁자 측인 정부·지방자치단체는 설립 시의 자금제공, 입주자 할당, 규정된 운영비용을 부담하고, 수탁자 측인 의료법인, 사회복지법인은 지정된 서비스를 규정된 운영비용으로 감당하는 구조였다.

오늘날 고령자주택은 시장화 단계에 있다. 앞으로는 더욱 많은 신규참여자의 증가와 기존사업자의 규모확대를 통해 입주자가 개인적 사양에 적합한 서비스를 선택하는 매수자 시장으로의 이동이 불가피해 보인다.

나. 자립형에서 요양간호형으로

버블기에는 자립형으로 개설되던 유료노인주택이 버블의 영향으로 공용목욕탕과 댄스홀, 레스토랑 등 호화롭고 고급스러운 공용공간을 갖고 개인실 면적도 평균적으로 60㎡를 넘어서고 있었다. 대체로 150세대 규모로 유료노인주택이 개설되있고, 입주일시금은 평균 2천만 엔 수준이었던 것이 평균 5천만 엔 선으로 급등했다.

요양간호형 유료노인주택은 자립형과 같은 급격한 가격변화는 없었지만 개인실 면적이 넓은 유형이 나오기 시작하면서 입주일시금도 최고와 최저의 폭이 넓어지고 선택의 폭도 늘어나게 되었다. 상품선택의 폭이 넓어져 입주자에게 맞추는 상품이 개발된 시기로 평균 입주일시금은 2,500만 엔 전후까지 상승했다.

버블붕괴 후 자립형은 급격한 가격파괴에 휩싸였고 버블기 이전보다도 더욱 저렴한 1천만 엔대로 하락했다. 그 원인은 사원주택이나 기숙사를 개보수해서 유료노인주택으로 용도를 전환하는 컨버전(Conversion) 타입의 급증을 꼽을 수 있다. 기존의 유료노인주택은 호화로움과 고급스러움을 강점으로 경쟁해 왔지만, 사회경제상황의 악화로 고액상품은 관심에서 사라지고 입주자도 급감했다. 초기투자비용을 낮춘 개보수형은 자립자와 요양간호노인 모두를 입주대상으로 하는 노인주택으로 상품컨셉을 설정하였고, 그 영향으로 노인주택의 입주금액이 하락하는 원인이 되었다.

개호보험 시작 이후에는 요양간호노인을 입주대상으로 하는 노인주택이 대부분을 차지하였고, 개보수형을 중심으로 유료노인주택이 공급되었다. 개인실 면적의 평균은 자립형이 30㎡ 정도, 요양간호형이 15㎡ 정도로 거주공간은 좁아졌다. 면적의 변화에 따라 입주일시금도 자립형이 1~2천만 엔 정도, 요양간호노인형은 5백~1천만 엔 정도가 되어, 유료노인주택의 입주자층이 부유층에서 중산층을 주된 수요층으로 폭을 넓히게 되었다. 이는 개호보험이 초래한 큰 효과라 하겠다.

유료노인주택의 76%를 요양간호형이 차지하고 있다. 특정시설의 지정을 받은 노인주택은 요양간호인정을 받은 입주자가 거주하게 되면 자동적으로 요양간호보수가 수입으로 계상되므로, 경영 면에서 볼 때 사업자에게는 요양간호형의 매력이 높다.

유료노인주택은 자립자를 대상으로 하던 유형에서 개호보험에 의해 요양간호노인을 대상으로 하는 노인주택으로 변모하게 되었다. 개호보험 전의 유료노인주택 업계는 보조금이나 공적융자없이 사업자가 자력으로 개설해서 운영해 왔다. 유료노인주택의 입주자도 공적조치의 대상이 아니고 서비스영역이 다르기 때문에 모든 비용을 자기부담으로 감당하고 있었지만 개호보험에 의해 제도의존형 산업으로 변화하고 있다.

유료노인주택이 요양간호형을 중심으로 개설 진행된 이유를 정리하면 다음과 같다. 첫째, 개호보험의 특정시설입주자 생활요양간호의 지정을 받아 운영하면 요양간호 수가의 금액이 결정되어 있다는 점에서 경영계획을 세우기 쉽고 안정적이며 시장의 신뢰를 받기 쉽기 때문이다. 둘째, 가족이 요양간호하기 곤란한 고령자가 요양간호에 숙련된 사람에게 요양간호를 받을 수 있다는 점이 입주동기가 되어, 입주자를 모집하기 쉬운 환경이 갖추어진다. 셋째, 기업의 독신자기숙사나 사택을 개조한 노인주택인 경우 대단한 투자를 필요로 하지 않기 때문에 신규참가기업이 늘어나고 있다. 넷째, 입주일시금을 수령하여 초기투자비용을 회수하는 사업시스템이기 때문에 자금조달이 쉽다. 다섯째, 교통이 편리한 입지가 아니어도 입주자를 모집할 수 있다.

다. 경영환경의 시대적 변화

유료노인주택 등의 노인주택사업에는 직원부족이나 계약분쟁 등 다양한 문제가 발생하고 있다. 그러한 문제를 생각하는 데 있어서 고령자의 요양간호서비스사업, 노인주택사업이 특수한 사회환경·경영환경 속에서 증가해 온 점을 이해할 필요가 있다.

부동산 버블이 1990년에 붕괴되면서 일본경제는 10년, 15년이라고 하는 긴 기간 동안 경제가 침체되었다. 1990년대에는 구조조정을 위한 공적자금만 127조 엔이 소요되었으며, 홋카이도타쿠쇼쿠은행(北海道拓殖銀行), 야마이치증권

(山一証券) 등의 대규모 금융기관이 연달아 도산하였다. 은행의 대출거부, 정리해고라는 말이 도처에서 들려왔고, 사회 전체에 앞이 보이지 않는 패배감이 만연했다.

개호보험제도는 2000년, 앞이 보이지 않는 어둡고 긴 터널과 같은 환경에서 발족되었다. 세수입은 감소하였고 급속하게 고령화가 진행되는 가운데 요양간호가 필요한 고령자를 전액 세금으로 서포트한다고 하는 복지시책은 한계를 맞고 있었다. 복지로서의 요양간호를 일반적인 서비스로 하여 사회보험제도로 재원부담구조를 이전시킬 필요가 있었다. 이러한 변화는 시·읍·면이나 사회복지법인으로 한정되어 있던 고령자 요양간호가 영리목적의 사업으로서 민간기업에게 열리게 되었다.

그 결과 초고령사회를 맞이하는 일본의 얼마 안 되는 성장산업으로서 고령자 요양간호 서비스사업·노인주택사업에 대한 기대는 크게 높아졌다. 개호보험이 시작될 당시에는 연쇄도산이 사회문제화되고 있었기 때문에 국가가 담보하는 사회보장시책으로 손실이 없게 되는 안정감도 경영자에게는 커다란 매력이었다. 특히 공공사업의 감소, 저출산으로 인한 주택착공건수의 하락으로 구조적인 불경기에 휩쓸린 건설업계·부동산업계에 있어서는 노인주택사업은 한 줄기의 빛이었다.

개호보험제도 이전의 유료노인주택은 고액상품이라는 이미지가 있었다. 그때까지는 입주일시금이 수천만 엔 이상, 월비용도 50만 엔 이상이라고 하는 부유층만을 대상으로 한 고액의 시설이 많았다. 그러나, 개호보험제도 시행 이후는 입주일시금 1,000만 엔 미만, 월비용도 20만 엔 이하인 노인주택이 증가했다. 그 중에는 일시금 '0', 월비용도 15만 엔 정도로 개인실로 구성되는 신형특별양호노인주택과 크게 다르지 않은 시설도 많아졌다.

개호보험의 도입으로 운영을 통해 수익원이 확보되면서 기존의 유료노인주택의 이미지를 불식시키기 위해 입주금의 가격을 낮추게 되었다. 물론, 가격이 상대적으로 내린 이유는 입주대상자가 건강한 고령자에서 요양간호 고령자로 바뀌었고, 건물의 넓이나 설비·서비스 내용이 변화하였으며, 개호보험으로부터의 수입이 예상되는 등의 요인이 복합적으로 작용했기 때문이다.

2) 제도적 · 기술적 환경

가. 시설과 주택의 접근

시설과 주택의 차이점[12)]은 시설이 고령자의 전용 및 공동공간에 대한 이용권을 고령자에게 인정하거나, 시설입주자에 대한 고령자의 선호가 전혀 반영되지 않음에 비해서, 주택의 경우는 분양방식이라면 고령자의 소유권은 상속이 가능하며, 임차라고 하더라도 동거인을 선택할 수 있는 권리가 있다는 점이다. 그러므로 주택이 입주자 개인의 선호를 훨씬 많이 반영하고 있다고 평가할 수 있다. 예를 들어 시설에 입소한 노인의 경우 자신이 원한다고 해서 자신의 거실에 자식이나 동료를 마음대로 데려와 거주할 수 없지만, 노인주택에 거주하는 노인은 본인이 원할 경우 가족 또는 친지와의 동거가 제한적이지만 가능하다.

시설과 주택의 또 다른 차이는 이용자 숫자상의 차이이다. 즉, 시설은 일정한 숫자 이상의 노인 거주자를 필요로 하지만 주택은 1인을 대상으로도 공급할 수 있다는 점에서 개인의 선호에 대응하기가 용이하다. 다만, 일반적으로 주택공급 시 경제적인 효율성과 택지확보 면에서의 편리성 때문에 집합주택으로 공급되는 경향이 있으므로 숫자상의 차이는 큰 의미가 없을 수도 있다.

노인주택은 고령인구의 급증을 배경으로 여러 가지 법률과 제도가 생기며 수정되는 가운데 그 종류가 증가하였다. 오늘날은 다양한 노인주택이 공존하고 있으나 관점을 바꾸어 입주자의 신체상황(자립~요양간호)과 경제력(저~고)이라는 2개의 축을 사용하여 각각의 위치를 확인해 보면 중복되는 부분이 많다. 즉, 기능적으로는 같거나 유사하면서도 별개의 제도에서 규정되어 공급되는 노인주택이 많다.

1990년대 이후 고령자를 위한 주거환경정비에 대한 대응책이 본격화되면서 복지정책과 주택정책의 연계가 중요하여 시설적 노인주택과 주택적 노인주택이 서서히 접근하는 경향을 보이고 있다. 그러나 입주자가 이해하기 어렵고 사업자의 진입장벽이나 리스크가 있다면 복지정책(후생노동성)과 주택정책(국토

12) 박신영 외 1인, 실비노인 복지주택공급제도 개선방안 연구, 대한주택공사주택도시연구원, 2003.

교통성)의 구분에 의해서 종류가 많고 복잡한 노인주택을 본질적으로 수정하여 정리·재편하는 것도 필요할 것이다.

고령자를 위한 주거의 유형은 여러 가지 기준에 의해 나뉜다. 고령자의 주거유형에는 외관과 서비스 내용은 유사하지만 명칭이 다른 것이 많다. 이는 근거가 되는 법률이 장기요양보험법이거나 노인복지법이라는 차이와 감독관청이 후생노동성과 국토교통성이라는 차이에 의한다.

나. 조치에서 계약으로

공적으로 준비되어 있는 복지서비스의 공급량이 수요에 비해 압도적으로 부족했기 때문에 행정기관이 공권력으로 이용을 조정할 수밖에 없었으며, 복지서비스가 갖는 특성이 시장원리와 조화를 이루지 못하는 영역이 많고, 무리하게 시장화시키게 되면 부작용이 많았기 때문에 전후 일본은 복지서비스를 시장원리에 맡기지 못하고 조치제도라는 특수한 형태를 취하게 되었다.

조치는 행정기관이 사회복지시설에 입소자를 입소시키는 것, 또는 이렇게 입소된 사람에 대한 처우 자체를 의미한다. 즉, 입주자의 입장에서 말하면 노인주택에 입소를 희망하는 자가 스스로의 의사로 시설을 직접 선택할 수 없는 것을 의미한다. 한편 계약은 요양간호노인이 노인복지 서비스제공 사업자와 스스로의 의사로 계약하는 것을 의미한다.

2000년 4월에 시행된 개호보험법은 노인복지업계에 있어서 혁명적인 제도였다. 이 제도가 노인복지업계에 가져온 영향은 조치에서 계약으로의 복지로 표현되는 복지의 자유화이다. 즉, 개호보험 시행에 따라 시설입주자가 스스로의 의지로 이용하고 싶은 시설의 복지서비스를 선택가능하게 된 것이다. 노인주택에 있어서 개호보험법의 시행은 시설의 입주자를 고객으로 인식하고 조직을 운영하는 계기가 되었다.

다. 배리어프리 주택

고령자가 알고 있는 문제는 의료・보건・복지라는 범주의 문제가 복잡하게 얽히고, 여기에 가족문제・경제문제・주택문제가 더해져서 그 해결책은 한층 어렵고 복잡하다. 고령자문제는 주택문제라고도 할 수 있다. 병원에서 노인보건시설을 거쳐 가정에 돌아오는 데 있어서 신체기능을 보완하고 휠체어 생활 또는 요양간호를 받기 위해서는 기존주택의 건축양식을 크게 개선해야 한다. 예를 들면 기존주택은 철제 현관문의 여는 방법과 폭이 충분하지 못하고 문을 열고 닫는 데 힘이 들어 휠체어가 출입하기에도 적절하지 못하다.

따라서, 고령자가 익숙한 자신의 주거환경과 지역사회에서 안심하고 생활할 수 있도록 하기 위해서는 배리어프리[13] 주택이 요구되는데, 문턱의 해소, 손잡이 설치를 기본으로 하고 방의 배치, 통로 등 출입구의 폭, 바닥, 벽, 설비 등 폭넓은 영역의 개조가 요구된다.

라. IT기술

컴퓨터와 디지털 관련 등의 IT기술과 공기청정 등의 생활관련기술은 발전하고 있다. 이들은 신체능력이 저하된 요양간호 고령자의 생활과 미래사회를 크게 변화시킬 것이다. 앞으로의 노인주택에는 디지털 방송과 광섬유 통신의 정비는 필수불가결한 요소로 유비쿼터스 등 생활기술의 방향성에 대해 관심을 가질 필요가 있다.

---

13) 배리어프리(barrier free)란 장애가 있는 사람이 사회생활을 해 나가는 데 있어서 장벽(배리어)이 되는 것을 제거한다는 의미로, 1974년 유엔장애자생활환경전문가회의가 배리어프리디자인이라는 보고서를 내놓았을 때부터 이 말이 사용되고 있다. 원래는 건축용어로서 건물 내의 단차의 해소 등 물리적 장벽의 제거라고 하는 의미가 강하지만, 보다 넓게는 고령자나 장애자만이 아니고, 장애가 있는 사람의 사회참가를 곤란하게 하는 사회적・제도적・심리적인 모든 장벽의 제거라고 하는 의미로도 사용되고 있다. 일본에서는 교통기관의 이용에 관한 배리어를 없애기 위한 법률로서 교통배리어프리법과 공공성이 높은 민간건축물 등의 배리어프리를 진행시키는 하트빌딩법 등이 있다.

3) 정책적 환경

가. 지방자치단체의 지역정비계획

노인주택을 개설하는 데 있어서 해당 지역의 정비계획은 어떠한 시설을 개설하는지를 결정하는 중요한 잣대가 된다. 예를 들면 보조금 등 공적 조성의 유무는 노인주택 개설의 자금계획에 있어서 중요한 지위를 차지하지만 보조금 등 공적 조성에는 예산제약이 있다. 특별양호노인주택을 비롯한 보조금 등 대상시설에는 예산의 범위 내에서만 보조금을 받게 된다. 즉, 시설을 개설하려 해도 모든 시설에 대해 보조금이 지급되는 것은 아니다. 따라서 보조금 지급유무에 따라서 시설의 개설 자체를 재고해야 하는 경우도 있게 된다.

또한, 의료보험과 개호보험 급부대상이 되는 시설을 비롯하여 정비계획 등에 의한 지역의 총 정원 수에 제한이 있는 시설도 있다. 자기자금에 여유가 있고 건설 시의 보조금 등이 불필요한 경우에도 개호보험의 지정을 받지 못하면 사업으로 성립하지 못하게 되는 경우가 있다. 따라서 이들 시설은 자치단체장에 의한 인·허가가 필요한 것이 대부분이다.

이와 같이 노인주택의 개설에는 해당지역의 정비계획을 정확히 파악할 필요가 있다. 이는 각 지방공공단체의 단년도와 중장기 노인복지시설 등 정비계획 또는 보조사업 공모 정보 등의 형식으로 공개되고 있다.

나. 특정시설의 총량규제

지자체는 특별양호노인주택과 노인보건시설 등의 개호보험시설에 대해 3년마다 적정수준의 계획량을 정해 놓고 있다. 시설이 예상보다 많이 만들어지면 개호보험급부비가 증대하고 이는 지자체의 재정을 압박하고, 나아가서는 개호보험료의 증액으로 연결된다. 따라서 계획량을 기준으로 시설의 과잉공급을 억제하기 위해 신규개설허가를 조절하거나 동결시켜 개호보험시설 총량을 규제하게 되었다.

총량규제의 대상은 특정시설 입주자 생활요양간호와 치매대응형 공동생활요양간호의 지정을 받은 시설로, 요양간호도[14) 1 이상을 입주시키는 요양간호 전용형 특정시설과 개호보험시설, 그룹홈이 지자체의 총량규제대상이 된다.

유료노인주택은 신고에 의해 개설이 가능(실제로는 사업내용 등 심사를 위한 사전협의를 한다)하지만 요양간호형 유료노인주택을 개설하는 데는 특정시설입주자 생활요양간호의 지정을 받아야 한다. 그러나 특정시설입주자 생활요양간호는 지방자치단체가 정하는 개호보험 사업지원계획에 있어서 해당지역 특정시설입주자 생활요양간호의 이용 총 정원 수를 충족하고 있는 경우에는 신규로 지정하지 못하게 되어 있다. 즉 계획량을 초과하는 지자체에서는 이들 시설의 신규개설이 불가능하다. 개호보험비용의 과다지출로 부담을 느끼던 지자체에서는 이 규제에 포함되지 않는 혼합형 특정시설도 규제대상에 포함시켜 달라고 요청하게 되었고, 2006년 4월부터는 계획량을 초과하는 지자체에서 개호보험이 적용되는 시설의 신규개설은 사실상 할 수 없게 되었다.

이처럼 노인주택은 특정시설에 대한 한도를 설정하는 형식으로 총량규제를 하고 있다. 노인주택을 개설하려는 경우에는 규제에 관한 정보를 입수하고 지역에 따른 차이가 있으므로 개설하려는 지역의 정보를 입수하여야 한다.

이에 대한 대응으로 민간업자들은 특정시설의 지정이 필요없는 주택형 노인주택과 고령자 전용임대주택으로 경영전략을 바꾸고, 외부로부터 요양간호서비스를 제공하는 사업자를 불러서 요양간호서비스를 제공하는 사업모델을 구축하게 되었다.

---

14) 요양간호도는, 요양간호상태・요지원상태를 요양간호의 필요 정도에 따라 정한 구분으로, 요지원 1~2, 요양간호 1~5의 7단계로 나누어진다. 65세 이상의 제1호 피보험자는 요양간호가 필요해진 원인을 묻지 않으나, 40~65세의 제2호 피보험자의 경우는 장년기 치매 등의 노화에 기인하는 15종의 질병(특정 질병) 중 어느 것이 원인이 되어 심신의 장애가 초래된 경우에 한정된다. 요양간호인정이란 피보험자가 개호보험의 급부를 받기 위해서, 해당하는 요양간호상태의 구분에 대해 시・읍・면의 인정을 받는 것이다. 인정의 순서로는, 우선 신청을 받은 시・읍・면의 조사원이 신청자를 방문하고 조사를 실시해, 79개의 조사항목에 대해 컴퓨터가 1차 판정을 실시한다. 그리고 그 1차 판정의 결과와 진찰한 의사의 의견서, 방문조사원이 적은 특기사항을 바탕으로 요양간호인정심사회가 최종적인 판정을 하여 요양간호도를 인정한다. 시・읍・면은 신청을 받고 나서 30일 이내에 결과를 통지해야 한다고 되어 있다. 요양간호상태란 신체 또는 정신의 장애로 인하여, 입욕・배설・식사 등 일상생활에서의 기본적인 동작의 전부 또는 일부에 대해, 6개월에 걸쳐 계속적인 요양간호를 필요로 한다고 예상되는 상태를 말한다. 일반적으로 개호보험의 요양간호 1~5로 판정되는 상태를 말한다.

다. 지방자치단체와의 사전협의

노인주택의 개설에는 지방자치단체장의 인·허가를 받아야 하는 시설도 있지만 신고에 의해 허가되는 시설도 있다. 그러나 신고만으로 개설한다 하더라도 실제로는 건물을 건설하기 위한 절차와 토지의 조성, 개발 등 필요한 절차가 있고 사업내용 심사 등 지방자치단체와 사전협의를 하게 된다. 물론 인·허가를 필요로 하는 시설의 개설에 있어서도 사전협의를 한다. 사전협의를 통해 문제점을 시정하고 해당 노인주택의 요건을 충족시키게 된다.

사전협의의 내용, 접수시기는 개설하려는 시설과 지방자치단체에 따라 달라지게 되므로 사전에 확인해 둘 필요가 있다.

라. 사회적 입원

의료의 필요성이 낮음에도 불구하고 입원을 계속하는 '사회적 입원'이 늘고 있는 것은 고령자의 부담을 무료로 하기 시작한 1970년 이후부터였다. 당시 병원에서는 식비와 주거비도 무료로 하여 장기입원하는 환자가 늘어났다.

1993년에는 장기요양하는 환자를 위해 요양형병상군이 만들어졌다. 이는 2000년의 개호보험제도발족 후 요양병상으로 이름을 바꾸어 의료의 필요성이 높은 환자를 위한 의료보험형요양병상과 개호를 중시하는 개호보험형요양병상으로 나누었다.

후생노동성은 2006년 사회적 입원의 해소를 위해 당시 38만 병상이던 요양병상에 대해 개호보험형요양병상은 폐지하고 의료보험형요양병상은 15만 병상으로 삭감한다는 재편계획을 발표하였다.

당시 건강보험조합연합회의 위탁을 받아 급성기의 일반병원, 요양병상을 대상으로 행해진 전국조사에 의하면 단기입원을 포함하여 입원의료의 필요성이 적음에도 입원을 계속하고 있는 환자는 32만 명으로 추계되었고, 이 중에 요양병상의 환자는 약 15만 명으로, 일반병상의 환자가 반수 이상인 약 17만 명을 차지하고 있었다.

나아가 개호자의 부재로 재택요양이 어렵거나 개호시설에 입소하지 못하여 입원하는 환자가 1년간에 약 52만 명이 포함되어 있는 것으로 밝혀졌다. 이 밖에 입원기간이 장기화되면 입원비도 낮아지는 재원(在院)일수단축화정책의 영향으로 입원의 필요성이 낮음에도 불구하고 일반병상과 요양병상을 전전하는 부적절한 이동이 1년간에 약 78만 명에 이르는 것으로 나타났다.

치료를 위해 입원한 뒤 퇴원할 곳이 없는 경우에 사회적 입원으로 간주되지만, 처음부터 입원의 필요가 없거나 일반병상과 요양병상을 전전하는 부적절한 병원이동에 의해 사회적 입원이 되는 환자도 무시할 수 없다. 시설과 케어주택 등의 요양형주택을 만들거나 병원에 의한 퇴원지원의 체제강화가 필요하다.

4) 자조형복지의 확대

시장을 매체로 하는 시스템인 자조형복지의 하나인 유료노인주택의 수요는 높아지고 유료노인주택이 담당하는 사회적 역할과 책임은 중요해지고 있다. 유료노인주택은 공적인 노인복지시설과는 달리 민간기관이 설치 주체가 되고, 제공하는 서비스내용과 시설 등 설비요건도 다르다.

가. 시장참여자의 다양화

2000년 4월 개호보험의 시작과 함께 고령자용 체재형 복지시설운영에 건설회사, 부동산디벨로퍼, 통신교육을 주된 업종으로 하는 학습지회사, 철도회사, 요식업회사, 전력회사, 철강회사 등 다양한 업종이 참가하고 있다. 체재형 복지시설에는 특별양호노인주택과 유료노인주택이나 그룹홈이 있고, 도시지역의 시설요양간호에 대한 수요증가에 부응하여 유료노인주택의 신설이 잇따르고 있다.

특별양호노인주택의 설치·운영에는 정부로부터 보조금이 나오기 때문에, 식사를 포함해서 매월 5~10만 엔 정도의 저렴한 비용으로 이용할 수 있다. 이 때문에 입주희망자가 많지만, 시설공급이 수요에 비해 크게 부족하여 입소대기기간이 2~3년 정도 소요되며, 2007년 기준으로 입소대기자가 전국에 약 40만 명 정도 있는 상태이다. 그러나 신규공급이 억제되어 특별양호노인주택은 성장이 둔화되고 있지만 민간기업이 사업으로 참여하고 있는 유료노인주택과 그룹홈은 개호보험 도입 후 크게 성장하고 있다.

나. 민간주도의 재가복지서비스

개호보험은 시설서비스와 재가복지서비스로 구분되는데 개호보험 시행에 따라 재가복지서비스의 분야에 민간기업이 참가하게 되었다. 과거에는 고령자 복지서비스를 지자체와 사회복지법인이 중심이 되어 제공해 왔다. 재가복지서비스도 시설서비스처럼 전국 어디서나 서비스 제공을 받을 수 있는 상태는 아니었다.

특별양호노인주택의 입주대기자는 2007년 기준으로 40만 명이라고 하며, 이렇게 시설에 들어가려고 하는 사람들의 니즈를 흡수하는 것이 시설서비스가 아닌 재가복지서비스인 치매대응형 공동생활요양간호와 특정시설입주자 생활요양간호[15]이다. 이들 서비스는 그룹홈과 유료노인주택, 특별양호노인주택에 있어서 큰 차이는 없이 제공되면서 시설서비스 분야에도 기업참가가 크게 늘어나게 되었다.

다. 터미널케어

현대의료는 치유가능한 질병의 경우에는 커다란 힘을 발휘한다. 그러나 진행된 암과 같이, 현대의료의 정수(精粹)를 모아도 치유할 수가 없는 질병의 경우, 시간적인 연명에만 관심을 쏟을 수밖에 없는 것이 현재의 실정이다. 터미널케어가 목표로 하는 것은 단지 연명을 꾀하는 것만이 아니라, 환자의 고통을

15) 일반형 특정시설입주자 생활요양간호란 개호보험법으로 정해진 특정시설입주자 생활요양간호의 하나로, 지정을 받은 유료노인주택이나 케어하우스가 요양간호·간호직원을 고용해, 노인주택의 직원에 의해 행해지는 입욕, 배설, 식사 등의 요양간호 등의 일상생활상의 도움이나 기능훈련, 요양상의 도움을 말한다. 요양간호 고령자 3명에 대하여 1인 이상의 요양간호·간호직원, 요지원 고령자 10명에 대하여 1인 이상의 요양간호·간호직원에 의해서 요양간호서비스가 제공된다.

덜어줌으로써 인간다운 삶을 다할 수 있도록 돕는 데 있다.

터미널케어의 대상이 되는 대표적인 질병은 말기암이다. 말기암 환자는 통증과 함께 변비·구역질·전신권태감·불면 등 많은 고통을 겪는다. 터미널케어의 목적은 신체적으로 불쾌한 증세를 여러 가지 방법을 써서 완화하는 일이고, 환자를 정신적으로 지탱해주는 일이다. 즉, 불안과 공포를 갖는 환자에게는 오랜 시간 귀 기울여 그 불안과 공포에 대해 이해심을 가지고 대할 때 비로소 환자는 정신적으로 안정감을 가지고 지탱해 나갈 수 있게 된다. 터미널케어의 과제는 고도로 발달한 현대 의료시스템 속에서 어떻게 해야 '의술의 정신'이라고 할 수 있는 '보살핌'을 실천할 수 있느냐의 모색에 있다. 단순한 질환의 치료가 아니고, 환자 전체를 돌보는 일의 중요성은 앞으로도 더욱더 강조되어야만 한다.

유료노인주택은 입주자에게 있어서 인생의 종착역이라는 성격을 갖고 있기 때문에 거주기능을 비롯한 의료와 급식서비스를 중심으로 하는 기능, 여가를 충실히 하는 기능, 심신기능 이상으로 자력에 의한 일상생활이 곤란한 자에 대한 터미널케어기능이 요구된다.

라. 의료형 노인주택

고령이 되면 요양간호뿐만 아니라 의료케어도 필요로 하게 된다. 예를 들어 뇌경색으로 쓰러져 입원하는 경우, 적극적인 치료가 필요한 급성기 의료단계를 지나게 되면서 병원은 환자에게 퇴원을 요구하여 다른 유형의 노인주택으로 이주를 하게 된다. 왜냐하면 의료비 삭감을 위해 입원일수를 가능한 한 단축하는 방향으로 의료제도가 변경되었기 때문이다. 그러나 퇴원 이후 일상적인 의료케어가 필요한 환자는 주택요양간호만으로 감당할 수는 없으므로 이러한 경우에는 의료서비스가 부가된 시설을 찾게 되는데, 의료케어노인주택과 의료기관이 만드는 고령자전용임대주택 등이 여기에 해당된다.

개호보험의 적용을 받는 말기 암환자에 대한 터미널케어(종말기 의료)도 이러한 의료형 노인주택을 중심으로 확대될 것으로 판단된다. 이용료가 높아지는 것이 단점이지만, 추가요양간호 체제가 갖추어진 노인주택이 늘어난다면 인생을 마무리하는 마지막 나날을 병원이 아닌 자신이 선택한 주택에서 살 수 있게 되는 것이다.

Part 2

유료노인주택

Chapter 04 유료노인주택 개괄

1. 유료노인주택의 정의

유료노인주택[1]은 고령자를 배려한 주거환경을 갖추고 식사와 요양간호 등의 각종 서비스가 부가되어 있는 마이홈이다. 개호보험제도에 의해서 복지서비스는 조치제도로부터 계약제도로 이행하였으며, 유료노인주택은 입주자를 복지행정서비스로서가 아니라 민간소비자로 여기고 대등한 계약관계를 맺는 등 계약형 복지서비스의 선구적인 존재로 자리매김하고 있다.

입주자의 비용부담은 노인주택의 특성에 따라서 폭이 넓으며 입주 시에 입주일시금은 0엔에서 수억 엔 정도가 소요되고, 월이용료는 관리비와 식비를 포함해서 10여만 엔에서 수십만 엔이 소요된다.

복지서비스가 유료(개호보험제도에서는 입주자가 10%를 부담)로 부과되는 상황에서 유료노인주택이라는 명칭은 다소 이상하게 비칠지도 모른다. 그러나 복지서비스가 거의 무상이던 조치제도가 복지형 노인주택의 배경이 된다는 점을 고려해 보면, 유료노인주택이라는 명칭은 복지서비스가 부가된 민간차원의 상품화된 주거복지라는 의미에서 이유가 있는 것이다.

2006년 7월 개정된 노인복지법에서는 유료노인주택의 정의(노인복지법 제29조)를 "식사제공 이외에도 일상생활에 필요한 편의를 제공하는 것을 목적으

---

1) 유료노인주택이란 고령자를 입주시켜서 입욕, 배설, 혹은 식사의 요양간호, 식사의 제공 등을 실시하는 곳으로서 노인복지시설, 인지증(치매)고령자그룹홈, 등록된 고령자전용주택 이외의 것을 말한다. 요양간호서비스의 제공 방법에 따라, 요양간호형(일반형), 요양간호형(외부서비스이용형), 주택형, 건강형의 4가지로 크게 나눌 수 있다.

로 하는 시설"이라고 명기하고 있다.

법률개정 전에는 요건으로 고령자를 10인 이상 입주시켜야 하고, 서비스로는 식사를 제공하여야 하는 것으로 되어 있었지만, 개정 후에는 인원요건을 삭제하고, 서비스 제공요건은 보다 구체화하여 식사서비스, 요양간호서비스, 세탁, 청소 등 가사서비스, 건강관리서비스 등 노인주거에 있어서 필요한 서비스를 제공하는 것으로 개정되었다. 다만, 외부에 위탁하여 서비스를 제공하는 경우 및 현재는 서비스의 제공이 없으나 장래에 제공을 약속한 경우도 포함하는 것으로 보다 폭넓게 그 범위를 적용하고 있다.

유료노인주택의 범위에 해당하는 것은 노인복지시설,[2] 그룹홈, 고령자전용임대주택 중에서 다음 요건을 모두 충족하는 경우이다.

① 각 세대(개실)의 바닥 면적이 25㎡ 이상일 것(개인실, 식당 등이 공동이용을 위해서 충분한 면적을 가지는 경우는 18㎡).

② 각 세대(개실)에 부엌, 수세변소, 수납설비, 세면설비 및 욕실을 준비할 것. 단 공동이용을 위해서 적절한 부엌, 수납설비 또는 욕실이 있는 경우에는 개인전용의 부엌, 수납설비 또는 욕실이 없어도 된다.

③ 선불로 입주보증금 등의 임대료를 징수하는 경우에는 고령자주거법에 근거하여 임대료 보호조치를 강구할 것.

④ 임대의 경우에는 입주자에 대해서 요양간호, 식사, 세탁, 청소 등의 가사, 건강관리의 서비스 제공을 하고 있는 고령자전용임대주택일 것.

2. 유료노인주택의 연혁

일본에서 법률적으로 유료노인주택이라는 말이 정식으로 사용된 것은 1963년으로, 이때 제정된 노인복지법에 근거하여 법정시설이 되었는데, 자립자조의 생활을 할 수 있는 시설이라는 취지에서 노인복지시설과는 다르다. 노인복지

2) 특별양호노인주택, 노인단기입소시설, 양호노인주택, 경비노인주택A・B, 케어하우스

시설이라는 것은 특별양호노인주택, 노인단기입소시설 및 경비(輕費)노인주택(케어하우스 포함) 등을 가리킨다. 이들 시설의 특징은 설치 시에 공적 조성을 받고, 시설입소의 가능 여부는 조치제도에 의해서 행정청의 처분에 따른다는 점이다.

복지와는 별도의 측면에서 고령자시설 또는 노인주택이 요구되는 상황이 조성되었고, 고도성장의 시대로 들어서면서 인구는 지방에서 도시로 집중하고 도시에서는 핵가족이 고착화되고 지방에서는 고령인구비율이 높아지게 되었다.

이러한 사회경제적인 변화 가운데 새로운 고령기의 주거방법과 라이프스타일을 제안한 업태로 제1호 유료노인주택이 1954년에 개설되었다. 과거의 고령자시설은 구빈(救貧)시설로서의 색채가 농후하였고 부정적인 이미지를 갖고 있던 시기였다. 이 당시에는 조치제도의 틀 안에서 입주자와 사업자 각자가 자립적으로 활발한 고령기를 개발하고 창조하는 것을 목표로 시설을 개설하였다.

버블경제 붕괴와 고령화의 진전으로 유료노인주택은 고령산업 비즈니스로서 주목받게 되었다. 기존의 복지를 담당하던 사회복지법인 등과는 달리 생명보험회사, 손해보험회사, 부동산, 건설, 철강, 도시가스, 유통, 요식 등 다양한 민간기업이 유료노인주택사업에 참여하여 유료노인주택의 다양화가 더 한층 가속화되고 있다. 예를 들면 입지조건이 도시형, 도시근교형, 전원형, 휴양지형 등 여러 가지가 생겨났으며, 입주조건으로는 입주 시에 건강할 것을 조건으로 하는 요양간호형(종신이용권형), 입주 시에 이미 요양간호 상태인 것을 조건으로 하는 요양간호전용형, 건강한 때만을 대상으로 한 기간한정형 등으로 나뉘게 되었다.

3. 유료노인주택과 개호보험

고령자가 요양간호를 받으면서 임종 때까지 생활이 가능한 시설을 고려해 볼 때 특별양호노인주택으로 조치제도에 의한 입소를 하거나, 병원에 입원하거나, 민간에 의해 개설된 유료노인주택을 선택하는 것을 꼽을 수 있다.

재가복지를 내세운 2000년 개호보험법의 시행으로 유료노인주택은 지방자치단체장의 지정을 받아 특정시설입주자 생활요양간호라는 개호보험제도상의 지정시설 서비스의 하나로 정해져 시설 수, 정원 수도 모두 크게 증가하였다.

유료노인주택의 입주자격은 60세 이상, 부부로 입주하는 경우는 부부 중 어느 한쪽이 60세 이상일 것이 조건으로 되어 있다. 입주방식은 종신이용권 방식이나 임대형 등이 있고, 종신이용권 방식은 수백만 엔부터 수천만 엔의 입주일시금과 식비, 매월의 관리비(15~20만 엔 정도)를 지불한다.

요양간호형 유료노인주택을 축으로 한 민간유료노인주택의 공급은 2000년 개호보험이 시작되면서 급증하고 있다. 개호보험 시작 이전의 연간 공급세대 수는 2천 세대 전후였지만, 개호보험이 시작된 2000년에는 3천 세대로 증가하였고, 2004년에는 2만 세대가 되는 등 개호보험 시작 이전 공급세대 수의 10배로 크게 증가하였다.

민간사업자의 참여를 가속화시킨 원인은 입주자 1인당 월평균 20만 엔 정도의 요양간호 수가로 인한 안정된 수입으로 재정을 안정시킬 수 있고, 요양간호도에 따라 받게 되는 요양간호보수가 사업자 입장에서는 매력적이기 때문이다.

개호보험 시행 전에는 입주자가 유료노인주택에 지불하는 관리비와 식비 등으로 지불하는 정액비용이 약 20만 엔 정도, 개인의 요양간호를 위한 비용이 요양간호 상태에 따라 20~30만 엔 정도 소요되어 이를 합하면 유료노인주택에 지불하는 총액이 1인당 40~50만 엔에 달했다. 개호보험 시행 후에는 노인주택에서 동일한 요양간호서비스를 받으면서 요양간호부담분에 대해서 10%만 지불하면 되어 유료노인주택의 월이용료 20만 엔과 요양간호부담분 10%를 합쳐 월 22만 엔 정도로 비용부담이 크게 낮아졌다. 즉, 40~50만 엔 소요되던 비용이 22만 엔 정도의 비용으로 동일한 수준의 요양간호서비스를 받을 수 있게 되어 상대적으로 저렴하게 인식되면서 입주희망자가 급증했다.

또한 입주일시금이나 월이용료 등이 비교적 저렴한 유료노인주택이 증가하였는데, 이들 시설의 대부분은 사회경제의 악화로 기숙사와 사원주택을 매각하는 기업이 증가하였고, 그러한 건축물을 저렴하게 취득하여 개보수하여 노인주택으로 전환시키는 Conversion 방식에 의한 사업참여가 저렴한 유료노인주택의 증가원인으로 꼽을 수 있다.

» 그림 4-1 유료노인주택 공급추이

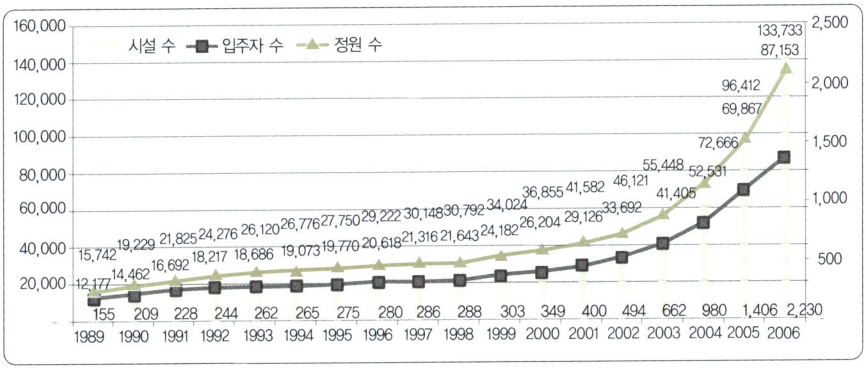

4. 유료노인주택 서비스의 내용

유료노인주택은 고령기의 생활과 요양간호의 장소로서 중요한 역할을 담당하게 되었다. 유료노인주택이 제공하는 기본적인 서비스는 주거공간의 제공이다. 요양간호형, 주택형, 건강형 등 유료노인주택의 유형에 따라 전용면적의 차이는 있지만 15~80㎡ 정도의 주거공간이 개인실로 제공되고 있으며 식당, 도서관, 응접실, 게스트룸, 공연장 등의 각종 공용시설이 제공되고 있다.

각종 서비스에는 일부를 제공하는 것부터 전부를 제공하는 것까지 유료노인주택에 따라서 다르다. 또한 현재는 서비스를 제공하지 않으나 앞으로 서비스의 제공을 약속하는 경우도 유료노인주택의 범주에 포함이 되는데, 입주자의 생활을 서포트하는 생활지원서비스, 프론트서비스,[3] 가사지원서비스, 대행서비스,[4] 버스운행서비스 등이다.

일상생활을 보다 충실하게 하기 위해서 각각의 유료노인주택은 특색을 살려서 서비스를 제공하고 있다. 식사서비스, 입욕서비스, 건강관리서비스, 액티비티서비스,[5] 요양간호서비스 등이 있다. 유료노인주택에서 제공하는 요양간호서비스 중 특정시설 입주자 생활요양간호사업은 요건을 만족하는 시설이 지방자치단체장의 지정을 받아 제공하는 서비스이다. 따라서 유료노인주택이 제공하는 요양간호서비스는 특정시설 입주자 생활요양간호로서 재가복지서비스의 요양간호급부와 예방급부에 해당된다.

유료노인주택은 의료를 행하는 의료기관은 아니지만 의료관리나 긴급 시의 대응조치 등 노인주택에서 제공되는 서비스는 의료와 밀접한 관계가 있다. 따라서 대부분의 유료노인주택은 간호사를 배치하거나 촉탁의나 협력의료기관을 정하는 등 의료의 지원을 병행하고 있다.

5. 유료노인주택의 적정규모

노인주택에 있어서 적정규모 검토는 매우 어려운 문제이다. 규모검토는 개인실 면적, 연면적, 대지면적을 주된 검토내용으로 하고 있지만 이는 입지형태와 경영주체, 운영상 특징에 따라 차이가 있다. 따라서 거주수준과 설비수준, 서비스내용, 입주자관리, 입주비용, 관리비 등의 관점에서 타당하다고 생각되는 적정규모를 산출하는 것이 중요하다.

도입초기에는 입주자정원이 50실 전후였지만, 주거수준도 공용공간과 공동

3) 외출 시의 열쇠관리, 식사예약 방문객 접수나 택배물 취급 등
4) 희망에 따라서 세탁이나 일용품의 구매, 관청의 각종 수속 등을 대행
5) 입주자의 심신의 활성화를 위해서 이벤트의 기획이나 서클활동의 지원 등 여러 가지 활동의 제공 지원

시설의 내용이 빈약하고 서비스내용도 한계가 있었다. 정원이 소수이면 입주자 개개인에 대한 일정한 수준까지의 섬세한 서비스가 가능하지만, 공동시설과 설비는 최소한으로 억제되고 적은 숫자의 정원으로 시설운영비를 부담하게 되므로 월별관리비의 가격이 높아진다. 반대로 개인실의 증설로 입주자정원이 늘어나면 공동시설과 설비는 충분히 정비되고 관리비도 비교적 낮게 설정할 수 있는 여유가 생긴다.

즉, 규모의 경제에 의한 효과로 공동시설과 설비, 서비스내용, 입주금과 월 관리비 등의 변수를 가지고 측정하면 적정한 규모의 유료노인주택 계획이 가능해지게 된다. 일본의 경우 관리운영상의 적정규모는 150실 전후가 바람직하고, 특수한 공용설비로 진료소 등을 두는 경우에는 200실 정도가 바람직한 것으로 알려져 있다.

6. 유료노인주택 개설의 포인트

유료노인주택은 개호나 의료체제, 서비스 내용을 기본으로 노인주택의 입지, 규모, 개인실의 배치, 비용(입주일시금, 매월의 이용료), 개호직원의 수 등 하드・소프트 양면으로부터 다각적인 평가를 통해 사업자와 입주자 쌍방 간의 계약으로 선택되는 시대를 맞이했다.

1) 요양간호서비스의 제공

유료노인주택을 개설함에 있어서 요양간호서비스 등 제공의 유무를 선택할 수 있다. 물론 개설 후에라도 요건을 충족시키면 개호보험 지정을 받을 수 있지만, 시설기준에 대한 요건도 있으므로 신규개설할 때 고려할 필요가 있다.

요양간호서비스가 제공되면 장기적인 요양간호가 필요해진 입주자가 퇴거하지 않아도 되고 요양간호가 필요한 사람을 입주시키는 것도 가능하여 입주자 모집의 폭이 넓어진다. 그러나 시설, 설비의 정비와 인원확보라는 고정비용면에서의 문제도 있고, 요양간호가 필요한 사람과 동일하고 획일적인 시설을 이용하는 것을 꺼리는 고령자도 있기 때문에 입주자 모집에 부정적인 영향을 끼치기도 한다.

2) 외부기관과의 병설

유료노인주택은 여러 가지 서비스제공이 가능하다. 어떤 서비스를 제공하는지에 따라 입주자모집에 차이가 나기도 한다. 요양간호서비스 제공을 시설 내에서 제공하는 것이 아니라 병설하는 형태로 요양간호서비스 사업소를 개설하는 것도 고려할 수 있고, 다른 노인주택이나 의료관계 시설과 병설하는 형태로 개설하는 것도 가능하다. 물론 이들 시설은 개설주체에 제한이 있는 것도 있으므로 경우에 따라서는 제휴의 형태로 필요한 서비스를 제공할 수 있다.

3) 사업대상지 선정

이미 소유하고 있는 토지를 활용하는 경우에는 선택의 여지가 없지만, 신규로 토지를 취득하여 시설을 개설하려는 경우에는 입지선정도 중요하다. 주택형과 건강형 유료노인주택의 입주대상자는 비교적 건강한 고령자가 중심으로 되어 있으므로 일상생활의 활동범위도 넓어진다. 따라서 병원, 상점가, 슈퍼마켓, 역, 버스 등 공공 교통기관에의 편리성 등이 충족되는 입지가 요구된다.

4) 이용료 결정

민간노인주택은 시설의 개설에 있어서 보조금 등 공적지원은 거의 없어 시설정비에 소요되는 일체의 비용은 입주자 부담으로 전가되므로 시설정비 비용이 높아질수록 입주자에게 전가되는 부담도 높아지게 된다. 즉, 입주수요층이 어느 정도의 소득이 있는 고령자를 입주대상으로 하는가에 따라 이용료를 설정하고 그에 맞는 시설을 정비하게 되는 것이다. 유료노인주택에 따라서는 입주보증금이 수억 엔에 달하는 것도 있다. 물론 그러한 가격에 어울리는 정도의 시설을 정비하고 서비스를 제공하겠지만 상당액의 이용료를 지불하고 입주할 수 있는 고령자는 상대적으로 제한되어 있으므로 입주자 확보는 그만큼 어려워진다.

반대로 저소득층을 대상으로 하는 유료노인주택을 개설하는 경우에는 케어하우스와 경쟁하게 된다. 케어하우스의 개설에는 공공기관으로부터 보조금이 교부되므로 이용료가 그만큼 저렴하게 되므로 유료노인주택의 이용료와 비교할 때 케어하우스와 유사한 수준의 시설이라면 유료노인주택은 가격경쟁력이 없게 된다. 따라서 케어하우스보다 높은 이용료를 징수하기 위해서는 그에 걸맞는 시설의 정비, 서비스의 제고가 요구된다.

|표 4-1| **유료노인주택의 표시사항**

표시사항	개　요
거주의 권리형태	임대방식, 종신임대방식, 종신이용권방식
입주 시 요건	입주 시 자립, 입주 시 요양간호, 입주 시 자립/요양간호
개호보험	지정개호보험특정시설, 재가복지서비스 이용
개인실, 요양간호개인실 구분	전체개인실, 2인실, 3인실, 4인실
요양간호에 관한 직원체제	1.5:1 이상, 2.0:1 이상, 2.5:1 이상, 3.0:1 이상

Chapter 05 유료노인주택 주거의 권리형태

유료노인주택의 계약형태는 이용권방식과 임대방식, 분양방식의 3가지 유형으로 구분된다.

1. 이용권방식

이용권방식은 입주일시금 지불에 의해 전용부분과 공용부분의 이용권을 취득하는 것이다. 이용권이라는 것은 유료노인주택의 개인실에 거주하고, 그 곳에서 요양간호를 받거나 생활지원을 받고, 유료노인주택 내의 공용시설을 이용할 수 있는 권리를 말한다. 입주하고 있는 당사자에 한정된 권리로 양도와 매각, 상속이 불가능하다.

이용료 납입방법은 크게 세 가지 방법으로, ① 월정액 이용료만의 타입으로 1개월마다 입주자가 서비스를 위한 필요경비에 토지, 건물 평균건축비에 상당하는 비용을 입주자 1인당 금액으로 나눈 비용을 매월 지불하는 방식, ② 토지, 건물에 소요되는 비용을 한도로 입주 시에 일시금을 지불하고 1개월마다 입주자 서비스를 위한 필요경비를 매월 지불하는 방식, ③ 입주 시에 일시금을 지불하고 매월이용료는 지불할 필요없이 종신을 보장하는 방식으로 구분된다.

입주일시금에는 반환제도가 있어 입주일시금을 전액 반환하는 방식, 정률법·정액법에 의한 입주금을 상각하고 상각분을 차감한 잔액을 반환하는 방식으로 구분된다.

이용권방식은 입주일시금과 월정이용료로 인해 경영자 입장에서 보면 토지와 건물에 투하된 자본이 초기에 회수될 수 있고, 입주자 서비스를 위한 필요경비도 장래에 입주자상황과 경제변동에 대해 가능한 범위에서 대응할 수 있는 장점이 있다.

1) 종신이용권방식

종신이용권방식은 종신거주[1)]의 권리를 얻는 계약형태를 말하고 주거부분과 요양간호, 생활지원 등의 서비스계약이 함께 되어 있는 것으로, 계약 시에 입주일시금으로 일정액의 금액을 지불하는 방식이 대부분이다. 다만 이용권방식의 근거가 되는 법률은 없고, 입주자의 건물에 대한 법률적인 권한이나 보호대책은 건물임대차방식, 종신건물임대차방식보다 약하다.

유료노인주택의 계약형태 중 특징적인 것으로 상각방식이 있는데, 이는 입주 시에 어느 정도 목돈을 입주일시금(보증금)으로 운영자에게 예탁하고 그 예탁금을 매월 상각[2)]하여 가는 방식이다. 대상 고령자층에 따라 수년에서부터 20년 정도까지 상각기간에 상당한 폭이 있다. 또한 보증금에 대하여 입주초기에 일정금액을 상각하거나, 상각하지 않는 보증금으로 취급하는 운영사업자도 있으므로 입주 시에 중요사항설명서 등을 숙독하게 하여 충분히 이해시킬 필요가 있다.

월비용으로서는 관리비와 식비 등이 있다. 관리비에는 수도광열비 등이 포함된 경우와 비용항목으로서 별도로 설정된 경우가 있다. 개호보험 대상서비스 이외의 요양간호비용에는 상호부조로 운영되는 노인주택과 요양간호가 필요할 때 추가비용이 필요한 노인주택이 있다.

---

1) 실제로는 퇴거를 요구받는 경우가 나타나게 되었는데, 건물임대차계약처럼 건물에 계속 거주하는 권리를 보증하는 것이 아니었기 때문이다.
2) 사업자는 이를 수입으로 계상한다.

2) 종신이용권방식의 특징

종신이용권인 입주일시금방식의 특징은 종신이라는 불확실성으로 입주자가 노인주택에 언제까지 입주하는지에 대한 여명의 문제로 입주자의 죽음을 예측하여 상각기간을 결정하게 된다. 남녀차이, 입주자의 평균연령, ADL[3)]의 상황 등 예측이 되지 않는 것을 과거의 실적을 기준으로 산정하여 생명보험회사의 보험금 시스템과 같은 계산을 한다. 입주비용의 설정에 있어서 사업자는 리스크를 고려하여 여유 있는 가격설정을 하게 되므로 입주자 입장에서는 높은 가격이 책정된다.

종신이용권방식의 입주자와 경영자 쌍방이 고려할 요인은 다음과 같다. 입주자 측에서 보면 거액의 입주일시금이 요구되고, 입주금에 대한 중도상환의 보증이 없고, 입주금의 구성내역이 쉽게 납득하기 어렵고, 상환기간과 입주기간이 일치하지 않고, 중도퇴거 시에는 반환금이 적다는 점이다.

경영자 측에서 보면 상환기간과 자금필요시의 자금수지를 예측하기 어렵고, 입주기간이 정해지지 않아 자금계획이 불안정하며, 상각기간 후에도 시설이용을 보증해야 하고, 사업기간이 정해지지 않아 사업의 종결이 어렵고, 금융기관의 사업에 대한 이해가 확립되어 있지 않다는 점이다.

한편, 장점으로는 입주자 측에서는 입주일시금을 지불하는 것으로 생활기반이 보장되고, 평생거주라는 안정감을 얻는다는 매력이 있고, 사업자 측은 거액의 자금조달이 가능해지고, 금리부담없이 보증금(입주일시금)을 받아 활용하게 되는 장점이 있다.

---

3) ADL(Ability of Daily Life)은 보행, 섭식, 의복의 탈착, 입욕, 배설 등 일상생활동작능력을 말한다. 고령자가 자립된 생활을 하기 위해 필요한 활동능력을 측정하는 척도이다. ADL Scale에는 여러 가지가 있는데 후생노동성이 정하고 있는 장애노인 일상생활자립도(8단계), 치매성노인 일상생활자립도(5단계)가 있다. 신체적 능력의 ADL과 식사의 준비, 쇼핑, 전화, 금전관리 등이 가능한지 여부인 수단적 일상생활능력(IADL)을 구별한다. IADL은 조리, 세탁, 쇼핑 등의 가사나 통신(전화・FAX・전자메일 등)에 관한 수단적 일상생활동작을 말하는데, 금전관리, 취미활동, 자동차의 운전이나 교통기관의 이용 등도 포함한다. 과거의 재활치료 등 리허빌리테이션에서는 일상생활동작의 자립을 목표로 하고 있었으나, 최근에는 일상생활 관련 동작의 향상도 중요시되고 있다.

2. 임대방식

유료노인주택의 대부분은 아파트와 같이 주거공간을 구입하는 것이 아니라 거주권을 구입하는 계약이다. 이는 부동산의 매매계약처럼 유료노인주택의 소유권을 취득하면 입주자 사망 후에 가족에게 상속되는데, 다음의 입주자가 고령자가 되지 않을 수 있고 그렇게 되면 계속적으로 노인주택을 운영할 수 없게 된다. 따라서 고안된 계약방식이 임대방식이다.

임대방식은 보증금(입주일시금)을 예탁하고 매월 비용에 상당하는 월이용료를 지불하는 방식을 말한다. 보증금(입주일시금)은 임대료의 3~6개월분 정도의 금액으로 임대료체납이 있는 경우의 보전과 퇴거 시의 원상회복을 위한 것이다. 월이용료에는 임대료와 서비스운영비용과 공용부분의 수도광열비, 청소비 등에 상당하는 관리비가 포함된다.

이 방식은 계속 거주하고 있는 동안 임대료를 포함한 월이용료를 매월 지불하는 것으로 입주자가 예상보다 오래 사는 경우에도 사업자에게는 경영리스크가 되지 않는다. 사업의 안정성이라는 면에서 임대방식이 사업자에게 유리하다. 입주자로서도 입주기간에 따른 입주일시금 반환액이 감소하는 것이 아니기 때문에 퇴거에 대한 부담도 없다. 단지 월이용료가 입주일시금방식과 비교할 때 비싸지기 때문에 유동자산이 적은 고령자는 금액의 크기에 따라서는 입주를 결정하기 어렵다. 일반적으로 월이용료는 공적연금의 수급액을 기준으로 결정하는 경우가 대부분이다.

임대방식은 개인의 거주권을 임대하는 형태이며 계약상의 갈등이 가장 적고, 보증금형식의 일정한 금액을 설정하는 경우도 있다. 매월의 비용과 개호보험 대상서비스 이외의 요양간호비용은 종신이용권방식과 동일하다.

1) 건물임대차방식

일반적인 임대주택과 같이 건물(개인실)을 임대차하는 계약형태이다. 이용권방식이 요양간호와 생활지원서비스를 받는 권리까지 포함하고 있는 계약임에 반해, 건물임대차방식은 건물을 임대차하는 권리와 요양간호 등을 받을 수 있는 권리의 계약이 병합되어 있다. 이 방식의 경우 일반임대주택과 같이 차지차가법에 의한 입주자의 차가권이 준수된다. 예를 들어 노인주택의 경영자가 바뀌는 경우 이용권방식에서는 퇴거를 요구받을 수 있는 가능성이 있지만, 건물임대차방식에서는 경영자가 바뀌어도 계속 거주가 가능하고, 부부가 입주하고 있는 경우에는 계약자인 남편이 사망한 뒤에도 차가권이 부인에게 상속되어 계속 거주가 가능하다.

2) 종신건물임대차방식

「고령자주거의안정확보에관한법률」(2001년 4월 6일 공포 법률 제26호)에 근거하여 창설된 종신건물임대차제도에 의한 계약방식이다. 지방자치단체장의 인가를 받은 임대주택에 입주하는 경우의 차가계약으로 임차인이 생존하는 한 존속하며 사망 시에 종료하는 방식이다. 차가인 본인의 당대에 국한한 계약이나 계약자 본인이 사망한 후에도 배우자 등 일정한 동거인이 주거를 계속할 수 있도록 배려하고 있다.

건물임대차계약의 특별한 형태로, 임차인인 입주자가 사망할 때까지 건물(개인실)을 임대차하여 계속 거주할 수 있고 임차인이 사망한 때에 임대차가 종료하는 특약조건부계약이다. 이 방식을 취하고 있는 노인주택은 개인실의 크기, Barrier Free 등 고령자 대응구조, 선납임대료의 보전조치[4] 등 몇 가지 조건을 만족시켜 지방자치단체장의 인가를 받을 필요가 있다.

임대료는 종신분을 일시금으로 해서 선납받을 수 있다. 또한 종신계약이기 때문에 임대차 계약에서 발생하는 갱신료 등은 발생하지 않는다. 이 방식에서 차가권은 상속되지 않는다. 부부가 입주한 경우 계약자인 남편이 사망하면 부인의 계속거주 여부는 노인주택에 따라 달라지므로 계약 전에 확인할 필요가 있다.

---

4) 2006년 4월부터 운영회사가 도산했을 경우에 대비하여 입주금과 선납임대료 등의 보전조치가 의무화되었다. 구체적으로는 미상각의 선납임대료가 500만 엔과 비교하여 낮은 쪽을 보전하는 것으로 은행이나 보험회사와 보증계약을 맺는 것이다. 2006년 4월 이후에 개설된 시설에는 보전조치가 의무화되어 있다.

3. 분양방식

노인주택시장에서 소수를 차지하는 분양형 노인주택은 일반적인 분양맨션과 같이 주거의 형태를 소유권으로 보장하고 있으며, 일상생활의 설비·서비스는 일반 유형의 노인주택과 유사하다. 소유권으로 부동산을 가지고 있으므로 재산으로서의 가치는 있지만, 상속이나 양도되는 경우에는 반드시 노인용으로 제공되어야 하는 제한이 있고 장래의 대규모 수선과 재건축 등의 문제가 예상된다.

생활지원이나 요양간호서비스 등을 받고자 하는 경우는 요양간호서비스 회사와 별도로 계약을 체결할 필요가 있다. 또한 구분소유건물이므로 건물의 유지관리, 청소 등의 서비스도 관리조합을 통해서 별도의 계약이 필요한 노인주택도 있다.

법률적으로는 소유권이 견고한 계약인 반면에 소유자가 사망한 경우에 상속인이나 양수인이 고령자이어야 한다는 제한이 있고, 상속인이나 양수인이 입주를 희망하지 않는 경우도 있기 때문에 문제가 발생하기 쉽다. 전매가 어려운 경우나 상속인이 일반아파트에 비교해서 비싼 관리비를 부담하지 못하는 문제도 발생하여 공실이 계속되는 경우도 적지 않다. 장기적으로 일상생활에 지장을 초래하는 서비스료는 수익자 부담으로 소유자가 별도로 부담해야 하는 특징이 있다.

1971년에 분양형유료노인주택이 관동권인 아타미에서 시작되었다. 분양아파트개발회사인 나까긴맨션(현재 中銀ライフケア)은 건강한 노인을 대상으로 하여 12개의 시설을 개발했다. 한때는 부동산 자산으로 상속도 가능해 전매(유통)가 가능한 시스템으로 주목받았으나, 법적으로 상속은 가능해도 전매시장의 형성이 쉽지 않다는 시장부재로 인해 공실이 눈에 띄게 늘었고, 결과적으로 분양형노인주택은 보급이 되지 않았다.

4. 권리형태의 차이점

종신이용권방식을 보면 거액의 입주일시금을 지불함에도 불구하고 소유권이 이전되지 않고 있다는 점을 의문시하게 되는 것은 너무나 당연하다. 종신이용권은 상각기간이 종료되면 퇴거하더라도 반환금은 전혀 없다. 따라서 나중에 사정이 생겨 이사해야 하는 경우에는 이사비용도 받지 못하는 상황이 발생할 수 있으므로 신중하게 의사결정해야 한다.

분양방식의 과제는 건물관리시스템에 있어서 입주자가 고령자인 점을 고려하여 시스템을 구축해야 한다는 점이다. 일반적인 관리조합방식만으로는 운영할 수 없는 점이 많고 퇴거 후의 전매시스템이 부재하다는 점에 대한 검토가 필요하다.

사업자가 분양방식을 취하지 않는 이유는 ① 건물의 유지관리 주체가 입주자 측으로 옮겨져 운영상의 어려운 부분인 건물개보수, 개조 등을 쉽게 할 수 없게 된다는 점, ② 소유와 운영의 계약관계에 있어서 운영실무상 운용하기 어렵게 되는 면이 발생한다는 점, ③ 전매 시에 매수자가 고령자로 한정되어 있어 전매시장이 성숙되지 않은 점 등 여러 가지 문제가 있기 때문이다.

일반적인 분양아파트의 경우 소유권이 법적으로 등기되므로 자산가치가 하락하더라도 어느 정도의 매각대금을 얻게 되지만 매수자가 고령자이어야 하는 제약으로 인해 시장성이라는 측면에서 입주자에게 불리한 조건이 된다. 이러한 까닭에 일부 부동산업자가 분양방식으로 노인주택을 사업화했지만 그 숫자는 이용권방식에 비해 매우 적은 상황이다.

Chapter 06 유료노인주택의 입주비용

1. 입주비용

유료노인주택에 입주할 때 발생하는 비용은 노인주택의 시설과 규모, 운영체계에 따라 다르지만 대체로 입주금(입주일시금), 월이용료 등의 호텔코스트,[1] 개호보험자기부담금, 추가요양간호비용, 개별계약서비스료, 추가서비스료 등이 있다.

요금체계와 금액도 노인주택이 갖고 있는 서비스체계에 따라 커다란 차이가 있다. 입주금과 월이용료의 금액은 높으면 높을수록 질적으로 높은 서비스와 요양간호를 제공하게 되는 것이 일반적이지만, 노인주택에 따라서는 지불할 금액과 서비스의 질이 비례하지는 않는 경우도 있다.

1) 입주금

입주 시에 지불하는 금액 중 입주금은 상각이라는 절차를 통해 월임대료와 추가요양간호비용으로 충당된다. 건강형과 주택형 유료노인주택은 3,000만 엔

---

1) 주거에 관한 거주비, 수도광열비, 식비 등을 호텔코스트(Hotel cost)라 한다. 동일한 등급의 장애를 갖는 고령자라도 특별양호노인주택 등 시설계 서포트를 받는 고령자와, 방문요양간호 등 방문계 서포트를 받으면서 자기 집에서 생활하는 고령자 사이에는 보험급부 비용부담에 큰 차이가 있다. 이러한 요인으로 시설서포트를 받고 있는 고령자는 거주비와 식비도 보험급부대상이 되고 있는 데 반해, 재가복지고령자는 임대료, 주택대출상환, 수도광열비, 식비 등은 자기부담이 되고 있다. 따라서 양자 사이에는 불공평이 발생하고 있어, 시설입주자의 증대를 불러일으키는 배경이 되고 있다. 2005년부터 개호보험법에서는 시설입주자의 이러한 호텔코스트를 보험급부 대상에서 제외시키고 원칙적으로 자기부담화했다.

을 넘는 고액의 입주금을 지불하는 곳이 많다. 이들 대부분의 경우는 자립의 고령자를 대상으로 요양간호보다는 노후의 생활을 즐기려는 관점에서 설계되었기 때문이다. 개인실 면적도 요양간호형보다 넓고, 노인주택에 따라서는 인테리어가 고급호텔처럼 화려하고 수영장과 레스토랑, 스포츠센터, 온천 등 호화로운 부대시설을 갖고 있는 곳도 적지 않다. 이렇게 공용면적에 대한 화려한 시설과 설비에 소요된 비용이 입주금에 전가되어 높은 금액이 설정된다.

요양간호형 유료노인주택의 경우 요양간호가 주목적이므로 건강형과 주택형 유료노인주택과 같이 화려한 부대시설을 갖는 노인주택은 거의 없다. 요양간호형은 개인실 면적도 20㎡ 전후가 중심으로 요양간호서비스를 제공하기 쉬운 설계로 되어 있다. 그 결과 입주일시금도 대부분 2,000만 엔 정도로 비교적 낮게 책정된다. 최근에는 입주일시금이 수십만 엔 정도의 저렴한 노인주택도 늘어나고 있어 특별양호노인주택의 입소를 고려하던 노인들이 유료노인주택을 선택하기도 한다. 그러나 입주일시금이 '0'엔인 노인주택은 월이용료가 상대적으로 높게 책정되어 입주 후에도 지속적으로 월이용료를 지불할 수 있는지 검토해야 한다.

지불된 입주금은 통상 20~30% 정도가 입주 시에 초기상각되고, 잔여부분이 임대료와 추가요양간호비용으로 충당되고 상각기간은 5~7년 정도로 상각[2)]된다. 전액이 상각되기 전에 퇴거하는 경우 입주년수에 따라 상각되지 않은 잔여금액은 반환된다. 그러나 노인주택에 따라서는 입주한 시점에 반액, 또는 전액이 상각되는 시스템을 취하는 곳도 있다.

입주 후 얼마 지나지 않아 퇴거하는 경우 생각보다 적은 반환금으로 분쟁이 생기는 경우도 있다. 따라서 초기상각비율이 어느 정도인지 반드시 확인해야 한다. 이러한 초기상각에 의한 분쟁을 방지하기 위해 2006년 4월 이후 개설한 유료노인주택은 계약일로부터 90일 이내에 계약을 해제하면 입주일시금의 전액이 반환되도록 규범화하였다.

2) 입주 시의 초기상각비율은 대체로 10~30% 범위 내에서 노인주택에 따라 차별적으로 적용하고, 상각기간은 요양간호형이 대체로 5~7년, 주택형과 건강형은 10~15년 전후로 정률로 상각하는 것이 일반적이다.

2) 월이용료

월이용료의 내역은 대부분 임대료상당액, 식비, 관리비(운영비), 개호보험이용료의 자기부담금 등 4가지로 구성되어 있다. 개인실의 수도광열비는 실비로 징수하는 노인주택도 있지만, 일정액의 수도광열비를 월이용료에 포함시켜 징수하는 곳도 있다. 관리비는 공공시설의 유지관리비, 사무비, 직원인건비 등에 충당한다. 개호보험비용은 등급별로 17~33만 엔 정도의 비용이 발생하는데 그 중에 10%는 자기부담비용이 발생하게 되므로 그 비용을 포함하여 월이용료로 납부한다.

월이용료의 총액은 대부분 13~33만 엔 정도로 평균 20만 엔 정도이다. 이는 고령자 세대의 매월 연금수급액을 고려한 것으로, 입주 시에 일시금으로 임대료 상당액을 선지불하는 경우는 월이용료가 적게 되고 그렇지 않은 경우는 고액이 된다. 그리고 공용시설이 호화로운 노인주택은 유지비가 많이 들게 되고 그만큼 관리비가 높아지기 때문에 공용시설이 자신에게 있어서 필요한 서비스인지를 검토해야 한다. 월이용료 이외에도 요양간호 용품비용, 복지기기 렌탈비, 일용품비, 레크리에이션 활동재료비, 이・미용비, 왕진 등 방문진료비, 전화비 등 개별적 이용내역에 따라 실비로 추가 징수된다.

3) 추가요양간호비용

특정시설입주자 생활요양간호의 지정을 받은 유료노인주택의 직원 수는 입주자 3인당 1명의 간호・요양간호직원 비율이 최저기준[3]으로 규정되어 있다. 그러나 최저기준만으로는 제대로 된 요양간호가 어렵기 때문에 대부분의 노인주택에서는 입주자 1.5~2.5인당 1명 등 최저기준을 상회하는 직원체제[4]를 두

3) 우리나라는 2.5인당 1명의 비율이다.

4) 요양간호에 관계된 직원의 체제비율은 ① 3 : 1 이상=현재 및 장래에 걸쳐 요양간호자 3인에 대하여, 직원 1인 이상의 비율로 직원이 요양간호에 대응한다. ② 2.5 : 1 이상=현재 및 장래에 걸쳐 요양간호자 5인에 대하여, 직원 2인 이상의 비율로 직원이 요양간호에 대응한다. ③ 2 : 1 이상=현재 및 장래에 걸쳐 요양간호자 2인에 대하여, 직원 1인 이상의 비율로 직원이 요양간호에 대응한다. ④ 1.5 : 1 이상=현재 및 장래에 걸쳐 요양간호자 3인에 대하여, 직원 2인 이상의 비율로 직원이 요양간호에 대응한다. 요양간호 노인주택에서 개호보험의 부담과는 별도로 이용자가 부담하는 비용

고 추가요양간호서비스를 제공하고 있다.

추가요양간호비는 개호보험에서 정해 놓은 기준을 상회하는 인적서비스를 제공하는 경우의 직원인건비를 감당하는 비용으로, 2.5 대 1 이상의 인원배치부터 징수할 수 있지만, 요금설정은 노인주택에 따라 크게 달라진다. 요양간호도별로 설정하고 있는 곳도 있고, 요양간호도와 상관없이 1인당 얼마라는 식의 정액으로 설정하는 곳도 있다.

요양간호서비스 설정액은 월 수천 엔에서 20만 엔 정도까지 상당히 폭이 넓다. 그리고 자립에서 요양간호까지 다양한 건강상태의 고령자를 받고 있는 혼합형 노인주택에서는 개호보험을 사용할 수 없는 자립의 입주자는 자립서포트비, 생활지원서비스비라는 명목으로 자비의 요금을 징수하는 곳도 있다. 예를 들면 야간순회, 긴급응답대응, 체온, 혈압체크 등 입주자 전원에게 제공하고 있는 기본서비스 비용을 개호보험 대상이 아닌 입주자로부터는 자비로 징수하고 있다.

4) 개별계약서비스료

개호보험에서 제공할 수 없는 서비스는 개별계약으로 제공할 수 있다. 예를 들어 외식의 동행, 쇼핑동행, 서도 등 레크리에이션 활동제공 등의 서비스이다. 1회당 얼마, 또는 1시간당 얼마라는 형식으로 설정되어 있고 이용한 횟수와 시간에 따라 후불로 청구된다. 별도비용으로는 주 3회의 입욕을 매일한다거나 월 2회의 통원동행을 4회로 하는 등 노인주택에서 미리 정해둔 내용을 상회하는 서비스의 경우 별도요금이 부과된다.

에는 요양간호에 관계된 직원 체제가 2.5 : 1 이상인 경우, 이용자 본인이 개별적으로 서비스를 희망한 경우라고 정해져 있다.

2. 이용료의 지불방식

이용료의 지불은 일시금방식, 월지불방식, 일시금과 월지불을 혼합한 선택방식이 있다. 일시금방식은 매월의 이용료가 적게 되지만, 예상보다 빨리 퇴거하는 경우는 지불된 일시금의 일부가 입주 시에 초기상각되어 반환금이 작아지는 단점이 있다. 월지불방식은 임대료처럼 매월 지불하므로 중도에 퇴거하기 쉽지만, 일시금방식보다 가격설정이 약간 높게 되어 있다. 선택방식은 입주자가 일시금방식과 월지불방식 중 하나를 선택할 수 있도록 되어 있다.

각각의 지불방식에 장·단점이 있기 때문에 일시금의 근거와 구성내용, 상각구조에 대해 신중히 검토하고, 예산규모와 입주 후의 생활을 감안해야 한다.

1) 일시금방식

입주 시에 입주금의 명목으로 종신 또는 일정기간 동안 지불하는 임대료 상당액의 전부 또는 일부를 일시금으로 지불하고, 노인주택에서 거주권을 얻게 되는 시스템이다. 일괄 수령하는 경우와 정해진 일정기간(수년~20년 정도)의 임대료를 일괄 수령하는 방식을 말한다. 단, 기간을 초과하여 입주하는 경우에도 사용임대차계약에 의해서 사망 시까지 무상으로 이용이 가능하다.

입주금은 입주 후 임대료에 충당하는 것이 일반적이지만, 개호보험이 커버하지 못하는 추가요양간호비용도 포함해서 받는 노인주택도 있다. 또한 입주금과 동시에 지불하는 시설협력금, 입주보증금 등 명목의 일시금은 중도에 퇴거해도 반환되지 않는 경우가 대부분이다.

일시금방식의 장점은 입주 후 매월의 임대료와 추가요양간호비용이 면제 또는 감액되기 때문에 매월의 지불액이 적다는 점이다. 입주 시에 일정금액의 준비가 되는 경우에는 이 방식을 선택하는 경우가 대부분이다. 일시금의 지불에 따른 면제 감액기간은 종신, 또는 3년, 5년 등 일정기간이거나, 양자를 혼합한 형태를 취하는 등 노인주택에 따라 각각 달라진다.

2) 월지불방식

입주 시에 일시금을 지불하지 않고 매월 임대료를 지불하는 방식이다. 입주 시에 목돈을 지불하고 싶지 않은 경우, 또는 가까운 장래에 주거교체를 고려하는 경우는 이 방식을 선택하는 것이 좋다. 단, 일시금방식보다 매월이용료가 상대적으로 높게 책정되고 지불하는 총액도 높아지는 경우가 많다.

임대료상당액이라는 것은 시설공급에 필요한 비용, 수선비, 관리사무비, 지대에 상당하는 금액을 기초로 하고, 시장임대료를 고려하여 합리적으로 산정한 것이다. 단, 인근의 비슷한 주택의 임대료로부터 산정된 금액을 상회하지 않도록 되어 있다.

3) 혼합방식

일시금방식과 월지불방식 중 어느 한쪽을 선택할 수 있도록 복수의 요금 메뉴를 준비하는 경우는 선택방식으로 표시된다. 매월 지불하는 월지불방식과 일시금의 병용방식으로 임대료상당액의 월보증금을 조합한 방식이다. 보증금액은 임대료상당액의 6개월분을 초과하지 않는 정도이다. 또한 보증금은 퇴거 시에 원상회복비용을 제하고 전액 반환한다.

3. 입주일시금

유료노인주택의 입주일시금방식은 노인주택의 입지, 규모, 입주자격 등에 따라 운영형태의 차이가 있어 이해하는 데 상당한 노력이 요구된다. 그러나 입주하는 노인의 입장에서는 목돈을 맡기는 것이고, 입주목적이 종신거주이므로 입주 전에 충분히 운영형태를 확인하고 납득한 뒤에 지불해야 한다.

입주일시금방식은 일정규모의 금액을 입주 시에 예탁하고 여기에 가산해서 월이용료를 지불하는 방식이다. 입주일시금은 퇴거 시에 전액 반환하는 유형과, 일정기간 동안 상각하여 수입으로 계상하는 유형으로 구분된다. 상각하는 경우의 월이용료는 매월 비용에서 입주일시금 상각분을 차감하는 것으로 임대방식의 월이용료보다 적어지게 된다.

1) 입주일시금의 유래

유료노인주택은 1950년경부터 사업화가 시작되었다. 초기에는 사회복지법인이 운영하는 특별양호노인주택에 입주하려 해도 엄격한 소득기준의 적용으로 인해 입주할 수 없는, 경제적인 여유가 있는 고령자를 위해 수익자부담의 원칙에 입각한 노인주택으로 유료노인주택이 개발되었다.

초기에는 사회복지법인의 시설에 추가로 병설되는 형태로 개발되었기 때문에 토지는 사회복지법인의 소유가 대부분이었다. 토지소유자인 사회복지법인은 공익법인이기 때문에 토지를 매각하는 분양방식으로는 유료노인주택을 운영할 수 없어 분양방식이 아닌 임대방식으로 할 수밖에 없었다.

이러한 배경으로 건축자금을 조기에 회수할 필요가 있는 사업자 측과, 일정한 정도의 비용을 노인주택에 지불하더라도 노후의 요양간호가 가능한 노인주택에 여생을 맡기려는 경제적으로 여유있는 고령자의 이해가 맞물리면서 종신이용권인 입주일시금 형태의 납입방식이 자생적으로 만들어지게 되었다.

2) 입주일시금의 성격

입주일시금이란 보증금, 권리금, 계약금, 건설협력금, 시설협력금, 시설정비협력금, 입주협력금, 출자금, 퇴거수선금, 퇴거보증예치금 등 많은 항목을 포괄하는 명칭이다. 그 내용도 입주개월 수에 따라 상각하는 유형과 1년씩 일시금을 징수하는 유형 등 여러 가지가 있다. 금액도 임대료의 몇 개월분이라고 설정하는 경우부터 수억 엔을 징수하는 경우도 있는데, 통상적으로 입주일시금은 노인주택 사업자가 초기투자한 자금의 상당부분을 회수하는 역할을 수행하고 있다.

입주일시금의 설정에는 일정한 원칙이 존재하는 것은 아니지만 객관적 기준의 설정은 필요하다. 사업자가 설정하는 기준은 초기투자를 포함해서 사업을 수행하기 위한 비용이 하나의 척도가 된다. 사업을 계속 영위하기 위한 현금유입과 현금유출에 적절한 이익을 포함한 금액이 입주일시금 설정의 기본이 되는 것이다.

입주일시금을 고액으로 설정하면 입주자를 모으기 어렵게 되고 공실이 발생해도 새로운 입주자를 찾기 어렵다. 공실기간이 길어지고 공실률이 높아지면 운영에도 커다란 지장을 주게 된다.

입주일시금의 성격은 입주자가 사용하는 개인실 임대료(관리비를 포함하는 경우도 있음)의 선지불적인 성격을 갖는 경우가 일반적이다. 따라서 입주일시금을 징수하는 경우는 입주자가 지불해야 하는 비용 중 개인실의 임대료를 선지불한 형식이 되므로 입주자로서는 미리 평생임대료에 해당하는 금액을 선지불한 만큼 월지불액은 상대적으로 적어지는 것이다.

입주일시금은 일정기간을 정해 매년(또는 매월) 상각하고, 상각기간, 상각률, 반환금의 계산방법 등을 미리 정해두고 있으며 이는 사업자에 따라 차이가 있다. 상각한 금액은 1년마다 매출로 계상하여 운영비 등에 충당한다. 매월의 운영비는 매출로 계상된 입주일시금의 상각액과 입주자로부터 징수하는 개인실 임대료, 관리비, 각종 서비스비, 개호보험서비스 등 수입항목과 비용항목의 적절한 관리를 통해 수지가 맞도록 해야 한다.

3) 입주일시금의 산정방법

임대료 상당액은 해당 유료노인주택의 정비에 필요한 비용, 수선비, 관리사무비, 지가에 상당하는 금액 등을 기초로 합리적으로 산정한 것으로 인근의 유사한 주택의 임대료를 기초로 산정되는 금액을 크게 상회하지 않아야 한다.

월지불방식의 경우의 임대료 상당액에 관한 보증금을 수령하는 경우에는 그 금액은 6개월분을 넘지 않아야 하고, 퇴거 시에 개인실의 원상회복비용[5]을 제외한 전액을 반환해야 한다.

입주일시금 산정기준

{(초기투자에 필요로 하는 원가비용+유지에 필요로 하는 원가비용)÷총연면적}×(해당 개인실면적+해당 입주자부담 공용부분면적)

- 초기투자에 필요로 하는 원가비용 : 토지취득비용/건축자금/설계감리비/특수부대설비공사비/특수공사비/설비비품 구입비/차량운반도구/개발 제경비 등
- 유지에 필요로 하는 원가비용 : 교체비용/수선비용/조세/보험

일시금방식에 의해 수령하는 경우에는 일정기간 내에 사망 또는 퇴거했을 때의 입주개월 수에 상응한 반환금의 산정방식을 명확히 하고, 일시금의 반환채무를 확실히 이행해야 한다.

또한 일시금 중 반환대상이 되지 않는 부분의 비율이 적절해야 하는데, 입주 후 단기간의 해약에 대해서는 체재일수에 상응하는 비용 및 개인실의 원상회복을 위한 비용 등을 제외하고 일시금을 전액 반환하는 것이 바람직하다.

덧붙여 착공 시에 상당수 사람의 입주가 예상되지 않는 경우에는 충분한 입주자를 확보해 안정적인 경영이 예상될 때까지 일시금의 반환채무에 대해 은행보증 등이 첨부되어야 한다. 식비, 관리비, 의료비, 요양간호비용 등도 지도방침으로 규정되어 있다.

이 밖에도 지출되는 경비에는 식당직원, 관리직원 등의 인건비가 있고, 비용항목 중 인건비가 차지하는 비율이 가장 높다. 그 밖에 입주금상환, 시설건축물의 교체비용, 수선비, 시설유지비, 광열비, 조세, 보험, 지불이자 등이 있다.

4) 입주일시금의 설정방법

입주일시금방식은 일정규모의 금액을 입주 시에 예탁하고 여기에 가산해서 월이용료를 지불하는 방식이다. 종신이용형 유료노인주택은 입주일시금의 상각기간이 경과한 뒤에는 입주금의 추가지불은 없는 것으로 하는 시설이 대부분이다. 따라서 입주자는 입주일시금을 지불하면 추가적인 금전적 걱정없이도

5) 원상회복의 비용부담에는 원상회복을 둘러싼 분쟁에 대비하여 가이드라인을 규정하고 있다.

계속적으로 거주한다는 안정감을 얻을 수 있다.

이는 상각기간을 경과한 입주자의 비용 일부는 다른 입주자가 부담한다는 상호부조의 원리와 운영자의 안정적 경영을 전제로 하고 있고 입주자의 장생(長生)리스크를 사업자가 일방적으로 담당하는 것이 된다. 경영안정을 위해서는 입주율이 일정수준 이상으로 유지되고 입주일시금과 상각기간 설정이 잘 맞아야 한다는 것이 전제조건이다.

가. 상각기간 설정

입주금의 상각기간은 간이생명표[6]를 기준으로 입주자 연령 중 기대여명의 50%를 더하는 선에서 설정한다. 입주자별로 기대여명에 연동시켜 월이용료를 설정하는 이유는 충분히 여유를 두고 설정하는 것이 입주자와 사업자의 리스크 분담을 공평하게 하기 위함이다.

나. 연령별 설정

입주일시금을 일률적으로 적용하면 80세와 70세의 사람이 같은 금액으로 부담하게 되고, 연령이 낮은 입주자가 많아질수록 사업자로서는 리스크가 높아지게 된다. 한편 입주자 입장에서도 연령이 낮은 사람과 높은 사람이 같은 금액을 지불하는 것은 불합리하다는 지적이 있게 된다. 따라서 이러한 이해관계의 상충을 해결하기 위해 기대여명을 적용시켜 금액설정을 달리하게 된 것이다.

예를 들면 60세에서 74세까지의 사람, 75세 이상의 사람, 80세 이상의 사람으로 연령이 높아짐에 따라 입주일시금을 낮게 적용하고 있다. 사업자로서는 상각기간을 짧게 하여도 매월 수입은 거의 변하지 않게 되고, 예치금의 금리도 낮기 때문에 크게 불리해지지는 않는다.

---

6) 어느 시기에 있어서 사망상황(연령별 사망률)이 향후 일정불변인 경우 연령계층마다 평균하여 앞으로 몇 년 더 살 수 있는지를 사망률, 생존율, 평균여명 등으로 표현한 것이다. 남성은 거의 대부분의 연령에서 이론생존율을 상회하는 결과를 보이며, 특히 85세 이상에서 현저한 차이를 보이고 있다. 여성은 80~84세층의 노인주택입주자의 생존율이 높아지고 있다.

다. 선납금액별 설정

같은 연령층에서도 입주일시금을 많이 예탁하면 월이용료는 낮아지고, 입주일시금을 적게 하면 월이용료는 높아지게 된다. 입주자의 경제사정에 따라 입주일시금을 많이 예탁하는 것을 선택하는 경향이 많아지고 있다. 이렇듯 입주일시금은 단일가격 설정이 아닌 선택의 폭을 넓혀 다양하게 하는 것이 입주자 모집에는 유리하게 된다.

5) 입주일시금의 고액설정

노인주택사업의 초기투자는 주로 토지대금, 건축자금, 설비자금, 기기부품대금 등과 판매경비, 정상가동까지의 운영보전자금 등이 있다. 사업개시 후에는 시설유지경비와 정기적인 개보수비, 재산세가 지출되고 운영경비는 입주자로부터 월정액으로 식비, 관리비를 받아 보전한다. 이러한 명목으로 수납하게 되는 입주일시금이 고액으로 설정되는 이유는 다음과 같다.

첫째, 종신이용권이라고 하는 입주기간의 종료기한이 정해지지 않은 계약을 입주 시에 체결하는 것에 있다. 일반적으로는 연령대에 따라 평균여명을 기준으로 설정하지만 사업자 측은 입주자가 평균여명보다 길게 생존하는 경우의 리스크를 감수해야 하므로 그 리스크를 회피하기 위해서는 고액으로 설정할 수밖에 없다.

둘째, 노인주택의 개설에 필요한 비용의 전부 또는 일부를 입주자에게 공평하게 부담시키는 사업구조로 되어 있고, 유료노인주택 설치운영 표준지도지침에서도 입주일시금을 '설치에 필요한 비용을 토대로 합리적으로 산정한 것'이라고 규정하고 있다. 이것은 중도에 경영이 파탄하여 고령자가 쫓겨나게 되는 사태를 피하려는 소비자 보호의 관점도 있다. 지도지침에는 30년간에 걸쳐 사업수지분석을 하여 3년마다 입주일시금을 수정하도록 지도하고 있다.

즉, 사업의 골격과 사업수지가 확실하게 짜여 있으면 지방자치단체도 고액의 입주일시금을 인정할 수밖에 없는 구조라고 할 수 있다. 이 때문에 대규모화와 호화로운 노인주택이 만들어졌고 고액의 입주일시금도 나타나게 되었다.

셋째, 입주 시에는 건강했지만 나이가 들면서 요양간호가 필요해지기 때문에 기한을 알 수 없는 요양간호비용이 더해진다. 그 비용은 어디까지나 예상하는 비용이므로 불투명한 양상을 띠게 된다. 이에 2000년을 기점으로 입주자가 일시금으로 예치한 요양간호비용 중 실제로 사용된 비용을 제외하고 정산하여 반환하도록 개호보험의 도입 시에 행정지도가 내려졌다. 이로 인해 노인주택에 따라서는 혼란이 발생하여 입주자와 노인주택 사이에 분쟁이 발생하기도 하였으나 오늘날은 요양간호 수가라고 하는 투명한 방식으로 정화되었다.

6) 입주일시금의 상각

유료노인주택에서 입주일시금의 상각기간은 입주자의 입주 시 평균연령을 약 75세 정도로 가정하고 15년(180개월)으로 설정하는 사례가 많다. 요양간호노인을 받아들이는 등 입주 시 평균연령을 높게(83세 정도) 설정하는 경우에는 상각기간을 10년 이하로 설정하기도 한다.

입주일시금은 퇴거 시에 전액 반환하는 유형과, 일정기간 동안 상각하여 수입으로 계상하는 유형으로 구분된다. 상각하는 경우의 월이용료는 매월 비용에서 입주일시금 상각분을 차감하는 것으로 임대방식의 월이용료보다 적어지게 된다.

또한 연령에 따라서 예상되는 입주기간이 달라지므로 입주 시의 연령에 연동하여 일시금의 금액과 상각기간을 변동시키는 경우도 있다. 입주 시 연령이 낮은 경우는 입주일시금이 많아지고 상각기간도 길게 설정되고, 고령인 경우는 반대의 패턴이 적용된다.

Chapter 07 유료노인주택의 입주자보호

유료노인주택의 설립과 운영은 노인복지법과 개호보험법을 근거법으로 하고 있다. 입주자보호에 대해서는 노인복지법과 지방자치단체의 조례에서 운영과 관련된 상세한 내용을 규정하고 있다. 본 장은 입주일시금의 보전조치, 노인주택의 중요사항설명서 등을 중심으로 상술하고 있다.

1. 입주자보호

유료노인주택을 개설하는 사업자 중에는 대기업과 복지시설의 운영에 익숙한 기업뿐 아니라 재무기반이 약한 기업도 있다. 그리고 대부분의 사례는 종신이용권 계약에 의한 3,000만~5,000만 엔 정도의 입주일시금방식이지만 억 단위의 입주일시금을 설정하여 화제가 된 곳도 있다.

또한 무신고 유료노인주택의 폐해가 보고됨에 따라, 고령자의 건강상태가 취약하고 의사표현도 제한적이고 소극적이 되기 쉬운 입주자의 권리를 보호할 필요성이 제기되었다. 입주자 보호와 노인주택의 관리를 위하여 장부(이용료의 수령, 일상생활상의 편의, 신체구속, 고충, 사고상황과 처리 등의 기록)의 작성과 보존을 하고 중요사항설명서[1]의 교부가 의무화되었다.

1) 사업자나 노인주택의 개요, 서비스, 요금, 직원의 대응체제 등 해당 노인주택에 관한 중요한 내용을 요약해 놓은 설명서이다. 사업주체 법인(영리법인이나 재단법인 등)의 개요, 시설개요, 거주권의 종류, 종업원에 관한 사항, 서비스의 내용, 이용료의 지불방식, 이용요금, 인・허가기관의 유료노인주

입주일시금의 산정근거를 서면으로 명시하고 또한 도산 등의 경우에 대비하여 필요한 보호조치를 강구하였다. 지방자체단체장은 보고내용을 조사하는 것 외에도 필요시에 현장검사를 할 수 있도록 명문화하였다. 노인복지법에서는 이러한 필요에 의해 유료노인주택설치운영표준지침의 내용에 다음과 같은 가이드라인을 포함하였다.

1) 입주 전 정보수집

입주자가 입주 전에 노인주택에 대해 다각적으로 검토할 수 있도록 여러 가지 정보공개를 의무화하였고, 그 주된 항목은 다음과 같다. 입주정원과 입주자수, 입주일시금의 액수와 해약 시 반환금의 산정방법, 월이용료와 내역, 요양간호도 상태가 될 경우 요양간호를 받는 장소, 추가비용, 요양간호직원과 간호직원 등의 인원수, 요양간호직원비율, 야간직원체제, 개인실면적, 개인실설비, 담화실 유무 등 구조와 설비, 서비스대응체제 등이다.

이러한 정보는 서면으로 교부하도록 되어 있는 중요사항설명서에 명기되어 있기 때문에, 계약서의 내용과 관리규정을 계약 전에 검토해야 한다. 이외에도 요양간호 서비스일람표와 서비스요금표도 사전에 확인해야 한다.

또한 입주일시금을 징수하는 시설에는 대차대조표와 손익계산서도 입주자가 청구하면 공개하도록 의무화되어 있고, 사업수지계획서도 가능한 한 공개하도록 지도하고 있다.

이러한 서류는 사업자의 경영안정도를 알 수 있는 중요한 자료가 된다. 입주를 검토하는 입장에서는 가능하다면 여러 개의 노인주택 자료를 입수해서 비교·검토하는 것도 의미가 있다. 하나의 노인주택에 관한 자료만으로 알지 못했던 내용을 다른 노인주택과 비교·검토하는 과정에서 또 다른 의문이 생기거나 갖고 있던 의문이 해결되기도 한다. 이러한 의문점을 납득할 수 있을 때까지 충분한 설명을 구하고 의문이 완전히 해소되었을 때 계약을 결정하는 것이다.

택 설치운영지도지침에 대한 적합성, 요양간호서비스 등의 일람표, 비용 및 사용료 일람표 등 시설의 중요한 사항에 관해서 기술되어 있는 문서이다. 기술형태는 후생노동성의 표준서식으로 기재내용에 대한 충분한 설명도 의무화되어 있어 장점만을 기재하고 있는 홍보물과는 달리, 다른 노인주택과 비교할 때 객관적이고 공평한 비교가 가능하다.

주의할 점은 이러한 자료는 원칙적으로 입주자가 사전에 청구하지 않으면 노인주택 측은 공개해야 할 의무가 없다는 점이다. 통상적으로 우량한 노인주택은 정보를 사전에 공개하고 경영도 투명하게 하고 있으므로 정보공개를 꺼리는 노인주택은 주의해야 한다.

2) 보전조치

입주일시금은 임대료와 추가요양간호의 선지불이라는 의미를 갖는 예치금이다. 따라서 사업운영자금과는 별도로 보전되어야 하는 성질의 계정으로, 중도에 퇴거하는 경우에는 입주기간에 따라 반환될 수 있어야 한다. 그러나 경영상태가 부실한 노인주택은 별도로 보전되어야 하는 입주일시금을 차입금의 상환에 충당하거나 사업운전자금으로 소비해 버리는 경우도 있다. 그 결과 노인주택 운영사업자의 도산이나 입주자 사정으로 중도에 퇴거하려는 경우에 반환되어야 할 일시금을 돌려받지 못하는 경우가 있게 된다. 따라서 2006년 개정에서는 선납되는 일시금에 대하여 500만 엔이나 상환채무잔액 중 낮은 금액을 보전하도록 의무화[2)]하였다.

2006년 4월 이후에 개설된 노인주택에 대해서는 은행 등에 의한 연대보증, 모회사에 의한 연대보증, 보험사업자에 의한 보증보험, 전국유료노인주택협회의 입주자기금 등에 의해 일시금은 보전되도록 하고 있다. 그러나 그 이전에 개설된 노인주택의 일시금 보전은 권고사항으로, 후생노동성이 당장의 생활자금으로서 적절하다고 판단한 500만 엔의 보증금액은 충분한 조치는 아니지만 아무런 대책이 없던 시기보다는 진전되었다. 또한 모호했던 일시금의 산정근거도 서면으로 명시하도록 의무화한 것도 의미가 있다.

3) 쿨링오프

노인주택에 관한 분쟁 중 가장 많은 것이 해약 시 입주일시금 등 요금반환

---

2) 선불금의 보전조치는 2006년 4월 이후에 개설된 시설부터 의무화되어 적용되고 있다.

에 관한 것으로, 입주일시금 반환에 대한 분쟁이 가장 많다. 2006년 개정에서는 입주자가 계약일로부터 90일 이내에 계약을 해제하는 경우에는 수령한 일시금의 전액을 반환하는 쿨링오프(cooling-off) 제도[3)]가 도입되었다. 입주기간에 상응하는 일수의 개인실 사용료는 징수할 수 있지만, 그 이외의 선납금은 반환되도록 한 것이다. 따라서 입주한 뒤 90일 이내에는 입주자의 자유로운 의사로 계약을 해제하고 입주일시금 등 선납한 금액을 돌려받을 수 있도록 제도적인 보완이 되었다.

4) 장부의 정비와 기록의 보존

노인주택에 대한 기록을 정비하고 장부를 작성하고 보존하도록 의무화하였다. 기록의 내용으로는 입주자가 입주 시에 지불하는 일시금과 이용료를 정확히 수령했다는 내용, 입주자에게 제공하는 요양간호와 생활지원서비스의 내용, 신체를 구속하는 시간과 이유, 입주자와 가족으로부터의 건의나 제의, 서비스 제공에서 발생하는 사고의 상황과 처리내용 등이다. 이들 기록을 정비하고 장부를 작성하여 2년간 보존하는 것을 의무화하였다.

상대적으로 수준이 낮은 노인주택일수록 경영에 관한 기록도 불비하고 사고가 발생한 경우에도 사실관계를 확인하기 어렵다. 그러나 이처럼 서비스 내용을 기록으로 남기는 것에 의해 부족한 부분을 보완할 수도 있고, 제공하는 서비스에 대한 의식도 높아지고 서비스의 질도 높아지도록 유도하고 있다.

또한 기록의 작성, 보존의무화와 함께 개인정보보호에 관한 법규의 준수도 의무화하였고, 의무화 규정을 위반하는 경우와 입주자 보호를 위해 필요한 경우에 지자체는 현장검사를 하거나 개선조치명령을 할 수 있도록 제도를 강화하였다.

---

3) 유료노인주택의 분쟁 중에서 가장 많은 것은 요금에 관한 것으로, 2006년 4월부터 쿨링오프(cooling-off) 제도가 도입되었다. 이것은 계약일부터 90일 이내에 계약해제를 하는 경우에는 기본적으로 임대료나 식비는 입주일수를 계산해서 지불해야 하지만 입주일시금의 전액을 돌려주는 제도이다. 단, 지방자치단체에 따라 쿨링오프의 범위가 다르다. 입주금을 분류하면 입주신청금, 시설협력금, 입주일시금(이용권), 선납시설료 등이 있지만, 지방자치단체에 따라서는 일부에만 쿨링오프의 효과가 있는 경우가 있다.

2. 입주요건

유료노인주택은 제도상 유형의 차이가 있어 유료노인주택별로 입주요건이 정해져 있다.

입주가 가능한 연령과 건강상태 등 노인주택마다 입주 시의 조건이 설정되어 있다. 연령기준은 고령자를 위한 주택이므로 일정한 연령 이상이 이용대상이 된다. 입주 시의 연령은 60세 이상을 요건으로 하고 있는 노인주택이 대부분이지만 노인주택에 따라서 차이가 있고, 부부가 입주하는 경우에는 어느 쪽이 60세 이상이 되면 입주가 가능하다. 입주 시의 건강상태 역시 노인주택의 특성에 따라 차이가 있다. 입주 시 자립, 입주 시 자립/요지원자, 입주 시 자립/요지원/요양간호노인, 입주 시 요지원/요양간호노인, 입주 시 요양간호노인 등으로 구분된다.

유료노인주택 입주자의 성별은 남성이 대략 20~30%, 여성이 70~80% 정도이고, 평균적인 연령은 남자가 77~80세, 여자가 80~84세이다. 요양간호형 유료노인주택의 경우에는 85세 이상의 입주자가 1/3 정도 차지하고 있다.

건강형 유료노인주택은 '자립' 상태인 사람만 입주할 수 있고, 생활하던 중에 요양간호가 필요하게 되면 원칙적으로 계약은 해제되고 퇴거해야 한다.

주택형 유료노인주택도 입주 시는 '자립일 것'을 조건으로 하는 곳도 많다. 반대로 개호보험 요양간호인정기준인 '요양간호 이상일 것'을 입주요건으로 하는 주택형 유료노인주택도 많아지고 있다.

요양간호형 유료노인주택은 '자립'이나 '요지원'은 입주할 수 없다. 최근에는 '요지원, 요양간호'의 노인만 입주할 수 있는 노인주택도 출현하고 있으며, '자립, 요지원, 요양간호'의 어떠한 상태의 노인도 입주가능한 노인주택도 있다.

이처럼 유료노인주택은 각 유형별로 입주요건과 더불어 퇴거요건도 정해두고 있다. 제도상의 유형으로 퇴거요건이 명확히 되어 있는 것은 "요양간호가 필요하게 되는 경우는 계약을 해제하고 퇴거해야 한다."고 규정하고 있는 건강형 유료노인주택뿐이지만, 실제로는 '치매증상이 심해진 경우', '병원의 입원기간이 장기화된 경우', '의료의 필요도가 높아진 경우', '공동생활의 질서를 해치는 경우' 등 여러 가지로 퇴거기준을 규정하고 있다.

이것은 요양간호형 노인주택이라 괜찮다거나, 주택형이라 안 된다는 것이 아니라, 노인주택의 간호의료체제와 연계된 의료기관의 협력도에 따라 달라진다. 퇴거요건에 관련된 입주계약서의 내용 등을 반드시 확인해야 한다.

|표 7-1| 유료노인주택의 입주 시 요건

입주요건(건강)	비율
입주 시 요양간호	41.3%
입주 시 자립/요양간호	52.9%
입주 시 자립	6.4%
입주요건 불변	0.4%

3. 입주계약

조치제도시대의 행정처분에 의한 복지패러다임에서 입주자를 소비자로 여겨 대등한 계약관계를 맺는 유료노인주택에서는 입주희망자에 대해서 노인주택의 선택과정에서부터 입주계약의 프로세스를 알기 쉽도록 정보제공을 하고 있다. 유료노인주택사업자가 제시하는 정보제공행위에 있어서는 소비자가 유료노인주택을 적절하게 선택할 수 있도록 각종 규제 및 가이드라인이 설정되어 있다.

입주자는 각각의 노인주택이 제공한 정보를 근거로 충분히 이해한 뒤 적합한 노인주택을 결정하고 자유의사에 기초한 계약에 의해 노인주택에 입주하게 된다. 건강할 때 입주하는 자가 많은 노인주택에서는 입주자 간담회나 자치회 등을 만들어 적극적으로 서비스 개선을 하고 있다.

또한, 입주자가 볼 때 계약내용과 다르다고 판단되는 경우는 각 노인주택의 고충대응창구나 유료노인주택협회,[4] 지방자치단체의 담당부서와 소비자생활센터 등에 고충을 진정할 수가 있다.

4. 입주의사결정

후생노동성은 특별양호노인주택에 대해서는 저소득층 고령자를 대상으로 하는 시설로 하고, 일정한 경제력을 갖고 있는 고령자는 유료노인주택과 고령자전용임대주택 등 주택계 서비스를 선택해 나가도록 유도하고 있다.

유료노인주택에는 여러 유형의 노인이 입주한다. 자립하여 생활이 가능한 건강한 노인, 청소와 쇼핑 등 가벼운 생활지원과 요양간호가 필요한 노인, 식사와 입욕 등 서비스가 필요한 중간 정도의 요양간호가 필요한 노인, 와병상태로 높은 수준의 요양간호가 필요한 노인, 치매노인 등 필요한 지원과 요양간호 수준도 각양각색이다.

유료노인주택의 입주의사결정동기는 요양간호가 필요해졌을 경우의 안정감, 생활서비스에 대한 기대와 안정감, 신체능력이 약해져도 요양간호를 받을 수가 있고, 식사나 일상생활의 세세한 점에 대한 서포트를 기대할 수 있는 점 등을 꼽을 수 있다.

노인주택 입주자의 요양간호도와 치매 증상을 갖고 있는 입주자의 비율 등에 따라 노인주택의 분위기는 크게 달라진다.

입주하는 본인과 입주자와의 요양간호도의 부조화는 입주 후 퇴실의 원인이 되기도 하기 때문에, 입주하려는 노인주택에서의 대인관계도 중요하다. 또한 기입주자의 요양간호도는 어느 정도인가, 입주하는 노인의 취미는 무엇인가, 대화가 통할 것 같은 사람은 있을까 등 노인주택 담당자의 이야기를 듣는 것뿐만 아니라 체험입주 등도 잘 이용하여 확인할 필요가 있다.

---

4) 사단법인 전국유료노인주택협회는 노인복지법 제30조의 규정에 근거하여, 시설의 질의 향상과 입주자 보호 등의 활동을 목적으로 설치되어 있는 단체이다. 협회의 업무는 회원에 대한 지도・권고, 입주자의 보호, 입주자의 고충 해결, 직원의 연수 등으로 되어 있으며, 법적으로 가입이 의무화되어 있지는 않다.

|표 7-2| **입주의사 결정 시 체크리스트**

경제적 조건	• 입주일시금은 어느 정도 부담할 수 있습니까? • 매월 비용은 어느 정도 부담할 수 있습니까?
경영주체	• 지방자치단체에 신고되어 있는 주체가 운영하고 있습니까? • 신뢰할 수 있는 업체가 운영하고 있습니까? (사단법인 전국유료노인주택협회의 회원 여부 확인)
입지조건	• 생활하기 편한 환경은 정비되어 있습니까? • 역까지의 거리는 가깝습니까?
시설정비	• 거실, 욕실, 오락스페이스, 매점 등은 만족할만 합니까? • 손잡이는 있습니까? • 단차는 적고, 계단은 완만합니까? • 문의 손잡이는 조작이 편합니까? • 긴급호출버튼은 있습니까?
방화체제	• 실내 소화전 등이 정비되어 있습니까? • 피난훈련은 실시되고 있습니까? • 피난로는 있습니까?
치매, 기타 요양간호체제	• 입주한 노인주택에서 요양간호를 받을 수 있습니까? • 요양간호에 드는 비용부담은 별도로 소요됩니까? • 요양간호가 필요하다는 이유로 퇴거를 강요당하는 경우는 있습니까?
식사	• 만족할 만한 내용의 식사가 제공되고 있습니까? • 병상 등에 대응한 적절한 식사가 제공되고 있습니까?
의료	• 협력병원이 정해져 있고 진료과목은 충분합니까? • 협력병원에서 충분한 치료를 받을 수 있습니까?
운영간담회	• 정기적인 건강진단을 실시하고 있습니까?
건강관리	• 입주자와 노인주택 측은 정기적인 대화의 장을 가지고 있습니까?
계약서	• 노인주택의 유형은 적혀 있습니까? • 비용부담의 방법은 정확히 적혀 있습니까? • 퇴거 시의 반환금에 대해 구체적으로 적혀 있습니까? • 서비스의 종류 및 내용은 적혀 있습니까? • 일반 개인실 이외로 이동될 경우에는 그 조건이 명확하게 적혀 있습니까? • 고충처리체제는 명확하게 되어 있습니까?

5. 유료노인주택 설치운영 표준지도지침

유료노인주택은 노인복지법에 근거를 두고 있는 것에 반해 시장의 의식은 그리 높지 않았다. 그러나 일본의 총인구가 1억 명을 돌파하고 동시에 노령인구(65세 이상)가 총인구의 7%를 넘어서 고령화사회에 돌입한 1970년을 경계로 하여 일본사회도 크게 변하기 시작했다.

유료노인주택은 '설치자가 신고를 하는 시스템'이다. 그 신고수리 전에 지방자치단체장이 설치자에게 지도 조언을 하게 되어 있으나 그 경우 지도방침은 지방자치단체가 독자적으로 결정한다. 지방자치단체가 결정한 것을 '유료노인주택 설치운영 지도지침'이라고 하나 그 모범이 되는 전국공통의 기준 및 지도상의 지침을 나타낸 것이 '유료노인주택 설치운영 지도지침'에 '표준'을 붙인 것이다.

유료노인주택의 개발이 본격적으로 시작된 것은 1974년에 후생성(당시)이 '유료노인주택 설치운영 표준지도지침'을 제정하면서부터이다. 노인주택 중에는 시설기준을 만족시키지 못하는 시설 또는 다른 이유로 유료노인주택으로서 지방자치단체장에 신고하지 않는 노인주택이 있었다.

2000년 개호보험법이 시행된 이후 여러 번의 개정을 거쳐 제도의 내용과 요양간호 수가 등이 크게 바뀌었다. 노인주택도 노인복지법의 개정과 함께 유료노인주택 설치운영 표준지도지침도 변경되었다.

후생노동성은 이러한 노인주택을 유사시설로 취급하여 대책을 검토하여 2002년 7월에 유료노인주택 설치운영 표준지도지침을 개정하였는데, 현재 시행되고 있는 유료노인주택의 3가지 유형을 규정하고 있다.

즉, 2002년 7월에 개정된 표준지도지침에서는 유료노인주택을 요양간호형, 주택형, 건강형으로 시설기준을 완화하는 것에 의해 유사시설을 주택형 혹은 건강형의 유료노인주택 안에 포함시켜서 지방자치단체장에 대한 신고를 의무화하고 관리 감독하는 방향으로 바꾸었다. 따라서 이들 주택형과 건강형은 아파트나 임대아파트와 같이 입주자와 임대차 계약을 맺고 요양간호가 필요하게 되는 경우에는 입주자 개개인에게 방문요양간호사업자 등으로부터 요양간호서비스를 제공받는 내용에 대해 정의하고 있다.

2006년 4월에 개정된 후생노동성의 지침에서는 요양간호형을 세분하여 요양간호형 유료노인주택(일반형 특정시설입주자 생활요양간호), 요양간호형 유료노인주택(외부서비스이용형 특정시설입주자 생활요양간호), 주택형 유료노인주택, 건강형 유료노인주택의 4가지로 분류하였는데 아래 [표 7-3]과 같이 정의된다.

|표 7-3| **유료노인주택 설치운영 표준지도지침상 유료노인주택의 구분**

<table>
<tr><th colspan="2">유 형</th><th>공통내용</th><th>특 징</th></tr>
<tr><td rowspan="2">요양 간호형 유료노 인주택</td><td>일반형 특정시설입주자 생활요양간호</td><td rowspan="2">요양간호 등의 서비스가 있는 고령자용 주거시설이다. 요양간호가 필요해도 시설에서 제공한 특정시설입주자 생활요양간호를 이용하면서 생활을 계속할 수가 있다.</td><td>요양간호서비스는 유료노인주택의 직원이 제공한다.</td></tr>
<tr><td>외부서비스이용형 특정시설입주자 생활요양간호</td><td>유료노인주택의 직원이 안부확인이나 요양간호계획 작성 등을 실시하고 요양간호서비스는 요양간호서비스 사업소가 제공한다.</td></tr>
<tr><td colspan="2">주택형 유료노인주택</td><td>생활지원 등의 서비스가 있는 고령자용 주거시설이다.</td><td>요양간호가 필요한 경우 입주자 자신이 선택하여 지역의 방문요양간호 등의 요양간호서비스를 이용하면서 해당 유료노인주택에서 생활을 계속할 수가 있다.</td></tr>
<tr><td colspan="2">건강형 유료노인주택</td><td>식사 등의 서비스가 있는 고령자용 주거시설이다.</td><td>요양간호가 필요한 경우에는 계약을 해제하고 퇴거해야 한다.</td></tr>
</table>

이렇게 정의하게 된 배경으로는 유료노인주택이 특정시설입주자 생활요양간호시설로 지정되면 개호보험을 이용할 수 있는 등 여러 가지 장점이 있지만, 개설에 있어서는 예산상의 지원이나 행정상의 인·허가 등 특별한 지원을 기대하기 어렵다. 지자체에 신고를 하게 되면 운영관리에 대한 감시와 감독을 받아야 하고, 정기적으로 지자체에 운영실적을 보고해야 하는 등 행정기관으로부터의 지원은 없으면서도 지자체로부터 부과되는 의무로 인해 신고를 기피하

게 되었다. 그러다보니 상대적으로 규모가 작은 50세대 미만의 유료노인주택인 경우에는 지방자치단체에 신고를 하지 않고 민간의 자본으로 일반공동주택처럼 개설하여 노인주택으로 운영하는 경우가 늘어나 전체에서 차지하는 비율이 30% 정도에 이르게 되었다.

이러한 무신고 유료노인주택은 경제적으로 유복한 고령자를 대상으로 하고 있고, 요양간호가 필요한 고령자보다는 건강한 자립의 고령자를 대상으로 하는 경우가 많았는데, 건강하던 입주자에게 요양간호가 필요하게 되는 경우 노인주택을 나와서 요양간호형 유료노인주택을 찾아 주거이전을 해야 할 필요가 생기게 되었고, 이때 이미 지불했던 입주일시금에 대한 분쟁이 많아지고, 운영관리상의 전횡이 밝혀지는 등 무신고유료노인주택의 폐해가 드러나기 시작했다.

이러한 배경하에 무신고유료노인주택을 제도권으로 끌어들이고 바람직한 방향으로 양성화시키기 위해 시설기준을 완화하여 유사시설을 제도권으로 끌어들였다. 즉, 요양간호형의 서비스를 외부서비스이용형 특정시설입주자 생활요양간호라는 형식으로 하여 요양간호형으로 유도하였고, 요양간호형으로의 전환을 꺼리는 무신고유료노인주택을 주택형과 건강형의 형식으로 유도하여 지자체에서 간접적으로 지도할 수 있는 기준을 마련하게 되었다.

|표 7-4| **유료노인주택의 구성비율(2006년 기준)**

종 류	비 율
요양간호형	76.0%
주택형	7.7%
건강형	2.9%
분양형	1.4%
무신고	12.0%

Chapter 08

유료노인주택의 유형

일본에서 유료노인주택의 법률상 정의는 노인복지법 제29조[1]에 기술되어 있다. 이러한 법률상의 정의를 바탕으로 제도상의 유형을 후생노동성이 책정한 유료노인주택 설치운영 표준지도지침에서 규정하고 있다. 제도상 유형으로는 유료노인주택 설치운영 표준지도지침에서 요양간호형, 주택형, 건강형의 3가지로 구분하고 있다.

1. 요양간호형 유료노인주택

요양간호형 유료노인주택은 요양간호와 식사 등의 서비스가 제공되는 고령자를 위한 주거시설이다. 요양간호가 필요하게 되어도 유료노인주택이 제공하는 요양간호서비스(대부분은 특정시설입주자 생활요양간호의 지정을 받고 있음)를 이용하면서 유료노인주택에서 생활을 계속할 수 있다. 이 방식은 대부분이 종신이용권방식을 취하고 있으나, 임대나 종신임대방식의 시설도 점차 증가하고 있다.

개호보험에 있어서 유료노인주택은 특정시설입주자 생활요양간호로서 사업

---

1) 노인복지법 제29조에 "노인을 입주시켜, 입욕, 배설 또는 식사의 요양간호, 식사제공, 기타 일상생활에 필요한 편의가 있어서, 법령에 정한 것을 공여(위탁, 장래 약속을 포함)하는 사업을 하는 시설로, 노인복지시설, 치매대응형공동생활원조사업을 하는 주거, 기타 법령에 정해진 시설이 아닌 것"으로 정의되어 있다.

자 지정을 받을 수 있다. 그러나 이러한 특정시설은 개호보험법에 규정된 설비기준, 인원기준, 운영기준을 충족시키는 노인주택만이 인정되고 있다. 또한 주택형과 건강형이라도 설비기준, 인원기준, 운영기준을 갖추고 요양간호형 유료노인주택으로서 지방자치단체장에 신고를 하여 개호보험법의 사업자 지정을 받으면 특정시설로서 운영하는 것이 가능하다.

그 결과 특정시설 지정을 받은 노인주택이 압도적으로 많아졌다. 주택형, 건강형이라도 건강한 상태로 입주한 사람이 요양간호가 필요한 상태가 되어도 안심하고 생활할 수 있는 방식의 노인주택으로 전환이 용이하게 되었다.

요양간호형 유료노인주택은 대부분의 경우 특정시설입주자 생활요양간호의 사업자 지정을 취득하는 것이 가능하다. 이 서비스는 재가복지서비스의 하나로 특별양호노인주택, 노인보건시설, 요양형병상군의 시설서비스에 대한 보완적 기능이 있다. 특정시설입주자 생활요양간호의 사업자 인정을 받는 케어하우스에 대해서는 개설에 있어서 보조금을 받을 수 있고 개설되는 총량도 지방자치단체 등에서 조절하는 것이 가능하다.

그러나 유료노인주택은 사전신고제의 시설이므로 지방자치단체의 조절에도 한계가 있다. 그 때문에 지역에 따라서는 지자체의 개호보험사업계획을 크게 초과하여 특정시설입주자 생활요양간호의 사업자인정을 해야 하는 경우가 발생하고 있어, 지자체에 따라서는 계획보다 대폭으로 증가한 그룹홈과 함께 사업자의 지정을 총량규제라는 형식으로 억제하고 있다.

1) 사업구조

초기투자비용(건축비, 설계비, 설비비 등)과 일부 개보수비 등을 포함한 비용을 근거로 해서 종신이용권이나 임대료, 일시불 등이 설정된다. 임대방식만의 경우는 문제가 없지만 그 외의 경우에는 입주하는 고령자의 연령이나 건강상태 등으로부터 평균 거주년수를 설정한다.

종신이용권방식에서는 오랜동안 거주하여 상각기간이 종료된 입주자는 임대료 없이 거주하는 상태가 되므로 상각이 종료된 입주자의 비율이 높아지게 되면 경영불안의 요인이 된다. 이 때문에 유료노인주택을 개설하고자 할 때는 요양간호가 필요한 고령자를 대상으로 하는 노인주택을 만들 것인지, 건강한 고령자를 대상으로 할 것인지에 대해 시장조사를 하여 충분히 검토한 후에 해당지역에 적합하게 설정할 필요가 있다. 입주대상이 되는 고령자에 따라서는 시설을 만드는 것과 서비스의 제공방법도 크게 차이가 난다.

종신이라고 전제하는 이상 요양간호문제는 반드시 발생하므로 종신이용권에 의한 유료노인주택은 개설되는 전부가 요양간호형이어야 한다고 생각이 되지만 일부 주택형이나 건강형도 있다.

종신이용권방식이거나 임대방식이거나 개인실의 이용에 관한 비용 이외에 관리비는 입주자로부터 매월 징수한다. 서비스가 좋은 곳은 관리비가 비싸진다. 특정시설입주자 생활요양간호의 사업자지정을 받은 곳에서는 기본적인 요양간호비용은 개호보험에서 처리되고 개호보험 이외의 서비스비용은 관리비로 처리한다. 식사서비스는 유료노인주택의 기본서비스에 해당되는 듯 하지만 비용은 별도로 하는 곳이 거의 대부분이다.

요양간호형 유료노인주택은 건강한 상태에서 입주가 가능하며 장래 요양간호가 필요하게 되더라도 시설 내에서 연계하여 받을 수 있는 타입이 가장 많고 특별양호노인주택 등과 같이 요양간호 1 이상을 입주조건으로 하는 요양간호 전용 타입도 많다.

사업을 위한 자본조달구조에 대해서 초기에 소요되는 비용은 입주일시금이나 임대료 등으로 충당하고, 운영에 소요되는 비용은 관리비나 요양간호비용, 식비 등에서 처리하도록 사업계획을 설정한다.

2) 입주계약시스템

개호보험법의 시행 후부터는 조치제도라는 행정처분에 의해 입주가 가능하던 특별양호노인주택에서도 입주자와 시설과의 직접계약이 가능하게 되었다. 요양간호형 유료노인주택도 당연히 입주자와 시설과의 직접계약에 의해서 입주가 결정된다. 단, 요양간호형 유료노인주택의 입주자는 자기의 인지능력과 판단력이 떨어지는 사람도 있으므로 보증인인 가족도 계약서나 중요사항설명서를 숙독하여 잘 모르는 사항은 시설의 담당자에게 충분히 상담을 한 후에 입주를 결정하는 것이 쌍방에게 좋은 결과를 준다. 또한 지방자치단체에 따라서는 표준계약서를 비치한 곳도 있고 상담창구를 설치하여 시설담당자와 충분한 설명을 주고받을 수 있는 창구를 마련한 곳도 있다.

3) 입주대상자

건강할 때 입주하여 요양간호가 필요하게 되어도 개인실 또는 동일시설 내의 요양간호전용 개인실에서 요양간호를 받는 타입의 유료노인주택에서는 개설초기의 일정기간 동안은 건강한 입주자가 많다. 시설 측의 입주자 모집도 비교적 건강한 고령자를 대상으로 하는 경우에는 개설 직후의 입주자 평균연령은 70대 초중반으로 부부의 입주율도 30% 정도가 되기도 한다. 요양간호전용 타입에서는 입주대상자가 요양간호 1 이상으로 자격이 제한되어 있으므로 입주자의 평균연령은 80세 전후가 된다.

입주 시의 일시금은 2,000만~3,000만 엔대가 주류이며 그 중에는 1억 엔을 넘는 것도 있다. 특별양호노인주택은 대부분의 비용이 보조금에 의하기 때문에 입주에 있어서는 비용이 크게 발생하지 않는다. 노인보건시설 등에서는 일부 자기부담비용이나 개인실 비용이 필요하지만 입주일시금과 같은 목돈의 비용은 요구되지 않는다. 그 점에 있어서 유료노인주택의 입주자는 비교적 부유한 층이라고 할 수 있다.

한편 기업이 사용하지 않고 있는 사원기숙사를 저렴하게 취득하여 개장하고 유료노인주택으로 하는 곳 등 입주비용이 매우 저렴한 유료노인주택도 출현하고 있다. 이러한 유료노인주택은 비용부담이 특별양호노인주택보다 높지만 요양간호서비스에 개호보험이 적용되어 양자의 비용차이가 줄어들어 입주대상자는 특별양호노인주택과 유료노인주택 중 비용 면에서 선택의 폭이 넓어지고 있다.

|표 8-1| 유료노인주택의 입주 시 확인사항

구분	확인사항
입주금	1. 금액 2. 초기상각비율 3. 상각기간 4. 용도 불명인 내역은 확인했는가? 5. 쿨링오프의 유무 6. 선불금 보전조치의 유무
월액이용료	7. 예상되는 금액 8. 지불방식 9. 용도 불명한 내역은 확인했는가? 10. 임대료 11. 관리비 12. 식비(월액) 13. 그 외, 큰 비율을 차지하는 내역은 없는가? 있다면 내용과 금액은? 14. 추가요금은 어느 정도가 되는가?
계약해제의 조건	15. 의료케어의 필요도, 입원기간의 기준 16. 재차 입주의 가부(그때의 입주금) 17. 예고기간
의료기관과의 연계	18. 협력의료기관의 진료과목, 장소, 협력내용 19. 먼 곳인 경우의 긴급 시 대응 20. 통원, 입원 시의 대응, 월액 이용료의 가산 21. 의료케어의 정도
입지, 주변환경	22. 주변환경 23. 교통수단, 소요시간
건물	24. 거실 수와 층계 25. 엘리베이터의 넓이 26. 거실의 넓이 27. 욕실 28. 청소상태 29. 너스콜
요양간호체제	30. 요양간호서비스 내용 31. 입주자, 직원비율 32. 추가 요양간호서비스료의 정도
기타	33. 중요사항설명서, 재무제표(대차대조표, 손익계산서), 입주계약서, 요양간호서비스 일람표, 서비스요금표 관리규정, 개호보험이용계약서(특정시설의 경우)의 필요서류를 갖추었는가? 34. 특정시설인가? 35. 인지증케어 경험의 유무 36. 식사 37. 가사서비스의 내용 38. 재활훈련, 요양간호 예방 39. 서클의 내용 40. 운영에 대하여(경영상황 등) 41. 직원, 입주자의 분위기 42. 직원체제 43. 체험입주의 여부

4) 운영시스템

가. 입주비용

입주비용의 설정은 입주대상이 되는 고령자의 연령, 건강상태 등에 따라 차이가 난다. 종신형이용권방식을 중심으로 생각하면 건강한 사람을 많이 입주시키는 노인주택일수록 평균입주기간은 길어지며 임대료의 선불요소인 종신이용권의 금액은 높아진다. 설정한 입주금액으로 입주자 모집이 가능한지 여부는 시장조사를 통해서 충분히 검토할 필요가 있다.

월지불비용(관리비)은 건물의 유지관리에 드는 비용을 제외하고 서비스의 양에 비례해서 증가한다. 식사는 관리비와 별도로 부과하는 곳이 대부분이지만 식사서비스는 통상적으로 하루에 2,000엔 정도를 기준으로 설정되며, 직영으로 할 것인지 외주로 할 것인지에 따라서도 입주비용에 차이가 난다.

나. 입지

노인주택은 입지에 따라서 입주자 모집의 내용에 차이가 생기고 입주자의 모집에도 영향을 준다. 일반적으로 입주자들은 도심형이나 도시근교형을 선호하지만, 토지가격이 도시근교형은 전원형에 비해 상대적으로 고가이기 때문에 입지결정을 하기까지는 신중한 판단이 필요하다.

노인주택 사업의 유형에 따라, 요양간호형의 경우 건강형이나 주택형과 달리 요양간호를 필요로 하는 노인이 입주대상이므로 생활권역에서 크게 벗어나지 않는다면 도시에서 소외된 지역에 입지해도 크게 문제가 되지 않을 수 있다. 왜냐하면 요양간호형 유료노인주택에서는 건강에 장애가 있는 입주자가 대부분이고 입주자에 따라서는 중증장애를 갖고 있어 와병상태나 치매노인인 경우도 있으므로 입주자가 자유롭게 외출하는 경우는 많지 않다.

따라서 노인주택의 사업과 운영은 입주대상자 성향에 따라 입지를 선정하게 되는 바, 도시에 인접한 지역에 비해 소외된 지역이나 도시 내에서 대형버스의 통행이 어려운 토지 등 토지가격이 저렴한 입지를 선정하여 개설되는 시설이

나타나고 있다. 이러한 노인주택의 입지적 접근성에 의해 입주대상자의 구상과 입주자모집 등이 정해지게 된다.

다. 식사서비스

식사서비스는 가장 클레임이 발생하기 쉬운 것으로 내용과 금액을 사전에 조사할 필요가 있다. 학생기숙사처럼 젊은 사람이 사는 곳에는 질보다는 양의 요소가 중요하지만, 식사에 대해서는 입주자의 관심이 가장 크다는 것을 인식해야만 한다. 식사대상자가 고령자이고 건강상태도 다양하므로 고령자의 건강을 유지시킬 수 있는 식사제공이 요구된다. 최근에는 병원에서도 선택메뉴의 도입도 진행되고 있기 때문에 시설에 따라서는 한식, 중식, 양식 등 2~3가지의 선택메뉴도 고려할 필요가 있다. 또한 요양간호가 필요한 입주자를 위해서는 유동식과 질병별 전문식단 등도 생각할 필요가 있다.

라. 요양간호서비스

노인주택에 입주하려는 이유 중 큰 비중을 차지하는 것이 노후생활의 안정감으로 요양간호서비스가 제공된다는 점에 있다. 즉, 긴급호출응답 대응체제와 야간순회서비스 등의 24시간 안심할 수 있는 체제가 구축되어 있고 식사, 배설, 탈의, 목욕 등 입주자 개개인에 맞춘 서비스가 갖추어져 있다. 또한 정기적인 제휴의료기관에서의 건강진단과 의료기관에 동행하는 동행서비스, 송영서비스, 수발서비스, 방문진료, 방문간호 등 의료와의 연계, 나아가 치매 등 의사능력이 상실되는 것에 대한 대응이 준비되어 있다는 점은 상당한 안정감을 준다.

이러한 요양간호서비스는 설비나 기구 등도 중요하지만 무엇보다도 직원이 고령인 입주자들을 대하는 태도와 생각이 크게 영향을 미치기 때문에 체계적인 직원교육내용의 구축이 중요한 포인트가 된다.

마. 기타서비스

요양간호가 필요한 입주자를 중심으로 문화적 기능을 포함한 정서적·심리적 일상생활에 필요한 서비스를 검토하여 다양하고 수준있는 체제를 갖추도록 한다. 예를 들면, 여가선용을 위한 정기적인 이벤트, 개인실 청소 등 가사지원, 위생수발 등 의료지원서비스, 미용, 각종 수속지원 등의 서비스 체계를 갖추고 일상생활의 기본적 생활습관을 위한 교육도 병행해야 한다.

바. 직원배치

특정시설 입주자 생활요양간호의 인정을 받은 요양간호형 유료노인주택의 직원배치 기준은 3 : 1의 비율이지만 인원수는 최소한의 인원수이므로 시설의 설계나 설비 등도 감안하여 실질적으로 원활한 가동이 가능하도록 인원수를 정할 필요가 있다.

생활상담원은 입주자기준으로 100인까지는 1인, 100~200인까지는 2인이고 그 중 1인은 상근이어야 한다. 직접처우직원으로 간호직원(간호사)과 요양간호직원(요양보호사)이 있으며, 간호직원 및 요양간호직원의 합계 수는 상근환산방법[2]으로 요양간호노인인 입주자의 수가 3인 또는 그 단수가 증가할 때마다 1인 및 요지원자인 입주자의 수가 10인 또는 그 단수가 증가할 때마다 1인 이상이어야 하고, 간호직원 및 요양간호직원의 양쪽에서 1인 이상은 상근이어야 한다. 간호직원의 수는 입주자의 수가 30인을 넘지 않는 지정특정시설에 있어서는 상근환산방법으로 1인 이상이고, 입주자의 수가 30인을 넘고 50인 또는 그 단수가 증가할 때마다 1을 더해서 얻은 수 이상이어야 한다. 항상 1인 이상의 특정시설입주자 생활요양간호의 제공에 대응하는 요양간호직원이 확보되어야 하고, 입주자가 전부 요지원자인 경우의 숙직시간대에 있어서는 이 범위에 해당하지 않는다.

즉, 요양간호직원의 합계가 요양간호노인에 대해서 3 : 1 이상, 요지원자에

---

2) 상근환산방법으로는 상근자의 50% 근무가 가능한 자가 2인 있으면 상근 1인으로 환산한다는 의미이다. 상근환산방법은 입주자의 수가 100인 또는 그 단수가 증가할 때마다 1인 이상이 된다.

대해서 10 : 1 이상, 그 중 간호직원은 입주자 30인까지 1인, 50인까지는 2인이고, 야간도 1인 이상 요양간호직원이 있을 필요가 있다. 이 외에도 기능훈련지도원 1인 이상, 계획작성담당자 1인 이상으로, 입주자의 수가 100인 또는 그 단수가 증가할 때마다 1을 표준으로 한다.

사. 관리자

특정시설입주자 생활요양간호시설의 사업자는 지정되는 특정시설마다 전임으로 그 직무에 종사하는 관리자를 두어야 한다. 단, 특정시설의 관리상 지장이 없는 경우는 해당 특정시설에 있어서 타의 직무에 종사하며 또는 동일 부지 내에 있는 타 사업소 시설 등의 직무에 종사하는 것이 가능한 것으로 한다. 또한 여기에서 언급한 직종 이외에도 영양사, 조리사 등의 조리직원, 사무원, 시설관리직원, 차량운행직원, 입주상담원 등이 필요하다.

2. 주택형 유료노인주택

1) 사업구조

주택형 유료노인주택의 운영사업자는 개인실의 제공과 식사서비스 등만을 제공하며 요양간호 등의 서비스는 별도의 사업자가 제공한다. 입주조건은 통상 자립이지만 요양간호가 필요한 경우는 외부의 방문요양간호, 방문간호, 그 외의 필요한 서비스를 입주자 자신이 선택하여 계약하고 서비스를 이용하도록 되어 있다.

따라서 개호보험에서는 자택에 거주하는 것과 같이 취급된다고 볼 수 있다. 시설에 따라서는 요양간호형 유료노인주택과 거의 같은 시스템으로 운영하는 노인주택도 있고, 운영사업자가 요양간호서비스에는 거의 관여하지 않고 입주자 자신이 스스로 재가복지서비스 사업자와 계약하는 경우도 있는 등 상품구성이 다양하다.

2) 입주계약시스템

계약은 임대아파트 등과 비슷한 형태로 상호계약의 형식으로 필요한 서비스는 입주자 자신이 개별적으로 선택하여 계약하도록 되어 있다. 계약내용에 내해서는 유료노인주택으로서 신고가 되는 한 지방자치단체의 감독하에 관리되고 있으므로 의문점이 있는 경우 입주희망자는 문의를 할 수 있다.

3) 입주대상자

입주대상자는 60세 이상으로 건강하며 자립할 수 있는 상태여야 한다. 실제로는 요양간호형 유료노인주택과 같은 운영체제를 갖추고 요양간호서비스의 제공이 가능한 부대시설을 갖춘 경우에는 요양간호 고령자를 받아들이는 곳도 많다.

4) 운영시스템

일반적으로 입주자에게 청구되는 관리비 및 식비를 받아 일상적인 운영을 한다. 따라서 직원체제도 영양사, 조리사 등의 식사부문 직원 외에 시설관리직원, 차량운행직원, 사무원 등이 있다. 그러나 식사서비스를 아웃소싱하는 경우는 영양사나 조리사도 필요가 없다. 한편 입주자의 건강관리를 하기 위해서 약간명의 간호 직원을 두는 곳도 있다. 요양간호가 필요할 때에 노인주택의 운영사업자는 입주자에 대해서 어떻게 대응할 것인가를 충분히 검토해야 한다.

3. 건강형 유료노인주택

1) 사업구조

건강형 유료노인주택은 민간이 운영하는 사업체로 유료노인주택의 신고는 하고, 건강한 고령자에 대해서 주거와 식사 등의 서비스를 제공하며, 요양간호가 필요하게 된 경우는 계약을 해제하고 퇴거해야 한다. 이 시설을 행정적으로 관리하는 것에 대해서 의문이 있으나 무신고유료노인주택을 제도권으로 끌어들이는 과정에서 만들어진 유형으로 월지불액은 후생연금 등의 범위 내에서 설정하고 있다.

2) 입주계약시스템 및 입주대상자

입주계약은 입주희망자가 직접 시설과 계약하여 입주한다. 연령적으로는 대개 60세 이상으로 되어 있다. 입주 시에는 주변정리와 직접적인 위생관리가 가능한 정도로 건강하며 자립을 요건으로 하고 있다.

3) 운영시스템

일반적으로 입주자로부터 관리비 및 식비를 받아 일상적인 운영을 한다. 따라서 직원체제도 영양사, 조리사 등의 식사부문 직원 외에 시설관리직원, 차량운행직원, 사무원 등을 두며 건강관리상 약간 명의 간호직원을 두는 곳도 있으나, 요양간호직원은 전혀 배치하지 않는다. 입주자를 생각하여 각종 문화생활이나 오락을 즐길 수 있는 이벤트를 마련하기도 하고, 이를 위해 직원이나 자원봉사자를 활용하는 곳도 있다.

4. 유료노인주택의 구조적 방향

이상과 같이 유료노인주택의 3종류를 중심으로 사업내용을 설명하였다. 이것은 노인복지법이나 유료노인주택 설치운영 표준지도지침에 있는 가장 기본적인 유료노인주택이다.

유료노인주택은 서비스 내용뿐만 아니라 제도상으로 유형이 나뉘고, 거주권의 계약형태, 이용료 지불방법 등에 따라 여러 가지 차이가 있다. 유료노인주택 3종류에 계약방식과 이용료의 지불방식을 조합시키면 여러 가지 형태의 노인주택이 가능해진다. 입주자에 대한 서비스의 제공방법에 의한 유형으로, 서비스 제공의 조합이나 사업구조의 차이 또는 부동산 개발방법의 조합에 따라 몇 가지로 분류할 수가 있다. 앞으로는 노인주택의 대지선택과 관련하여 토지신탁방식 등의 토지활용방식을 추가하여 유형을 확대하는 것도 가능해질 것이며, 새로운 시장의 니즈에 맞는 상품이 나올 것이다.

유료노인주택의 유형 가운데 요양간호형 유료노인주택이 압도적으로 많은 것을 알 수가 있다. 입주 시에는 건강한 상태에서 입주를 해도 나이가 들어감에 따라서 노화의 진행으로 심신의 기능이 감퇴하여 남의 손을 많이 빌리게 된다. 따라서 유료노인주택의 사업기획에 있어서는 요양간호노인주택 또는 요양간호의 기능을 시설 내에 구축하는 사업구조로 하는 것이 바람직하다.

1) 복합형 노인주택

건물로 설명하면 건강한 상태에서 입주한 사람이 지원주거(Assist Living)를 거쳐 요양간호형의 주거로 개인실을 옮겨가는 과정을 구현한 것이다. 동일부지나 인접부지를 이용하며 일반적으로는 고층동의 건강형, 중층동의 요양간호형, 이를 연결하는 저층동의 지원주거로 되어 있다.

그림 8-1 건강형 Assisted형 개호형 병설주택

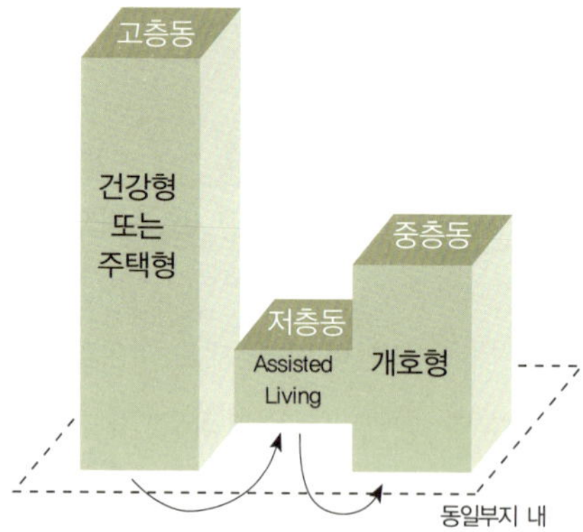

지원주거는 자립하여 생활하는 것에는 불안이 있으나 가능한 한 자립생활을 바라는 사람에 대해 서포트하는 것으로 필요에 따라 부분적인 지원을 하여 자립생활이 가능하도록 하는 것이다.

미국에서는 자립형 주거(Independent Living)에서 요양간호시설(Nursing Care)로의 중간단계에서 케어플랜의 전 단계에 해당하는 서비스 플랜을 작성하고 지원주거(Assist Living)서비스를 제공하고 있다.

자립된 생활을 하던 입주자의 심신상태가 남의 손을 필요로 하는 방향으로 가게 되면, 지원주거(Assist Living)에서 부분적인 지원서비스를 제공하다가, 동일사이트 내에 있는 요양간호시설로 이동하는 것으로 종신이용이 가능한 시스템을 구축하는 유형이다. 사업구조는 자립형 주거(Independent Living), 지원주거(Assist Living), 요양간호시설(Nursing Care)의 3가지 주거유형을 세트로 하여 동일사이트에 시설을 정비하는 형태로, 대표적인 사례는 선시티요코하마(サンシティ横浜)이다.

2) 건강요양간호 병설형 노인주택

전술한 복합형 노인주택의 사업시스템에서 지원주거를 제외한 타입이다. 건강형에서 직접 요양간호형으로 옮기는 사람이 많은 현실을 토대로, 입주기간이 비교적 짧으며 동일건물이라도 이동목적이 애매한 지원주거형의 입주자가 적기 때문에 이 타입이 생겨났다.

» 그림 8-2 **건강형+개호형 병설주택**

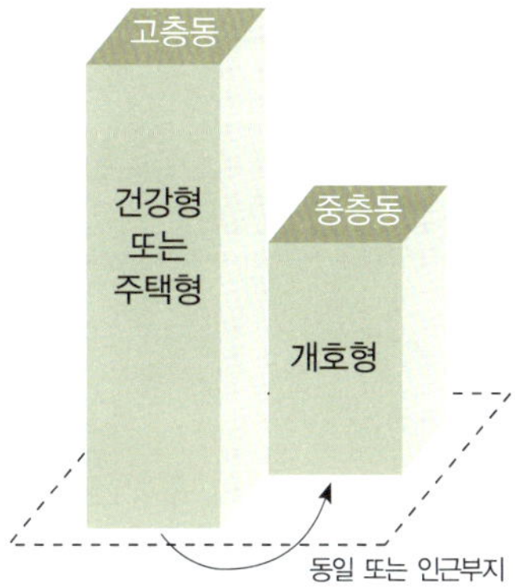

3) 건강요양간호 이전형 노인주택

건강형 노인주택과 요양간호형 노인주택이 동일 또는 인접부지에 건축된 것이 아니고, 사업운영자는 같지만 전혀 다른 부지에 건축한 유료노인주택이다.

» 그림 8-3 **건강형에서 개호형으로 옮겨가는 노인주택**

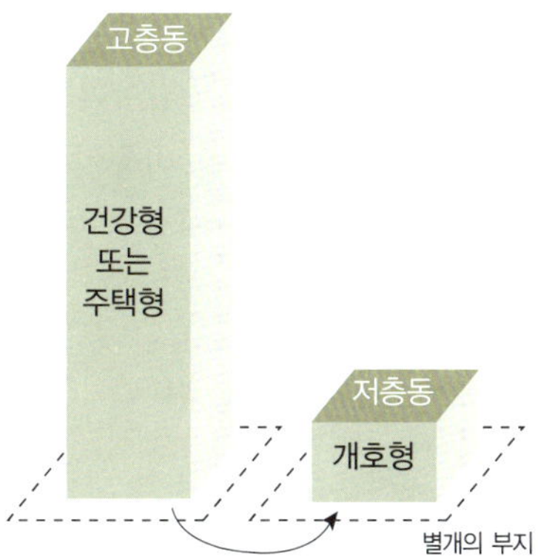

건강형 노인주택에 입주하여 요양간호형 노인주택으로 옮기는 사람도 있으며 직접 요양간호형으로 입주도 한다. 요양간호형으로 입주하는 자는 문제가 없으나 건강형에 입주한 자가 요양간호형으로 옮기는 경우에는 입주일시금의 상승을 조건으로 요양간호형 주거의 입주우선권이 주어진다. 또한, 건강형 노인주택에 입주한 자가 희망하면 그대로 계속 거주를 하면서 외부의 요양간호 사업자로부터 서비스의 제공을 받을 수가 있다. 대표적인 사례는 토큐그룹(東急グルプ)이 개발한 그란크레르아자미노(クランクレルアザミノ)와 그란케어아자미노(グランケアアザミノ)가 있다.

4) 분양형 유료노인주택

일반적인 분양맨션과 같다. 공동주택의 구분소유권과 동시에 공유부분의 이용권을 취득하고 별도요금으로 식사 등이 제공되는 서비스를 받는다. 요양간호상태가 되면 외부의 요양간호사업자로부터 요양간호서비스의 제공을 구매하여 계속 거주한다. 또한 본인이 사망하면 상속과 매각도 가능하다. 따라서 기본계약은 부동산 매매계약으로, 대표적 사례는 나까긴라이프케어(中銀ライフケア)가 시즈오까현 아따미시(静岡県熱海市)를 중심으로 개발한 노인주택이다.

5) 분양아파트와 유료노인주택의 패키지주택

정기차지권방식을 활용한 분양맨션과 요양간호형 유료노인주택을 조합하여 패키지화한 것이다. 건강할 때 분양맨션을 구입하고, 요양간호가 필요할 때 다시 요양간호형 유료노인주택에 이주를 하면 비용이 중복된다. 그러나 맨션과 요양간호노인주택을 패키지화하는 것으로 비용을 압축시킨 상품이다.

>> 그림 8-4 분양아파트와 유료노인주택의 패키지주택

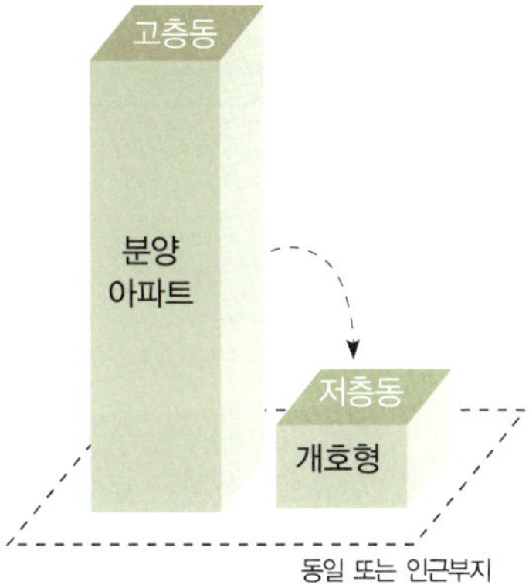

정기차지권을 활용한 분양맨션은 토지구입비가 없기 때문에 일반맨션에 비해서 저렴한 가격으로 구입할 수가 있다. 값이 싸진 부분을 요양간호형 유료노인주택의 입주일시금으로 충당하면 이중으로 비용이 들지 않는다. 대표적인 사례가 쥬리오아사기리(ジュリオ朝霧)이다.

Chapter 09 노인주택사업의 운영리스크

유료노인주택사업은 비교적 소규모 자본으로 대규모 개발과 운영사업이 가능한 특징을 보이고 있다. 개호보험제도 시행 이후 안정적인 운용수입이 확보되면서 이런 경향은 더욱 현저해지고 있다.

유료노인주택은 설치 전에 지방자치단체와 사전협의를 하고, 신고수리됨에 따라 사업이 시작된다. 이러한 사업계획단계에서 경영상의 여러 가지 리스크를 면밀하게 분석하고 리스크 헷지를 위한 대안을 모색하게 되는데, 노인주택사업이 갖는 리스크에는 다음과 같은 요인이 있다.

1. 운영리스크 요인

요양간호노인을 대상으로 하는 민간의 유료노인주택은 건강한 고령자를 대상으로 하는 유료노인주택이나, 세금으로 운영되어온 특별양호노인주택과는 구별되는 상품・서비스이다.

유료노인주택은 입주자의 생활기반이 되는 주택사업이기 때문에, 개설 후에는 수십년에 걸쳐서 안정적인 운영을 해야 한다. 그 계획에 있어서도 단기적인 이익확보만이 아니라, 사업의 특수성과 장기적인 사업리스크를 상세하게 검토해야 한다. 단순히 수요가 높아질 것이라는 과잉기대는 노인주택 사업의 특수성으로부터 오는 리스크를 간과하고 운영계획에 대한 상세한 검토 없이 안이

하게 진행되는 원인이 되고 있다.

전국유료노인주택협회에는 연간 약 5천 건의 입주상담이 들어오는데 대부분의 내용이 경영상 안정감을 확인하는 것과 유료노인주택 운영자 측의 정보제공의 범위와 내용의 부조화에 대한 것이다. 유료노인사업에서는 주로 입주일시금, 관리비, 식비 등의 이용료가 설정되고 이를 부문별로 수지를 관리하여 여러 가지 서비스를 제공하고 있지만 특정부문수지의 적자를 다른 부문에서 인출하여 채워버리는 경향이 보이는 등 부적절한 재무구조와 방만한 운영이 문제로 지적되고 있다.

노인주택사업의 성패는 적절한 사업계획의 책정과 입주자확보에 달려 있다. 경영위기에 빠진 유료노인주택을 보면 사업계획단계에서는 상품구성의 실패와 입주자모집전략의 실패가 가장 많고, 사업안정기에는 재무계획의 실패와 경영자의 자금유용 등 도덕적 해이에 의한 경영위기가 대부분이다.

|표 9-1| **유료노인주택사업의 단계별 리스크**

단계	원인
창업기(노인주택사업운영 시작 전)	• 시장환경과 괴리된 상품의 설계 • 시장조사를 실시하지 않고 노인주택 사업을 계획 • 구체적인 자금조달계획 없이 사업화를 추진 • 입주자 모집전략의 실패
운영초기(모집목표 달성 전)	• 입주자 모집부진에 의한 운용자금 부족 • 개설 시 차입금 상환계획의 차질
안정기(일정기간 경과 후)	• 방만한 경영에 의한 자금사용처의 불명
초기입주자 교체기	• 추가적인 입주자모집 부진 • 타 사업으로의 자금유용

2. 운영리스크의 원인과 대책

유료노인주택이 누구를 위한, 무엇을 위한 사업인지, 또한 공적부조와 공적자금에 근거한 개호보험에 의한 사업을 한다는 사회적 책임에 둔감한 경영자에 의한 사업이 얼마나 위험한지 인식해야 한다. 경영위기에 빠진 유료노인주택의 유형을 보면 개설시기의 실기(失機), 입지선정의 실패, 입주대상자 설정의 오류, 시설유형 선정에 대한 오류, 입주자모집 부진 등은 대부분 부적절한 사업계획에 기인하는 것으로 나타난다. 또한 유료노인주택사업의 안정기에는 자금유용을 얼마나 통제해나가는가가 관건으로 이를 위해 자금운용의 객관적인 기준 책정과 운용이 요구된다.

노인주택 개설 전의 사업계획 책정과 개설 후의 중장기사업계획 책정 및 정기적인 계획수정은 경영위기를 회피하는 중요한 요소가 된다. 경영위기의 주된 원인으로는 입주자모집 부진, 자금유용, 적자경영, 운용자금 부족, 입주금 등 가격선정, 사업경영능력, 시장경합, 상품차별화의 실패, 직원의 불친절, 사고 등으로 경영위기 원인과 그 대책을 정리하면 다음과 같다.

1) 입주자모집 부진

사업자가 생각하는 입주자모집 부진을 해결하기 위한 대책으로 계획지역의 입지조건에 부합하는 가격 및 서비스 메뉴의 수정, 적절한 시장조사의 실시, 계획적이고 조직적인 모집활동, 경영주체에 대한 사회적 신뢰감의 제고, 소비자의 니즈 파악, 시장경합처의 정보수집, 서비스의 질적 제고를 통한 생전퇴거의 억제 등이 있다. 또한 초기모집 시 사전마케팅의 중요성도 강조되고 개설 후에는 지역과의 관계와 입주자의 구전을 통한 모집효과도 큰 영향을 주는 것으로 나타났다.

2) 경영능력 부족

사업자가 생각하는 경영능력 부족의 리스크를 개선하기 위한 대책으로 사업의 특성 및 차별화를 명확히 이해하여 수익과 비용이 일치하지 않는 특성을 인지하여야 한다. 시장의 상황과 지역환경에 친숙한 마케팅을 실시하고, 시장동향을 잘 파악하며, 행정시책의 변화에 효과적으로 대응하고 우수한 인재를 확보하고 육성하여 경영판단과 위기관리능력이 높은 인재를 기용하여야 한다.

3) 적자경영 해소

적자경영을 해소하기 위한 대책으로 조기에 경영수지분석 내용을 확인한다. 경영자원에 효율적인 배분을 하고 사업운영의 중장기 계획을 수립하여 입주금과 급여형태를 수정하고 정기적으로 경영상태를 확인한다. 또한 장기수지분석을 통한 예산을 면밀하게 수립하고, 자금수지와 월별시산표를 대조하여 확인하고 원가의식을 철저히 한다.

4) 자금유용 회피

자금유용을 회피하고 감시하기 위한 기능을 강화하기 위해서는 제3의 관리체계를 포함한 자금관리 체제를 강화하고 월별수지관리와 예치금인 입주일시금의 적절한 자금관리에 대한 감시체제를 구축한다. 자금운영에 투명성을 확보하는 등 본업 이외에 투자를 하지 않도록 관리감독을 철저히 한다. 즉, 경영자가 독단적으로 자금유용을 할 수 없도록 제한하는 체계를 구축하는 장치의 마련이 필요하다.

5) 시장경쟁

시장경쟁의 불가피한 리스크를 축소시키고 회피하기 위해서는 사업환경과 시장변화에 민감해야 한다. 주변의 동종업체인 유료노인주택과의 상품구성에 있어서 독자성을 확립하고, 요금체계를 차별화시키거나, 이용료의 인하와 서비스 향상을 꾀한다. 즉, 유료노인주택으로서의 상품특성과 매력, 부가가치를 소비자가 이해할 수 있도록 부각시키는 영업마케팅이 요구된다.

6) 자금부족

자금부족에 대한 방안으로는 입주자 확보를 통한 안정적이고 체계적인 자금조달을 우선적으로 꼽을 수 있다. 현금수지분석을 통한 경영분석을 하고 안정적인 초기자본을 충분히 갖고 사업을 영위하며, 개설 전후의 자금계획은 여유있게 수립한다.

7) 가격설정

경영수지의 안정을 위해 적정가격을 충분히 검토하고 다양한 입주플랜을 설정하여 입주를 독려하고 유료서비스와 무료서비스의 구분을 확실히 하여 적절한 비용을 설정한다. 또한 대상으로 하는 입주층을 설정하고 그에 맞는 적절하고 합리적인 가격을 설정한다.

8) 인건비 억제

노인주택 운영에 있어 최대 지출항목은 인건비이다. 저가격화를 위해서는 서비스 원가이면서 고정비이기도 한 인건비를 억제하지 않으면 안 된다. 최근 급증한 유료노인주택 사업계획의 상당수는 요양간호직원의 절반을 파트타임 등의 계약직이나 비상근 직원으로 하는 등 인건비절감을 통한 운영계획이 이루어지고 있다. 바꾸어 말하면 노동시장을 통하여 유료노인주택에 근무할 요양간호직원을 모집하면 저렴한 인건비로 풍부한 노동력을 구할 수 있어 운영의 합리화를 도모할 수 있다.

3. 노인주택사업의 구조적인 문제

1) 입주일시금

유료노인주택의 상품・시스템에서 장기적인 안정경영을 저해하고 있는 요소로 입주일시금을 들 수 있다. 입주일시금방식은 요양간호나 식사 등의 서비스 계약을 체결하는 조건으로 재가복지서비스의 제공에 관해서 이용권방식으로 인정되고 있다. 개인실을 구입(소유권)하거나 빌리거나(차가권) 하는 것이 아니라, 개인실과 공용부분, 설비 등을 이용할 권리를 구입하는 방식이다.

이용권의 비용을 매월 지불하는 방식의 유료노인주택도 늘고 있지만 여전히 입주일시금방식이 주류이다. 일반적으로 유료노인주택에 입주를 생각하는 고령자의 재무상태를 보면 예금 등의 금융자산은 있지만 매월의 정기적인 수입은 적은 것이 일반적이다. 입주일시금을 지불할 능력이 되는 고령자는 목돈을 지불하고, 연금 등으로 매월의 생활비를 감당하고자 하는 것이다. 따라서 입주일시금이라는 가격설정방법에는 내용에 대해 이해하기 어려운 모호함이 있지만, 매월의 이용권을 일시금으로 지불한다고 하는 가격설정은 고령자의 니즈에 부합하는 것이다. 또한 입주일시금은 사업자입장에서는 목돈을 입주 시에 받는다는 점에서 경영수지를 초기에 안정시킬 수 있는 장점이 된다.

이렇게 고령자의 이해와 사업자의 이해가 상당부분 일치하여 널리 보급되고 있지만, 이러한 입주일시금의 가격시스템은 장기적인 안정경영을 불안정하게 하는 요소가 포함되어 있다. 그 이유는 장기입주 리스크이다. 입주일시금은 일반적으로 '금액・상각기간・종신이용권'이 세트로 설정되어 있어, '상각기간 이용료의 선불'이라고 하는 측면과 '종신이용권의 구입'의 두 가지 의미를 가지고 있다.

예를 들면 '입주일시금 1,000만 엔, 상각기간 5년, 종신이용권'으로 하면, 1,000만 엔은 5년간의 이용권의 선불이기 때문에, 3년 만에 퇴거한 경우, 나머지 2년분이 환불되게 된다. 한편, 5년 이상 입주한 경우는 상각기간을 넘게 되지만 지불된 입주일시금으로 종신이용할 수 있을 권리를 동시에 구입한 것이기 때문에 추가비용은 필요없는 계약이다. 입주자 입장에서는 장기입주하면 할수록 이용료가 적어지지만, 반대로 경영자 입장에서는 상각기간을 넘어 장기입주하게 되는 부분에 대해서 이용료를 면제해 주는 것이 되기 때문에 상각기간 이후에는 현저하게 수익이 떨어지게 된다.

2) 종신계약

경영환경이 변화하면서 유료노인주택이 한계를 보이고 있다. 지금도 배리어프리 등의 건물에 개호보험제도로 이용할 수 있는 요양간호서비스를 적용하면 노인주택이 된다고 생각하는 사람이 적지 않다. 특히, 민간의 개발회사가 제시하는 사업계획은 표면이율, 실질이율 등 부동산경영이라는 측면에서 책정된 것이 많고, 실제 사업내용의 검토가 아닌 건설목적이 중심이 된다.

고령자와 가족이 유료노인주택의 입주를 검토하는 것은, 쾌적한 생활을 보내는 것뿐만 아니라, '중증의 요양간호가 필요하게 되어도 안심하고 생활할 수 있다', '더 이상 이사할 필요가 없도록'이라는 점에 있다. 그 때문에 유료노인주택과 입주자의 계약은 1년, 2년이라고 하는 정기적인 것이 아닌, 사망시까지라는 의미인 종신계약이 중심으로 되어 있다.

종신계약은 생명보험 등의 금융상품이지만 매매계약이나 서비스 제공계약이 '종신이라는 기간' 동안 계속되는 것은 유료노인주택 이외에서는 찾을 수 없다. 사업자에게 있어 매우 리스크가 높은 계약이기 때문이다. 경영환경이 변화하면 거기에 맞추어 서비스 내용이나 가격설정을 변경하는 것이 일반적이다. 밀의 가격이 오르면 식빵은 비싸지고, 원유가격의 상승은 모든 유통상품의 가격으로 연결된다. 업자 간의 계속적인 장기계약도 사회정세나 경영환경의 변화에 대응하기 위해서 계약기간은 1~2년으로 정기적인 재검토가 이루어지는 것이 일반적이다.

이에 비해 유료노인주택의 경우는 사업자의 판단만으로 가격이나 서비스 내용을 변경할 수 없다. 70세의 여성이 입주하는 경우 평균여명, 즉 계약이 계속되는 기간은 평균적으로 18년 정도이다. 계약기간 중(입주기간 중)에 계약내용을 변경하는 경우에는 입주자나 보증인에게 충분히 설명하여 그 이해를 얻는 것이 요구된다. 노동시장 등의 사회정세는 변동하고, 고령자는 가령에 따라 요양간호도가 변화하여 필요로 하는 서비스의 내용도 변해간다. 유료노인주택은 그러한 변화의 대응력이 중요해지나, 반대로 가격·서비스 내용은 고정성이 강한 종신계약이므로 변화에 대응하기 어려운 특수한 사업인 것이다.

그러나, 실제의 사업계획을 보면 이러한 특수성이나 장기적 고정성의 리스크에 대한 구체적인 검토가 아니라, '구매자 시장의 경쟁에 의한 저가격화', '수익과잉기대에 의한 적당한 사업계획'에 의해 양적으로 급증했다는 점을 부정할 수 없다. 사업에 축적된 노하우가 부족하고 실적치가 부족한 사업으로 저가격이라도 이익이 나오도록 수지분석하여 사업을 진행하고 있는 것은 리스크 헷지가 구체적으로 검토되지 않는다는 반증이기도 하다. 개호보험제도 이후에 개설된 유료노인주택의 상당수는 이러한 이유로 향후의 경영환경이 우려되고 있다.

4. 유료노인주택의 도산사례

시설 내의 사고와 입주자의 불평에 의한 분쟁 등이 매스컴을 통해 알려져 사회문제가 된다. 그때마다 후생노동성은 '유료노인주택 설치운영 표준지도지침'을 면밀히 개정하고 지방자치단체를 통해 지도를 강화해 왔다.

사회경제의 혼란은 유료노인주택에도 영향을 미쳤다. 버블기인 1988년에 개설하여 4억 엔이라는 입주일시금으로 화제가 되었던 '사쿠라비아세조(도쿄)(サクラビア成城(東京))'의 경영파탄은 전형적인 사례로, 버블붕괴 후인 1996년 '사쿠라비아세조(サクラビア成城)'는 종합경비회사인 세콤(セコム)과 부동산디벨로퍼인 모리빌딩(森ビル)에 경영권과 소유권을 양도하고 사실상 도산했다.

1987년 개설한 '아쿠티바(시가현)(アクティバ(滋賀県))'는 사실상 경영자인

의사의 방만경영(2억 7,000만 엔의 비자금과 약 50억 엔의 부채)으로 경영위기에 봉착하여 후생성(당시)의 알선에 의해 시공했던 건설회사를 중심으로 재건시킨 사례도 있다.

전국에 7개의 유료노인주택과 2,000명의 입주자가 거주하는 '유우유우노사또(ゆうゆうの里)'를 개설해 온 재단법인 일본노인복지재단도 2000년 전후에 경영위기에 봉착하였다. 원인으로는 경영진의 경영능력이 문제였는데, 입주자 최우선의 대책이 강구되었고 경영진이 교체되면서 경영위기를 벗어날 수 있었다.

|표 9-2| **노인주택 사업에 있어서 경영위기의 발생경향**

사업의 흐름	성숙도	경영위기의 이유	경영위기의 상세이유	경영주체
개설 전	창업기	• 상품구성의 실패 • 모집전략의 실패 • 사업계획의 실패	• 나쁜 입지, 높은 가격설정, 운영내용 설정 • 잘못된 마케팅, 잘못된 모집방법 • 동일지역에서의 경합 심화, 경영이념의 부족	[규모] • 가업적 • 중소기업 • 대기업계열 [주된 업종] • 단일목적 • 부동산, 건설 • 금융 • 전력, 철도 • 의료법인계 • 메이커 • 종교법인 • 사회복지법인
개설 후 수 년	성장기	• 모집전략의 실패 • 재무계획의 실패	• 잘못된 모집방법으로 인한 입주부진 • 차입금의 과도한 상환	
안정기	안정기	• 재무계획의 실패 • 방만한 자금운용 • 자금유용 • 도덕적 해이	• 자금유출, 자금운용 악화, 모회사의 경영부진 파급 • 경영능력, 인재부족 • 후발사업자와의 시장경합 심화	
최초 입주자의 교체기		• 모집전략의 실패 • 방만한 자금운용 • 상각완료된 입주자가 다수 • 사업계획 수정실패	• 추가입주자의 부족 • 사업자금의 부족 • 회전되지 않는 자금부족 • 경영자의 사업의욕 상실, 트렌드 변화에 대한 대응 실패	

도산한 사례로는 입주정원 58명 규모의 '선라이즈오카야마(サンライズ岡山)'가 있다. 오카야마현(岡山県)의 사회복지법인은 버블경제가 붕괴조짐을 보이던 1991년 9월에 개설하였다. 입주일시금은 1,000만~2,400만 엔이었지만 입주

자가 모집되지 않아 직원을 줄였다. 그 결과 서비스가 제대로 제공되지 않았을 뿐 아니라 사업자 측의 운영의욕도 사라져 입주자가 방치되는 상태가 되었다. 입주자가 관계기관에 진정하고 피난해 오는 사태가 발생되어서 외부에 발각되었고, 결과적으로 부채액 10억 엔을 안고 도산했다.

유료노인주택 '쿄오하시유우유우관(京橋ゆうゆう館)'을 경영하고 있는 쿄오하시시니어서비스(京橋シニアサービス)는 2008년 8월 동경지방법원에서 파산수속개시 결정을 받았다. 동경상공리서치에 의하면 부채총액은 약 5억 5,700만 엔으로 쿄오하시시니어서비스는 재택개호지원사업과 재택개호서비스업, 유료노인주택의 개설 등을 목적을 2003년 8월에 설립되었다. 병원을 리뉴얼하여 개설한 코요하시유우유우관이 주력이었지만, 건물의 개장비와 인건비 등이 경영을 압박하였다. 쿄오하시시니어서비스 사장이 원장을 겸임하고 있던 병설의 진료소 쿄오하시메디컬클리닉(京橋メディカルクリニック)도 폐원하였다.

제국데이터뱅크(帝国データバンク)에 의하면 2008년에 일본에서 발생한 특별양호노인주택 등의 운영을 하고 있는 노인복지사업자의 도산건수는 26건으로 2000년 개호보험이 시작된 이후 최악이었음이 밝혀졌다.

제국데이터뱅크에서는 개호보험을 비즈니스 찬스로 하는 기업 등의 신규참여가 있었지만 2006년 개호보험제도의 개정에 의한 급부대상의 조정과 개호보수의 인하, 인건비 증가 등으로 2007년 이후는 사업자의 도산이 급격히 늘고 있다고 분석[1]하였다. 노인복지사업자의 도산건수는 낮은 수준으로 추이하고 있지만 2007년에는 전년도 7건에서 23건으로 급증하였고, 2008년에는 여기에 3건이 늘어 역대 최고의 도산건수를 기록했다. 부채총액도 2008년 79억 9,300만 엔으로 2007년의 77억 6,100만 엔에서 1억 3,200만 엔 늘었다.

이상과 같은 유료노인복지주택 이외에도 노인복지사업자의 파산은 특별양호노인주택, 케어하우스 등의 경비노인주택, 노인복지센터, 데이서비스센터, 노인단기입소시설 등 여러 가지 도산사례가 보고되고 있다.

---

1) 2005년 4월부터는 파산과 민사재생 등의 법적 정리에는 대상을 한정하고 있어, 자주적인 해산과 자금부족에 수반되는 은행거래정지 등은 포함되지 않는다.

Part 3

노인주택개발 지침

Chapter 10 노인주택개발의 Flow

1. 사업추진절차

고령자가 노인주택의 시설과 서비스 등에 대하여 요구하는 니즈는 다양화되고 있으며, 이러한 고령자 니즈의 변화와 노인주택을 둘러싼 환경의 변화는 사업추진에 있어서 고려되어야 할 중요한 변수가 된다.

노인주택은 끊임없이 변화하는 입주자의 니즈를 만족시켜 입주자가 느끼기에 매력 있는 시설로 개선시켜야 한다. 예를 들어 요양간호가 필요하게 된 뒤에도 이용할 수 있도록 요양간호서비스를 제공하는 시설로 하거나, 비교적 건강한 고령자를 대상으로 하기 위해서는 일상생활과 행동에 편리한 입지, 부유층을 대상으로 한다면 편리한 서비스와 고급스러운 시설과 설비 등이 요구될 것이고, 저소득층을 대상으로 한다면 합리적인 이용료와 보다 실속있는 서비스가 요구된다.

사업화를 위해서는 기본기획, 사전조사, 사업성검토, 사업개시준비 및 사업착수, 사업개시 등 5가지 단계로 구분할 수 있다.

기획단계에서 준비기간을 거쳐 사업시작까지 소요되는 기간은 약 2년 정도 소요되지만, 작업기간은 사업착수 및 사업개시준비기간이 약 1년으로 가장 길고, 사업방침의 결정과 건축공사의 착공, 마케팅계획 등 사업개시에 필요한 중요한 의사결정을 하는 기간이 1년 정도 소요된다.

기본구상과 사전조사, 사업성검토가 정확히 검토되지 않으면 성공적인 사업추진을 기대하기 어렵다. 실제로 사업을 시작하게 되면, 입주자를 어떻게 받아들이는지, 서비스를 어떻게 제공하는지, 경영의 건전성을 유지해 나갈 수 있는지 등은 중요한 검토항목이다.

그림 10-1 노인주택개발의 Flow Chart

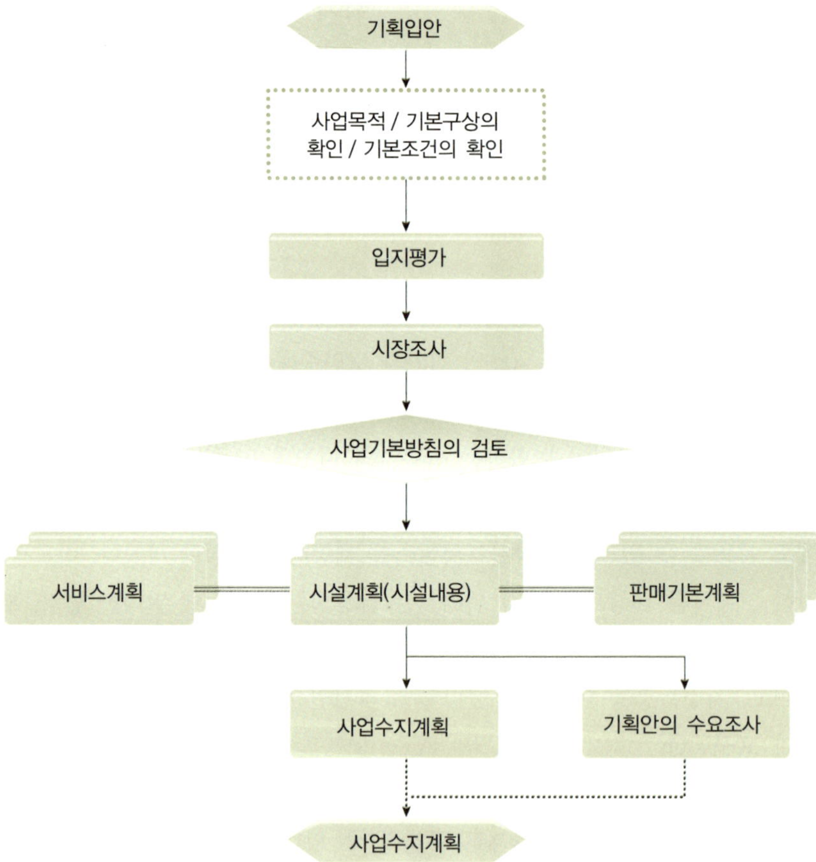

사업성이 있다고 판단되면 검토해 왔던 것을 구체적으로 결정해 나가는 작업을 한다. 이 단계에서는 사업방침을 확정하게 되는데, 기본이념을 확립하고 사업내용을 확인하고 입주금과 이용료 등 가격수준을 설정한다. 이러한 내용의 전제로서 기본설계·실시설계를 하고, 검토비 등 견적을 받고, 이를 근거로 시공사를 선정하고 공사비용을 확정한다.

또한 인·허가 신청, 건축공사, 가구비품계획 등을 추진한다. 운영을 위한 계획으로는 운영관리, 운영계획, 요양간호서비스 등을 제공하기 위해 필요한 조직, 인원을 검토하여 확정시킨다. 공사착수와 함께 마케팅계획에 착수한다. 또한 입주기준을 결정하고 모집요강을 작성하고 필요서류 등을 정비한다. 입주 6개월 전까지는 시설의 운영을 위한 운영매뉴얼을 작성하고, 직원채용과 연수를 실시하고 사업시작을 준비한다.

사업시작까지의 준비기간은 기본계획단계 30일, 사전주사 60~90일, 사업심검토 약 60일, 공사 360~400일 정도가 소요된다. 건물의 규모와 공사난이도에 따라 차이가 있지만 기본계획에서 사업시작까지 약 2년 정도가 소요된다.

2. 사업의 컨셉설정

고령자와 장애를 갖고 있는 입주자가 인간으로서의 존엄을 잃지 않고 자립된 생활을 영위할 수 있도록 일상생활에 필요한 서비스와 기능을 갖춘 도시에 있는 임대형·분양형 공동주택이 노인주택의 전형적인 형태라고 설정하고 사업컨셉을 검토한다.

입주자는 일상생활에서 지원이나 간호가 필요한 경우 언제라도 서비스를 선택하여 받을 수 있고, 요양간호가 필요한 상태가 되어도 계속거주가 가능하도록 개호보험서비스를 선택해서 받을 수 있는 시스템과 기능이 부가되고, 입주자의 사생활을 보호하고 노인주택에서 집단생활을 하기 위한 프로그램을 준비한다.

고령자를 대상으로 하는 주거는 자립형 주거, 신체적으로 약간 부자유스러운 고령자를 돕는 기능을 갖는 주거, 전면적인 요양간호가 가능한 체제를 갖는 주거로 구분된다. 요양간호형과 주택형 유료노인주택과 유사한 형태로 미국에서는 Assistant Living 수요가 크게 늘고 있고 업역으로도 확립되어 있다. 본래 요양간호 상태의 노인이 필요한 서포트를 받으면서 자립생활을 하는 것으로, Assistant Living에 거주하는 사람에게 요양간호가 필요하게 되면, Nursing

Home에 들어갈 수 있기에 불안감을 갖지 않는다. 그 이유는 주거로서의 수준과 가격이 납득할 수 있고, 생활기반 서비스가 제공되고 요양간호 상태가 되더라도 요양간호, 간호, 의료가 일체화된 시설로 되어 있기 때문이다.

|표 10-1| **기본구상단계**

사업목적/기본구상의 확인/기본조건의 확인 환경/입지조건, 수요층의 추정, 기본컨셉 설정

3. 기본구상

지방자치단체에서 공개하고 있는 정보도 유용하지만 실제로 정보를 분석하여 사업화하기 위해서는 고령자 니즈를 파악하기 위한 통계자료 분석, 건물의 설계, 구조, 의료보험과 개호보험의 급부와 관련된 사항, 계약관계 등 전문지식이 요구되는 것이 적지 않아 개인적인 차원에서 대응하는 것은 한계가 있으므로 각 분야의 전문가를 활용하도록 한다. 나아가 개설하는 고령자시설을 구매력있는 상품으로 만들기 위해서는 개설하려는 지역의 인구와 소득, 연령 등 정보수집이 필요하다. 행정기관의 창구에서도 상담에 응해주지만 구체화되지 않은 단계에서는 구체적인 상담이 어려우므로 전문컨설턴트와 상담하는 것도 방법이다.

시설을 개설하기 위해서는 사람을 모집해야 하는데, 이는 시설에서 서비스를 제공하는 직원과 시설의 서비스를 이용하는 입주자이다. 이들은 서비스의 공급과 수요를 기반으로 구성되는데, 직원모집은 급여뿐 아니라 복리후생과 교통편의, 직무내용, 경영자의 경영자세, 경영이념 등이 영향을 준다. 입주자모집은 시설이용을 위한 비용과 더불어서 시설의 환경과 서비스의 내용 등에 의해 결정된다.

기본적인 사업기획을 검토함에 있어 입주자 입장에서 볼 때 중요한 포인트가 되는 내용은 다음과 같다.

첫째, 사업의 책임소재를 명확히 하는 것이 중요하다. 예를 들어 대기업이 사업다각화를 고려하는 경우, 기업이 직접 사업에 참여할 수도 있고, 자회사를 설립하여 참여하는 형태, 합병회사로 참여하는 형태도 있다. 또한 유관업종의 사업을 경험하고 있다면 사업주체의 신뢰도는 높아질 수 있고 사업참여의 형태에 따라 경영기반의 확실성을 알 수 있게 된다. 경험있는 사업체라면 서비스는 신뢰할 수 있는지, 경험없는 사업체인 경우 경험을 보완할 수 있는 요소에 역점을 두고 있는지 검토해야 한다. 합병회사의 경우 과반수의 지분을 갖는 기업이 있다면 사업체의 책임을 지는 기업으로 볼 수 있지만, 여러 사업체가 비슷한 지분을 갖는 구조의 사업체라면 책임소재가 모호하여 입주자가 입주를 꺼리는 요인이 될 수도 있다. 또한 영리법인과 비영리법인 등 법인의 형태를 정하는 것도 필요하다.

둘째, 사업내용에 대해 검토한다. 사업의 동기가 무엇인지는 좀처럼 밖으로 드러나지 않는다. 유휴지를 활용하려는 동기로 검토하는 경우도 있지만 이것으로는 입주자에 대한 동기부여가 약하므로 지역사회에 어떠한 서비스를 제공하고 지역에 공헌하는가를 전달하는 방법을 모색해야 한다.

사업은 건전한 경영이 유지될 때 비로소 사회에 의미 있는 존재가 되고 그곳에서 근무하는 직원에 대해서도 안정된 직장을 제공할 수 있다. 영리법인이든 비영리법인이든 채산이 맞아야 하는 것은 기본이다. 기획단계에서 왜 사업을 하는가에 대한 목적을 명확히 하는 것은 사업의 기본이념으로 연결되고 사업의 골격을 만드는 데 크게 영향을 준다.

셋째, 사업다각화를 들 수 있다. 기업이 갖고 있는 업역의 장래가 불투명하여 성장성이 큰 새로운 영역을 모색하는 것이다.

넷째, 목적이 뚜렷해야 한다. 자선사업을 목적으로 하는지, 영리사업을 목적으로 하는지 명확히 정리되어야 한다. 단순히 사회를 위해 도움이 된다면 수익이 없어도 된다는 자세는 사회의 신뢰를 받기 어렵다. 왜냐하면 노인주택의 운영 사업에는 영속성이 전제되기 때문이다.

4. 사전조사 및 점검사항

노인에게 있어서 노인주택에 입주하는 것은 기존생활의 연장선에서 의료와 식사서비스, 여가활동 등 개인생활을 보다 충실하게 하는 수단이 된다. 노인주택을 개설하는 데에는 고령자의 니즈와 보조금 등 공적 조성제도에 관한 정보, 해당 사업의 규제에 관한 정보 등 관련 정보를 종합적으로 수집해야 한다.

기본적인 기획이 명확해지면 실제로 실행 가능한지 여부를 사전에 조사한다. 구체적으로 어떠한 장소에서 사업을 하는지에 대한 것과 하나의 후보지가 아닌 여러 개의 선택가능한 후보지를 종합평가해서 결정한다. 입지조사, 시장조사에서는 계획지에 대한 대량의 정보가 요구된다. 주변의 인구, 인구구조, 소득수준, 지역특성, 지역의 성장성, 경합시설과 유사시설의 조사, 관할하는 지자체, 행정규제, 조성금, 보조금 등을 사전에 조사하여 기본컨셉 작성에 반영시킨다. 종합적으로 노인주택 개설계획을 책정하고 지방자치단체와 사전협의[1]를 철저히 준비한다.

유료노인주택을 개설하려는 자는 지방자치단체장에게 필요사항을 신고하여야 한다. 즉, 인・허가 등은 필요하지 않고 신고만으로 개설할 수 있는 것이다. 그러나 실제로는 유료노인주택 설치운영 표준지도지침 등에 근거하여 지방자치단체와 사전협의하도록 되어 있다. 보조금 등 공적인 지원은 거의 없지만 사전협의에는 시간이 걸리게 되어 있어 어느 정도 여유있는 일정으로 사업계획을 책정할 필요가 있다.

주된 지도사항은 기본적 사항, 설치주체, 입지조건, 규모 및 구조설비, 직원배치, 시설관리운영서비스, 사업수지계획, 이용료, 계약내용, 정보공개 등 여러가지 항목으로 이들을 충분히 협의하고 검토한다. 행정기관에서 요구하는 다양한 기준을 만족시키지 못하면 사전협의를 통과하지 못하게 되고 결과적으로 시설을 개설할 수 없다.

1) 일본에서는 사전협의라는 형식으로 시설의 도면 제출이 요구되는 등 상당히 구체적인 계획에 대해 사전에 협의하도록 되어 있으므로 사전에 보다 면밀한 계획의 책정이 필요하다.

사전협의 후에는 토지 등에 관한 개발허가와 건물의 건축에 대한 신고를 한 뒤 건물의 건축공사에 착수한다. 건물공사가 진척되면 주택개설에 관한 신고와 개호보험 사업자의 지정신청 등 필요한 행정절차를 완료한다.

5. 입지선정 및 입지평가

노인주택의 입지에 대해서 입주자는 심리적, 지리적으로 기존생활의 연장선상에서 유사한 입지를 희망할까 아니면 기존보다 나은 생활환경이 확보된다면 지역은 관계없다고 생각할까?

유료노인주택 설치운영 표준지도지침에서는 입지조건에 대하여 "유료노인주택설치는 입주자가 건강하고 안전한 생활을 유지할 수 있는 자연환경을 갖는 장소를 선정하고 유료노인주택의 부지는 입주자의 건강·방재상 적절한 넓이를 확보하고 관계행정기관, 관계복지시설, 의료기관과의 연계협력이 되어야 한다"고 기술되어 있다.

노인주택은 노후생활의 기반이 되는 시설이기 때문에 자연환경은 온난하고 풍수해, 자연재해 등의 위험성이 낮고 도시적 기능이 정비되어야 한다. 도시기반시설의 정비뿐만 아니라 일상생활에 필요한 상업시설, 공공시설, 의료시설이 도보나 이용하기 쉬운 교통수단으로 단시간 내에 갈 수 있는 범위여야 한다.

지역사회와의 관계를 보면 공공에서 공급하는 기존의 노인주택은 지역사회에 대하여 폐쇄적이고, 입주자의 생활은 고립되는 주거환경이 대부분이었다. 민간에서 운영하는 노인주택의 경우에는 노인주택이 갖는 기능(예를 들면 의료서비스, 식사서비스, 여가활동을 위한 공동시설 등)을 지역주민에 개방하고, 유료노인주택에 대한 주민의 이해를 구하고, 상호협력관계를 갖도록 노력해야 한다.

노인주택의 공동시설과 설비는 입주자가 자기부담으로 이용권리를 획득한 것이므로, 외부사람에게 이용하게 하는 것은 경영방침과 입주자의 의견조정이 필요한 부분이다. 지역주민과의 유기적 연계를 통해 노인주택이 폐쇄적이고 고립된 수용시설이 아닌 지역사회와 함께 호흡하는 열린 공간으로 활용될 수 있어야 한다.

노인주택의 개발에 있어서 입지선정은 필수적인 과제이다. 입지에 대한 평가요소를 입주자의 시점, 대지조건, 계획시설 적응성으로 나누어 고찰한다. 입지평가는 각각의 항목 기준에 의해 행하나 사업을 저해하는 결정적인 요소를 놓치지 않는 것이 평가의 주안점이고, 그것을 근거로 상대평가에 의해 입지의 우열을 종합 판단한다.

|표 10-2| **입지평가단계**

- 환경/입지조건
- 용도제한/건축제한 등의 조사
- 지방자치단체의 지도방침 조사
- 상위계획 등의 조사
- 경합시설 조사 : 유료노인주택/유사시설/케어하우스 등
- 지역자원의 상황 : 요양간호노인보건시설/요양간호노인복지시설/데이서비스센터/재가복지요양간호지원센터/병원/기타 개호보험사업자 등

1) 입주자의 시점

입주자의 시점에서 바라보는 입지에 대한 매력은 교통접근성과 주변환경을 토대로 검토해야 한다. 교통접근성을 고려함에 있어서 교통이 편리한 토지는 편리함을 향유할 수 있지만 지가가 높다는 단점이 있고, 교통이 불편한 토지는 지가가 저렴하고 자연환경이 풍부한 반면에 자택과 지인, 친척으로부터 멀리 떨어지는 단점이 있다. 교통접근성의 좋고 나쁨이 입주자의 선택에 큰 영향을 주는 것은 틀림없다.

주변환경에 대해서는 주거환경으로 안정감이 있는지 여부에 관심을 갖고, 쇼핑, 레스토랑, 극장 등 주변 문화시설 이용의 편리함이 요구된다. 특히 의료기관까지의 접근성은 주거환경과 함께 중요한 조건이 된다. 나이가 들어감에 따라 약을 받으러 가고 검사 받으러 병원에 가는 것이 일상적으로 행해지고,

상황에 따라 용태가 급변하는 경우 적절한 의료를 받을 수 있는지, 필요한 때에 고도의료가 가능한 전문의료기관이 있는지, 일상의료와 긴급의료를 받을 수 있는지는 중요한 조건이 된다. 입지평가에 대한 항목과 노인주택을 선택하는 기준이 되는 체크리스트의 예시는 다음과 같다.

|표 10-3| **입지평가의 체크리스트(입주자 시점)**

입주자 시점 : 입지에 대한 선호도를 항목별로 평가한다.	
1. 교통접근성	교통접근성의 좋고 나쁨은 입주자 개인의 행동영역과 방문객에 영향을 준다.
(1) 가장 가까운 역까지의 편리	가장 가까운 전철역까지의 접근성 A : 가장 가까운 전철역까지 천천히 도보로 5분, 버스정류장까지 도보 3분으로, 전철역까지 15분 이내 정도 B : 버스정류장까지 도보 3분으로, 전철역까지 30분 이내 정도 C : 가장 가까운 역까지 택시 등으로 30분 이상
(2) 도심부까지의 편리	지역의 도심부까지의 접근성 A : 전철 등으로 30분 미만 B : 전철 등으로 30분 이상, 1시간 미만 C : 전철 등으로 1시간 이상, 2시간 미만 D : 전철 등으로 2시간 이상
(3) 원거리 교통기관까지의 편리	공항, KTX, 특급, 급행 정차역까지의 접근성 A : 원거리 교통수단을 통해 30분 미만 B : 원거리 교통수단을 통해 30분 이상, 1시간 미만 C : 원거리 교통수단을 통해 1시간 이상, 2시간 미만 D : 원거리 교통수단을 통해 2시간 이상
2. 주변의 환경	편리하고 즐거우며, 안심하고 생활할 수 있는가?
(1) 주거환경	미시적인 지역평가로 사는 환경으로서의 안정감과 풍족함 등이 느껴지는가? A : 한적하고 성숙한 주택가인 곳 B : 주변 상업지구 등, 약간 번화가인 분위기 C : 준공업지역 등 다소 소음도 있고, 약간 복잡한 마을, 마을에서 조금 떨어진 곳이라는 분위기 D : 쓰레기 소각장, 배설물 처리장 등 마을에서 멀리 떨어진 분위기

(2) 일상생활의 편리성	장보기와 산책 등 A : 일용품, 중고급품, 내구소비재 등 필요한 물건을 가까이에서 살 수 있고, 공원 등이 있다. B : 일용품은 가까이에 있으나, 그 외는 약간 멀리까지 가야 할 필요가 있다. C : 일용품 구매에도 30분 이상이 걸린다. D : 일용품 구매에도 버스를 타거나 배달을 의뢰하거나 특별한 배려가 필요하다.
(3) 엔터테인먼트 접근성의 편리성	레스토랑과 극장 등 A : 다양한 엔터테인먼트에 30분 미만 걸린다. B : 접근은 가능하지만 종류가 좀 제한되어 있다. 또는 30분 이상, 1시간 미만 걸린다. C : 종류가 극히 한정적이다. 1시간 이상 2시간 미만 걸린다. D : 외부 엔터테인먼트의 접근이 곤란하다.
(4) 의료에의 접근성	일상의료, 긴급의료, 전문의료의 접근성 A : 각종 의료기관의 접근성은 15분 미만으로 편리 B : 일상의료와 긴급의료는 편리하지만, 전문의료는 일부 불편 C : 일상의료에도 결핍된 것이 있다. 긴급의료에 30분 이상, 1시간 미만 걸린다. D : 의료적 대응력이 결핍
(5) 요양간호에의 접근성	재가복지요양간호서비스와 시설요양간호서비스의 양과 질, 이용의 원활성 A : 재가복지, 시설 모두 양적으로 충분히 정비되고, 질적으로도 높다. 희망에 따라 이용가능하다. B : 양, 질 모두 약간 불충분하지만, 조금 기다리면 희망하는 대로 이용가능하다. C : 최저한도가 어떻게든 채워지는 정도이다. D : 전혀 불충분하다.
3. 토지의 매력	토지가 갖는 매력의 정도는 어떠한가?
(1) 이미지	거시적인 지역평가, 그 지역에 사는 것에 대한 일반적인 평가 A : 널리 알려져 있고, 많은 사람에게 살고 싶은 지역으로 인식되어 있다. B : 인지도는 제한적이고, 아는 사람에게는 살고 싶은 지역으로 인식되어 있다. C : 살고 싶다고 생각하는 사람은 한정적이다. D : 살고 싶은 지역이라는 적극적인 평가는 적다.

(2) 자연환경	사계절에 따라 자연을 즐길 수 있는 환경이 있는가? A : 하천, 호수, 해안, 산림, 공원, 전원 등 자연이 가득 B : 가까이에서 그럭저럭 자연을 즐길 수 있다. C : 조금 멀리 가면 자연을 즐길 수 있다. D : 자연을 즐길 수 있는 환경이 결핍되어 있다.
(3) 특별한 매력	그 곳에 사는 것에 특별한 매력이 되는 요소가 있는가? A : 명소 유적과 온천 등의 매력적인 요소가 가까이에 있다. B : 조금 멀리 가면 매력적인 요소가 있다. C : 약간 멀지만, 매력적인 요소가 있다. D : 그런 것은 없다.

2) 대지조건

대지조건은 토지 자체의 기본조건, 부대조건, 권리관계에 대해 체크할 필요가 있다. 기본조건은 대지면적, 형상, 건폐율·용적률, 용도제한 등이다. 이러한 건축법과 도시계획법상의 테두리 안에서 목적에 맞는 시설을 건축할 수 있는지를 검토한다.

부대조건으로는 전기, 가스, 상·하수도 등을 조사 검토한다. 그 이외에도 비용상승요인인 개발부담금, 대지조성비, 기존건물철거비용 등 지가에 영향을 주는 것을 체크한다.

권리관계는 소유관계가 단순하다면 문제가 없지만 소유자가 복수이거나 압류, 저당권 등 정리해야 할 제한물권이 있는 경우 권리관계를 정리해야 한다.

|표 10-4| 입지평가의 체크리스트(대지조건)

개발부지로서의 조건 : 계획 건물을 건설하는 경우에 장애요인과 비용상승요인은 없는지를 검토한다.	
1. 기본조건	계획 건물이 적절한 스케일로 지어질 수 있는가?
(1) 대지면적	프로젝트의 구상을 실현할 만한 면적이 있는가? A : 충분한 부지면적이 있다. B : 약간 불충분하지만, 구상을 변경하는 것으로 대응할 수 있다. C : 사업 성립의 기회는 있으나, 구상을 상당히 바꿀 필요가 있다. D : 사업으로서 성립하지 않을 가능성이 높다.
(2) 대지형상	계획 건물을 건설하는데 부지 형상은 지장이 없는가? A : 프로토타이프(prototype)의 건물을 건설하는데 지장은 없다. B : 프로토타이프의 수정은 필요하지만, 기본구상은 유지할 수 있다. C : 기본구조를 변경하여, 형상에 맞추는 설계가 필요하다. D : 사업에 적합하지 않은 형상이다.
(3) 건폐율 · 용적률	계획 건물을 건설하는데 지장은 없는가? A : 프로토타이프의 건물을 건설하는데 지장은 없다. B : 프로토타이프의 수정은 필요하지만, 기본구상은 유지할 수 있다. C : 기본구조를 변경하여, 조건에 맞추는 설계가 필요하다. D : 사업에 적합하지 않다.
(4) 용도제한	용도 제한에 걸리지 않는가? A : 프로토타이프의 건물을 건설하는데 지장은 없다. B : 특별한 수속이 필요하지만, 기본구상은 유지할 수 있다. C : 기본구상을 변경하여, 조건에 맞추는 수정이 필요하다. D : 사업에 적합하지 않다.
2. 부대조건	비용상승 요인을 체크한다.
(1) 전기, 가스, 상 · 하수도	특별한 부담은 없는가? A : 특별한 별도 부담은 없다. B : 끌어들이기 위한 부담금이 조금 필요하다. C : 특별대책으로 인해 고액의 부담금이 필요하다. D : 사업의 코스트 부담 능력을 초과한다.

(2) 코스트 상승요인	개발부담금, 조성비, 기존설비 철거비용 등의 특별코스트의 유무 A : 특별한 코스트는 불필요하다. B : 특별한 코스트가 조금 필요하다. C : 고액의 특별코스트가 필요하다. D : 사업의 코스트 부담 능력을 초과한다.
(3) 안전성	홍수, 토석류 붕괴 등의 안전을 위협하는 요소는 없는가? A : 문제는 없다. B : 조금 문제가 있다. C : 대책은 가능하지만, 상당히 문제가 있다. D : 위험하다.
3. 권리관계	권리관계에 있어 장래 거주의 안정을 해치는 요소는 없는가?
(1) 소유권	토지, 건물의 소유권과 임차권 등의 안정도는 어떤가? A : 안정되어 있다. B : 불안정한 요소는 있으나, 파탄의 위험성은 적다. C : 조금 주의가 필요하다. D : 장래의 파탄이 예견된다.
(2) 저당권	저당권이 사업의 안정에 영향을 줄 가능성이 있는가? A : 사업보다 우선하는 저당권은 없다. B : 소액의 저당권은 있으나, 사업 운영에 지장은 없다. C : 저당권자의 각서 등 특별한 대책이 필요 D : 사업의 안정에 지장이 있다.

3) 계획시설의 적합성

계획시설의 적합성은 계획시설을 건축하는 경우 실제 사업으로 성립할 수 있는지를 검토하는 것이다. 계획지 주변 거주자의 구매력은 가격설정의 기준이 된다. 1차 상권은 인구와 연령별 인구구조, 소득수준 등을 기준으로 주변에서 입주자를 모을 수 있는 권역이다. 2차 상권은 계획지로부터 조금 거리가 있지만 철도선로, 고속도로, 간선도로를 따라 확대된다. 입주자를 확보함에 있어서 계획지 인근의 도로망을 따라 넓어지는 성향이 있으므로 2차 상권의 권역을 조사할 필요가 있다.

협력의료기관의 확보에 있어서 공립의료기관이 특정한 시설과의 협력관계를 맺는 것은 어렵기 때문에 인근의 사립의료기관을 목표로 한다. 협력의료기관의 진료과목과 평가는 시설운영에 영향을 미친다.

직원의 확보는 입주자 수요층을 어디에 두느냐에 따라 모집하는 직원의 층이 바뀌게 된다. 직원은 입주자와 유사한 생활감각을 갖고 있을 필요가 있는데, 그러한 부분이 어긋나 버리면 위화감이 생기게 된다. 즉, 직원과 입주자는 정서적 공감대의 형성이 이루어져야 조화로운 사업운영이 가능해진다. 따라서 단순히 직원 수만 확보하는 것이 아니라 질적인 부분도 고려해야 한다.

인근지역의 경합시설 유무와 강점의 평가, 인근시설과의 조화 등은 중요한 조사항목이다. 이러한 입지평가조사를 하는 목적은 적절한 입지 여부를 판단하기 위함이다.

입지평가 조사결과 입지부적합이라는 결과가 나오면 더 이상 미련을 갖지 말아야 하고, 부적합하지는 않지만 다른 입지와 비교할 때 약간 불리하다는 입지평가 조사결과가 나오는 경우에는 그것을 극복하는 수단을 모색해야 한다. 예를 들어 공공교통기관이 없는 경우에는 독자적인 교통수단을 정비하여 보완하거나 쇼핑이 다소 불편하다면 시설 내에 일용품 매점을 설치하고, 의료기관까지의 접근성이 애매한 경우에는 버스를 배치해 송영(送迎)서비스를 부가하는 등 입지상 불리한 조건을 극복하는 대체수단을 모색해야 한다.

|표 10-5| **입지평가의 체크리스트(계획시설의 적합성)**

계획시설의 적합성 : 계획시설의 사업이 그 입지에서 성립할지 여부를 검토한다.	
(1) 주변의 민간구매력지수	신문사 발표의 민간구매력 수준에 의해, 수용가격대를 추계한다. A : 민간구매력지수 150 이상 B : 민간구매력지수 100~150 C : 민간구매력지수 80~100 D : 민간구매력지수 80 미만
(2) 1차 상권의 규모	자동차로 30분권(약 반경 25km권) 내의 인구구성으로부터 수요규모를 추정 A : 권내인구 30만 명 이상, 그 중 고령자 3만 명 이상 B : 권내인구 10만 명 이상, 그 중 고령자 1.5만 명 이상 C : 권내인구 1만 명 이상, 그 중 고령자 2천 명 이상 D : 권내인구 1만 명 미만(가부는 개별 검토)

(3) 2차 상권의 규모	단순한 인구규모뿐 아니라, 배후지의 대도시권의 복지정비상황도 검토 A : 2차 상권에서도 큰 수요가 유망하다. B : 어느 정도의 수요가 기대된다. C : 그다지 기대할 수 없다. D : 기대할 수 없다.
(4) 행정시책과의 적합	행정기관이 육성지원에 적극적인가, 소극적인가? A : 행정의 적극적인 지원을 기대할 수 있다. B : 적극적이지는 않지만, 중립적인 대응을 한다. C : 소극적이지만, 방해하지는 않는다. D . 부성석이다.
(5) 협력의료기관의 확보	협력의료기관을 확보가능한가? A : 가까이(자동차로 5분 이내)에 평판 좋은 의료기관의 협력을 받을 수 있다. B : 약간 멀지만(자동차로 30분 이내 정도) 확보가능하다. C : 적극적인 관여는 기대할 수 없으나, 협력은 얻을 수 있다. D : 협력받을 적절한 의료기관이 없다.
(6) 직원의 확보	양질의 직원을 필요에 따라 확보가능한가? A : 양질의 직원을 인근에서 필요에 따라 확보가능하다. B : 약간 넓은 범위에서라면 확보가능하다. C : 곤란하긴 하지만, 어떻게든 확보가능하다. D : 확보가 어렵다.
(7) 경합시설의 유무	직접·간접의 경합시설이 가까이에 있는가? A : 간접적으로 경합할 시설이 조금 있는 정도로, 직접적으로 경합할 시설은 없다. B : 직접적으로 경합할 시설이 조금 있다. C : 장래 직접적으로 경합할 시설이 증가할 가능성이 있다. D : 격렬한 경합이 예상된다.
(8) 경합시설의 강도	내용의 충실도와 시설의 수준, 적절한 가격설정으로 경쟁력을 비교 A : 우위에 선다. B : 고객층은 다르나, 강한 경쟁력을 가진 곳이 있다. C : 같은 고객층을 같은 레벨의 경쟁력으로 나누어 가질 존재가 있다. D : 노력해도 미치지 못할만한 경쟁력을 가진 곳이 있다.
(9) 주변과의 조화	주변 주민과 자치회 등의 수용 자세는 어떤가? A : 주변은 계획시설의 완성을 환영하고 있다. B : 주변은 소극적이면서도 수용의 자세가 있다. C : 주변의 반대는 있으나, 특별대책으로 극복할 수 있다. D : 주변의 반대에 의해 계획이 무산될 위험이 있다.

|표 10-6| **입지평가 체크리스트**

작성일 년 월 일

대항목	중항목	소항목	개괄평가	특기사항
입주자의 시점	교통 접근성	가장 가까운 역까지		
		도심부까지		
		원거리 교통기관까지		
	주변의 환경	주거환경		
		일상생활		
		엔터테인먼트		
		의료에의 접근성		
		요양간호에의 접근성		
	토지의 상태	이미지		
		자연환경		
		특별한 매력		
대지조건	기본조건	대지면적		
		대지형상		
		건폐율·용적률		
		용도제한		
	부대조건	전기, 가스, 상·하수도		
		코스트 상승요인		
		안전성		
	권리관계	소유권		
		저당권		
계획시설 적합성	주변의 민간구매력지수			
	1차 상권의 규모			
	2차 상권의 규모			
	행정시책과의 적합			
	협력의료기관의 확보			
	직원의 확보			
	경합시설의 유무			
	경합시설의 강도			
	주변과의 조화			

종합평가

[범례] A : 우 B : 양 C : 가 D : 불가

|표 10-7| **입지평가 비교표 작성 및 평가예시**

<table>
<tr><th colspan="2">입주자의 관점</th><th colspan="2">후보지 A
(교외입지)</th><th colspan="2">후보지 B
(도심에서 가까운 주택지)</th></tr>
<tr><td rowspan="3">교통</td><td>가장 가까운 역까지</td><td>C</td><td>가장 가까운 역까지 도보 5분, 버스 15분</td><td>A</td><td>가장 가까운 역까지 도보 10분</td></tr>
<tr><td>중도심 까지</td><td>B</td><td>지선역에서 환승역까지 35분</td><td>A</td><td>도심터미널까지 15분</td></tr>
<tr><td>도심까지</td><td>C</td><td>도심터미널까지 70분
가까이에 고속도로 IC 계획있음</td><td>A</td><td>시내중심까지 30분</td></tr>
<tr><td rowspan="5">환경</td><td>주거환경</td><td>A</td><td>전망이 좋고 조용한 산수와 녹음이 풍부, 자동차가 있으면 편리하게 생활할 수 있다.</td><td>A</td><td>시민에게 친근한 대공원이 가깝고 한적한 중급주택지이다. 지하철의 소음도 거슬리지 않는다.</td></tr>
<tr><td>일상생활</td><td>C</td><td>장보기는 비교적 불편. 산책은 경사가 있어서 다소 제약이 있다.</td><td>A</td><td>가까이에 상점가가 있어 일용품과 전문점에서의 쇼핑을 즐길 수 있다.</td></tr>
<tr><td>오락</td><td>C</td><td>기분전환으로 외출한다고 하면, 전철로 도심터미널까지 나가야 한다. 자동차가 있으면 15분에 중견도시로 나갈 수 있다.</td><td>A</td><td>가까운 역 근처에서 상당히 만족할 수 있다. 도심으로도 간단히 갈 수 있다.</td></tr>
<tr><td>의료</td><td>B</td><td>의료기관은 있으나 공공교통기관으로 가기 어렵다. 송영버스가 필요.</td><td>A</td><td>클리닉, 종합병원, 구급의료기관도 갖추어져 있다.</td></tr>
<tr><td>요양간호</td><td>A</td><td>마을에는 특별양호노인주택 등 시설이 많다. 입주자에게는 내부에서 충실한 요양간호체제를 둔다.</td><td>A</td><td>공적 혹은 민간의 요양간호서비스가 충실하고, 내부에서의 정비와 외부 이용의 선택폭이 크다.</td></tr>
<tr><td rowspan="3">토지의 상태</td><td>이미지</td><td>B</td><td>산 중턱에 있어 시골 느낌이 난다.</td><td>A</td><td>주변은 공원이 가까운 고급주택지</td></tr>
<tr><td>자연환경</td><td>A</td><td>구릉지대로 녹음이 짙다.</td><td>B</td><td>나무가 많다. 도심에서 가까운 것에 비해 자연도 풍족</td></tr>
<tr><td>특별한 매력</td><td>C</td><td>특별히 없다.</td><td>A</td><td>도시의 번화함을 가까이에서 얻을 수 있다.</td></tr>
</table>

<table>
<tr><td rowspan="8">대지조건</td><td rowspan="3">기본조건</td><td>대지면적</td><td>A</td><td>15,125㎡ 충분한 면적</td><td>A</td><td>5,907㎡ 연면적</td></tr>
<tr><td>대지형상</td><td>A</td><td>산중턱이지만 평면은 넓다. 부지는 동서로 길고, 남향의 방을 만들기 용이하다.</td><td>B</td><td>평지, 남북으로 긴 장방형, 높이 제한이 있어서, 3동 정도로 나눠 지을 필요가 있고, 전망이 좋지 않은 동이 생긴다.</td></tr>
<tr><td>건폐율 · 용적률</td><td>C</td><td>40%
80% 제1종 저층주택전용지역</td><td>C</td><td>40% 규제로 444㎡를 지방자치단체에 제공
60% 제1종 고도지구</td></tr>
<tr><td rowspan="3">부대조건</td><td>전기, 가스, 상 · 하수도</td><td>A</td><td>정비되어 있다.</td><td>A</td><td>정비되어 있다.</td></tr>
<tr><td>코스트 상승요인</td><td>B</td><td>기존건물의 철거비용이 필요. 조성공사는 불필요</td><td>B</td><td>기존건물의 철거비용이 필요. 조성공사는 불필요</td></tr>
<tr><td>안전성</td><td>A</td><td>문제 없음</td><td>A</td><td>문제 없음</td></tr>
<tr><td rowspan="2">권리관계</td><td>소유권</td><td>A</td><td></td><td>A</td><td></td></tr>
<tr><td>저당권</td><td>A</td><td></td><td>A</td><td></td></tr>
<tr><td colspan="3">계획시설의 적합성</td><td></td><td></td><td></td><td></td></tr>
<tr><td colspan="3">주변의 민간구매력지수</td><td>C</td><td>86.4로 주변의 민간구매력은 낮다.</td><td>A</td><td>125.4로 주변의 민간구매력은 높다.</td></tr>
<tr><td colspan="3">1차 상권의 규모</td><td>B</td><td>인근의 인구는 적지만, 반경 15km 이내의 인구는 많다. 고령화율은 평균적</td><td>A</td><td>인근의 인구는 많다. 고령화율은 낮으나 장래적으로는 높아진다.</td></tr>
<tr><td colspan="3">2차 상권의 규모</td><td>B</td><td>입주자를 모집할 수 있는 매력을 만들 필요가 있다.</td><td>A</td><td>상권의 규모에는 문제없다. 어느 레벨의 층을 타깃으로 할 것인가?</td></tr>
<tr><td colspan="3">행정시책과의 적합</td><td>B</td><td>현재 부족한 데이서비스, 쇼트스테이 등의 서비스는 행정도 환영</td><td>B</td><td>행정시책과의 연계는 특별히 고려할 필요 없다.</td></tr>
<tr><td colspan="3">협력의료기관의 확보</td><td>B</td><td>자동차로 10분 거리에 민간병원이 있어 협력의 가능성이 있다.</td><td>A</td><td>다수의 후보병원이 있어 문제없다.</td></tr>
</table>

직원의 확보	B	수적으로는 문제없으나, 전문성 있는 직원이 확보 가능할지 의문시 된다.	A	문제없다고 생각된다.
경합시설의 유무	B	공적시설은 많으나 민간시설은 적다.	B	공·민 모두 경합시설은 많고, 장래에는 더욱 격전이 될 가능성 있다.
경합시설의 강도	B	현 상태로는 특색 있는 민간시설은 없다.	B	높은 소득층을 타깃으로 한 시설부터, 독신자 기숙사를 개조한 합리적인 가격대를 노린 것까지, 다양한 민간시설이 있다.
주변과의 조화	A	주변에 접하는 집이 없어서, 건설 시에 문제는 일어나지 않는다.	C	주변 맨션 건설을 둘러싸고 반대운동이 일어난 경과가 있어, 착수에 있어서는 신중한 사전교섭이 필요하다.

[종합평가]
- 양 후보지 모두, 고령자를 위한 주택에 부적합한 결정적인 요소는 없다.
- 입지 자체를 비교한 경우, 후보지 B가 후보지 A보다도 입주자를 모집하기 쉽고, 사업성이 높다. 그러나 토지가격의 차에 의하면, 종합적인 '가격에 대한 느낌'은 동등해질 가능성이 있다.
- 후보지 A를 활용하기 위해서는 접근성의 불편함을 얼마나 보충하는가, 의료기관과의 연계가 확실하게 이루어지는가, 직원을 안정적으로 확보할 수 있는가, 가격을 구매자층이 보았을 때 합리적이라고 할 수 있도록 설정가능한가 등이 결정요인이 된다.

6. 주거환경 고려요인

1) 안전성

노인주거환경의 경우 모든 주거 내 활동이 위험으로부터 보호되어야 한다. 특히 노인집단에서는 사고가 발생할 수 있는 위험이 높다. 노년기에 주로 발생하는 사고는 그 자체보다도 그 후에 발생하는 무릎이나 엉덩이뼈의 손상으로 이어질 수 있기 때문에 더욱 많은 주의가 요구된다.

안전사고를 방지하고 최소화하기 위해서는 입주자의 주거공간과 직원실을 연결하는 응급호출장치가 필수적이며, 각 입주자의 욕실이나 변기주위, 거실, 침실 등에도 이러한 응급호출장치 등이 설치되어야 한다. 또한 벽의 모서리 부분에는 충돌방지 안전장치를 설치해야 하며 감각기관의 둔화로 인해 벽·모서리를 인지하지 못하고 부딪치는 사고가 발생하기 때문에 벽의 모서리 부분을 영구적으로 둥글게 처리하는 것이 좋다. 복도나 경사로 양쪽에 안전손잡이를 설치하거나 미끄러짐을 방지하기 위해 미끄럼방지 바닥재료 등을 사용하는 것도 안전성을 확보하는 좋은 방법이다.

2) 접근성

노인 자신의 환경을 적절하게 조절할 수 있는 접근성의 고려와 기능적인 조작을 손쉽게 할 수 있어야 한다. 이러한 접근성이 실현되기 위해서는 무장애(barrier free)의 물리적 공간을 만들어야 한다. 무장애공간은 휠체어나 보행보조기를 사용하는 노인입주가가 정상노인처럼 일상생활을 하는 데 있어서 물리적 제한을 없애는 거주환경을 말한다. 이러한 무장애디자인은 외부공간을 포함하여 내부공간에도 반영되어야 할 세부적인 계획지침, 가구, 액세서리 등에 이르기까지 모든 사람이 접근가능해야 한다.

3) 향수성

주거는 그 속에서 거주하는 개개인의 존재를 확인하는 장소로서 거주자들의 존재확인의 터전이 되는 장소로 계획되어야 한다. 특히 노인주택의 경우 거주자들이 과거를 회상하며 살아온 인생 속에서 자아를 확인할 수 있도록 개인의 정체성을 표현하며, 향수를 느낄 수 있도록 설계하여야 한다. 따라서 지금까지 경험해온 집이라는 장소적 분위기를 일부공간에서라도 확인할 수 있게 하는 배려가 필요하다. 이는 개개인의 단위세대에 자신을 마음껏 표현할 수 있는 융통성을 마련해 주는 등 다양한 방법으로 디자인될 수 있다.

4) 인지능력

인지능력이 일반인보다 상대적으로 떨어지는 노인에게 있어서 길찾기 문제는 매우 중요한 사항이다. 특히 치매환자에게 있어 치유적인 환경인자로서 길찾기 디자인요소는 매우 중요하다.

효율적인 길찾기 인지 시스템을 구축하기 위해서는 디자인의 일체성과 색채, 크기, 위치선정 등의 제반문제들을 고려하고 계획하여야 할 것이다. 입주노인의 신체적 특성과 행대직 득성을 이해하고, 노인의 시각적인 인지범위와 능력은 젊은 사람과 다르다는 점을 이해해야 한다.

입주자의 방문 색깔이나 방번호의 크기, 층을 표시하는 숫자의 크기, 위치선정 같은 디자인 계획이 노인환자나 입주가가 길찾기를 하는 데 도움을 준다. 또한 복잡한 평면의 건물이나 순환시 회전하는 코너가 많은 건물에서는 혼란이 발생하므로, 단순하고 직선적인 건물구조로 계획하여야 한다. 주거시설 내에서 노인이 쉽게 읽을 수 있는 사인이나 안내표지판을 설치하고, 랜드마크적인 디자인 요소나 장식품을 설치하는 것이 좋다. 또한 각 층마다 특색있는 색깔이나 주제로 벽을 장식하는 것은 길을 찾는 데 도움이 된다.

5) 프라이버시

프라이버시는 자연스러운 인간의 행태로서 노인도 때로는 혼자있고 싶어하며 사람들로부터 떨어져 자신을 되돌아보는 기회를 가질 수 있고 자아감이나 자존감을 회복할 수 있는 중요한 기회를 개인적 공간을 통해 가질 수 있기 때문에 프라이버시 계획은 중요하다.

6) 다양성

노인주택 중 개인실은 사회 내 공간 중 가장 자기중심적이고, 자신의 생활방식에 따라 자유롭게 행동할 수 있는 유일한 장소라고 볼 수 있다. 이러한 주거의 본질을 고려할 때 하나의 단일화된 공동생활을 거주자가 수용하도록 하는 방법보다는 몇 가지 다양한 생활방식을 제시하여 선택할 수 있도록 계획하는 것이 바람직하다.

7) 사회성

사회성은 주거환경의 사회적 지원에 관계된 개념으로 노인들의 종교적인 활동과 사회활동, 노인교육프로그램 같은 사회활동을 지원하는 것을 의미한다. 노인일수록 사회적인 활동을 계속해서 해야 하며 가정에서도 일할 수 있는 기회를 제공해 주어야 한다. 또한 종교활동을 할 수 있는 종교실을 주거시설 내에 배치하거나 노인들 간의 사회활동이 이루어질 수 있는 커뮤니티 공간을 주거시설 곳곳에 배치하는 것 등은 이러한 사회적 지원을 높일 수 있는 방법 중의 하나이다.

7. 시장조사

1) 상권조사

시설의 건설을 예정하고 있는 지역의 인구 중 고령자 인구, 특히 75세 이상의 인구를 조사한다. 오랫동안 살아왔던 익숙한 자택을 떠나 노인주택으로 이주하는 이유는 일상적인 생활이 불편해지고 건강 면에서의 불안이 존재하기 때문이다.

부부가 입주하는 경우는 부부 중 한쪽에 이러한 불안이 닥쳐온 것이 원인이 되는 경우가 대부분이다. 이러한 상황은 대부분 75세 전후의 연령이 해당된다. 따라서 75세 이상 인구규모는 매우 중요한 요소가 된다.

한편 입주자 세대구성을 보면 단신자 또는 부부세대가 대부분이다. 어떤 입지에 시설을 건설하는가에 따라 지역이 수용할 수 있는 가격수준이 결정된다.

1차 상권은 반경 25km, 2차 상권은 원형이 아닌 도로와 철도에 따라 움직일 수 있는 범위로 30분~1시간 정도의 범위를 가리킨다. 입지에 따라서는 강이나 철도, 산 등으로 단절되어 상권이 끊겨버리는 경우도 있다.

|표 10-8| **시장수요조사**

- 구매자층의 파악
- 주된 상권의 상정 및 수요예측
- 적정가격대의 파악

2) 경쟁업체분석

건설하려는 컨셉과 유사한 구매자층을 대상으로 하는 경쟁시설이 인근에 있는지 조사해야 한다. 경합시설의 컨셉, 사업주체, 건물의 매력, 입지매력, 가격수준, 입주상황은 중요한 조사항목이다. 사업개시 후 시간이 경과된 경우에는 입주자층과 시설 내의 인간관계 등도 조사해야 한다.

인접하고 있는 경합시설이 경쟁력이 없다고 해서 수요가 없는 것은 아니므로 경합시설의 평가는 정확히 해야 한다. 또한 경합이 심하다고 해서 불리하기만 한 것은 아니다. 경합에 의해 서비스 질이 좋아지고 질이 높아진 것에 의해 인식이 좋아지는 상승효과도 기대할 수 있다. 동종시설이 상호 간에 질적 제고를 위해 노력하면 업계 전체시장의 확대에 도움이 된다. 반대로 경합이 없는 지역은 노인주택에 대한 인지도가 낮기 때문에 PR 등 노인주택에 대한 홍보가 필요하다.

3) 입주대상자 추정

사업기본계획의 전 단계로 기존 노인주택의 설치, 운영계획의 실태를 조사하고 분석한다. 즉 기존시설의 입지조건, 경영주체, 운영상의 특징, 입주자의 속성, 의료요양간호서비스, 식사서비스, 각종 대인서비스, 사업수지와 경영수지, 서비스 요금체계 등 비용측면의 계획, 직원구성, 시설의 건축계획 등을 검토한다.

그 다음엔 개설하려는 지역의 특정위치를 대상으로 어느 정도의 수요가 기대되는지를 추정한다. 노인의 생활실태, 수입상황, 노후생활의식, 연령, 직업, 주택소유 여부 등 노인주택 입주 여부를 결정하는 자료를 수립하고 이들이 요구하는 노인시설의 유형이나 수준의 정도를 분석한다. 이를 근거로 구체적인 시설운영계획을 수립하고 기본계획을 책정하며 그 계획의 타당성 여부를 시장분석을 통해 피드백한다.

4) 상권설정방법

상권은 비교적 좁게 설정해서 사업을 고려하는 게 좋다. 시작기에는 넓은 범위에서 입주자를 모을 수 있지만 유사한 시설이 늘어감에 따라 장래적으로 상권은 좁아지게 되기 때문이다.

|표 10-9| **설문조사 예시**

설문 항목		주된 내용
프로필	본인에 대하여	연령/성별/직업
	가족에 대하여	가족구성/별거하고 있는 자녀의 유무
	주택 형태에 대하여	주택의 형식/주택의 규모/주택의 방배치
향후의 주거 의향	현재의 주택에 대하여	거주계속 의향의 유무
	자녀와의 주거 형태에 대하여	동거/별거 의향
	요양간호기의 주거 형태	요양간호의 장소와 요양간호받는 방법
노인주택에 대하여	주거에 대하여	규모/방배치/설비
	서비스에 대하여	필요한 서비스/요양간호서비스를 받는 방법
	공용시설에 대하여	필요한 시설
	임대료 등에 대하여	가격/지불방법
	해당지구의 입지에 대하여	입지에 대한 평가
	거주의향에 대하여	거주 가능성과 그 이유

인구, 인구구성, 소비수준 등 계획지역 상황이 상당한 규모가 된다면 안심하

고 사업에 착수할 수 있고, 시장성이 낮은 입지에 무리하게 계획하면 장기적으로는 경영이 어렵게 될 가능성이 높아진다. 가능하다면 계획지역에서 입주자 모집에 역점을 두어야 한다. 지역주민들에게 우리동네 시설이라는 의식을 갖게 하는 것이 구전에 의한 효과적인 공실 재모집으로 연결된다.

5) 입주자모집

가. 입주의사결정

입주자를 모집하는 경우 입주에 관한 의사결정자에 초점을 맞추어야 한다. 자립상태의 노인의 경우는 의사결정자가 본인인 경우가 많다. 따라서 고령세대에 직접 광고전단을 돌려서 인지시키거나 노후생활방법이나 건강관련 심포지엄을 열고 입주자 모집 안내를 하는 것이 효과적이다.

한편 요양간호 상태의 입주자는 본인이 아닌 가족이 입주를 결정하는 경우가 대부분이다. 따라서 PR 대상을 입주대상자의 자녀와 배우자 등을 대상으로 폭넓게 접촉하는 것이 필요하다.

노인주택의 입주자를 분석해 보면 해당 노인주택의 입지와 전혀 인연이 없는 사람이 입주하는 경우는 거의 없다. 지연이나 자녀, 해당 노인주택의 친척 등을 중심으로 한 혈연관계가 대부분을 차지한다. 기존시설을 보면 입주 초기에는 상당히 넓은 범위에서 입주자가 모이지만, 연수가 지남에 따라 좁은 범위에서 입주자가 오게 되고, 지연과 혈연의 요소가 해마다 높아지게 되는 것으로 나타나 1차 상권을 보다 중요시하는 근거가 되고 있다.

나. 체험입주와 에스크로우

노인주택의 설치운영지도지침에서 입주자 모집시작은 건축 인·허가를 받은 시점으로 규정되어 있다. 사업자가 일단 착공한 뒤 입주자 모집이 순조롭지 못하다고 해서 건축공사를 중지할 수는 없다. 미국에서는 노인주택에도 에스크로우 제도가 활용되고 있다. 이는 착공 전에 입주자 모집을 시작하고 입주계약 후 지불하는 입주(예약)금을 제3자에게 보관시키고 일정한 정도의 입주희망자를 모집하면 그때까지 예탁된 입주금을 사업자에게 넘기는 것으로, 이러한 제도에 의해 사업자는 자신을 갖고 사업에 착수할 수 있게 되고 입주희망자도 사업의 중단에 따른 예탁한 입주금이 반환되지 않는 리스크를 피할 수 있게 된다.

사업개시 전의 입주자 모집을 위해 사업주체, 입지, 건물 이미지, 서비스 내용, 가격 등을 알기 쉽게 설명한 홍보물 등을 준비해 둔다. 사업의 안정성과 컨셉의 우수성을 서면에 옮기고 마케팅 담당자의 구두설명으로 어디까지 이해시키는가가 입주의사결정의 분수령이 된다.

체험입주는 입주하려는 시설에 대하여 일정액의 비용을 지불하고 사전에 정한 체험기간 동안(약 1주일 정도) 입주하여 직원들의 접객태도, 입주민들의 표정, 시설이용의 편리성, 식사 등의 서비스를 직접 확인하는 등 사전에 시설에 대한 입주의사결정을 위한 정확한 판단을 위해 입주하여 체험을 통해 시행착오를 줄이려는 의도가 있다.

사업개시 후는 시설 견학과 체험입주[2)]를 통해 입주가 결정되는 경우가 많다. 건물설비의 충실도뿐만 아니라 직원으로부터 받는 느낌, 입주자의 생활감각, 입주자 간의 인간관계, 직원과 입주자의 관계 등은 결정적인 요소가 된다.

다. 입주계약

구체적인 계약에 이르는 단계에서는 계약서의 견본을 보여주고, 중요사항설명서에 대해 설명하고 기록으로 남겨두는 것이 좋다. 입주신청서, 건강진단서, 기타 필요서류 제출이 있고, 사업자가 필요하다면 가정방문을 통한 실태조사를 하여 입주기준에 해당하는지를 확인하고 계약하게 된다. 실제 계약 시에는 계약당사자끼리 계약서 전문을 읽고 확인하는 것이 바람직하다. 가능하다면 신원보증인도 동석하여 계약 내용을 확인하여 향후에 발생할 수 있는 분쟁을 감소시켜야 한다.

---

2) 중요사항설명서, 재무제표, 입주계약서, 요양간호서비스일람표, 서비스요금표, 관리규정, 개호보험 이용계약서(특정시설의 경우)의 7가지를 받아 검토한 뒤 입주 여부를 결정한다.

Chapter 11 사업기본방침의 설정

노인주택개발컨셉과 운영매뉴얼의 골격이 정해진 단계에서 사업계획을 구체화한다.

1. 입주대상자 설정

입주자 설정을 구분하면 자립생활이 가능한 사람, 요양간호가 필요한 사람, 치매노인 등으로 구분할 수 있다. 건강한 노인의 경우는 자립생활이 가능하지만 식사준비, 세탁, 청소, 입욕준비, 쓰레기 처리 등 일상적인 생활에 불안감을 갖고 있는 고령자세대 및 신체장애자가 주된 수요자 층이 된다. 개호보험에서 요지원 또는 요양간호의 등급판정을 받은 고령자와 치매노인이 입주의 주요 대상이다.

노인주택은 건강한 사람을 대상으로 하는 유형, 요양간호노인을 대상으로 하는 유형, 치매노인을 대상으로 하는 유형에 따라 입주자 건강상태는 각각 달리 설정된다.

2. 입주율 설정

노인주택을 오픈하고 3개월, 시간이 걸리는 경우에도 6개월이면 만실이 되던 시기도 있었지만, 최근에는 오픈시점에 입주자가 '0'인 노인주택도 드물지 않다. 유료노인주택의 입주율은 오픈하고 1년차에는 30%, 2년차 50%, 3년차 70%, 4년차 90%, 5년차 만실이 되는 형태가 일반적이다. 즉, 2년에서 3년 걸려서 입주자 모집이 궤도에 오르고, 4년차 정도에 경영이 안정되는 경향이 나타나고 있다.

입주율 80%에서는 노인주택의 안정적인 경영이 기대되지만, 2~3년간은 운영상 적자를 감당해야 한다. 일정수준의 만실을 확보하게 되더라도 1년을 12개월이라는 기간으로 보면 몇 개월은 공실로 있는 개인실이 발생하게 되고, 입퇴실의 시점을 일치시키기 어렵고 순환을 위한 공실이 발생하게 되므로 경영이 안정되는 시점에도 최대입주율은 95% 정도로 설정한다.

3. 인원배치 계획

노인주택의 인원배치기준은 노인주택에 부가되어 있는 서비스의 내용에 따라 달라진다. 입주자 입장에서는 쾌적한 일상생활을 영위할 수 있는 서비스를 받을 수 있는가가 관심사이다. 사업자 입장에서는 개호보험에서 정한 인원배치기준(3 : 1)을 충족시키고, 노인주택사업의 운영에 지장이 없도록 적절히 배치하여야 한다.

4. 지출설정

1) 사업시작 전 지출

사업시작 전의 지출로는 운영사업자가 시행자에 대하여 자금을 조달하는 건설협력금과 사업시작에 따른 비용, 비품구입비를 들 수 있다. 운영사업자가 건물 전체를 임차하여 사업을 하는 경우의 초기투자는 건물건설에 수반되는 비용부담은 없지만, 건설협력금이나 보증금이라는 명목으로 시행자에 대한 자금조달이 발생한다.

자금조달은 운영사업자가 건물을 독점적으로 사용하는 권리를 획득하기 위한 비용으로 입주자로부터 징수하는 입주일시금으로 일부를 충당하는 게 일반적이다.

사업시작 제비용은 입주자 모집비 및 관련비(광고설정비, 영업경비)이다. 이 비용은 시설규모가 클수록 커지게 되므로 바닥면적에 대비하여 계산하고, 사업시작 전 인건비도 시설규모에 따라 편차가 커진다. 비품구입비는 가구류와 자동차 구입비이다. 가구는 공용부분에서 사용하는 것으로, 개인실의 경우는 테이블과 의자, 소파, 침대 등을 빌트인 방식으로 제공하는 유형과 입주자가 개별적으로 손에 익은 물품을 반입하는 유형으로 분류된다.

차량은 노인주택 입주자와 방문요양간호사업의 고객유치를 위해 승합차 등의 차량구입을 고려해야 한다. 비품구입비에는 사무용품 등의 복사기, OA기기의 렌탈료가 포함되며, 사업시작비용과 비품구입비는 감가상각비 대상으로 5년간 상각한다.

2) 사업시작 후 지출

인건비 설정에 있어서 급여는 상여 및 세금을 포함한 금액에 건강보험, 후생연금보험, 산재보험, 고용보험 등 법정복리후생비를 더한 금액이 총지급액이 된다. 임차료는 토지·건물소유자인 시행자와 운영사업자의 임대료 부담능력에 의해 정한다. 즉, 부동산 사업으로서 성립하기 위한 임차료와 운영사업자의 임대료 부담능력이 맞지 않으면 이 사업은 성립되지 못한다.

여기서 임대료 부담능력이란 건축자금의 일부를 시행자에게 건설협력금의 형식으로 자금조달하여 대여하는 것으로 건설협력금을 많이 조달하면 임차료는 저렴해지고 반대의 경우는 높게 설정된다.

5. 수입설정

입주자로부터 입주일시금 이외에 매월 징수하는 것은 관리비와 식비로 그 내역은 다음과 같다. 관리비는 직원의 인건비, 공용부분의 수도광열비, 냉난방비용, 보험료, 유지수선비, 비품, 소모품비, 건강관리비, 재산세 등을 1인당 비용으로 나누어서 청구하게 된다. 식비는 재료비, 식당관계의 수도광열비 등으로 실비가 청구된다. 이외에도 일상생활의 서비스비용, 요양간호서비스비용, 매점 등의 매출이 있다. 이러한 관리비 외에도 개인실 부분의 수도광열비, 전화료, TV시청료 등 개인사용료는 별도로 징수한다.

1) 입주일시금

입주일시금은 일정기간 동안 지불하는 임대료 상당액의 전부 또는 일부를 일시금으로 지불하는 비용으로 입주 후 매월의 임대료와 추가요양간호비용이 면제 또는 감액되기 때문에, 다양한 시스템을 가지고 운영되는 자금이다. 금액도 임대료의 몇 개월분이라고 설정하는 경우부터 수억 엔을 징수하는 경우도 있으며, 통상적으로 입주일시금은 초기투자된 자금의 상당부분을 회수하는 기능을 한다.

개인실 임대료는 주변 아파트의 임대료 수준과 개인실 면적을 고려하여 설정하는 것이 일반적이다. 향과 층에 따른 개인실의 특징을 반영하여 개인실 임대료를 설정한다.

2) 관리비

노인주택의 주된 수입은 입주일시금 상각액, 관리비, 개인실 임대료 등이다. 관리비는 공용시설의 사용료, 유지비, 긴급 시 대응, 공용부분의 수도광열비, 직원인건비, 소모품비 등이 포함되어 있다.

입주자가 지출하는 월부담액은 가능한 입주자가 수급하는 후생연금, 공제연금 등 공적연금지급액 범위 내에서 설정하는 것이 좋다. 노인주택에 지불하는 비용수준으로 공적연금수급액 수준으로 설정하면 입주자가 입주의사결정이 용이해지고 주변의 시설과도 경쟁력을 갖게 되기 때문이다.

3) 식비

식비는 엄밀히 말하면 수입항목에 들지 않는다. 식재료비와 조리 등 실비수준에서 설정되기 때문이다. 노인주택에 따라서는 식사를 희망하는 입주자만을 대상으로 식사를 제공하는 사례도 있지만, 이러한 경우는 식재료비와 인건비에 손실이 발생하기 쉬운 까닭에 상대적으로 높은 가격이 설정된다. 노인주택에 따라서는 식사서비스를 전문회사에 아웃소싱하는 경우도 있다.

4) 요양간호서비스

개호보험 사업자는 인원기준, 설비기준, 운영기준 등을 충족하여 지방자치단체로부터 개호보험 사업자 지정을 받아야 한다. 운영사업자의 요양간호 수가는 요양간호서비스를 제공하는 기관의 수입이 된다. 입주자에 대하여 케어플랜을 작성하고 그에 따른 서비스를 제공한다. 예를 들어 요양간호 인정을 받은 입주자가 요양간호서비스를 받게 되면 요양간호서비스 비용이 발생하게 되는

데 이 중 10%는 입주자가 부담하고 90%는 보험자로부터 요양간호 수가로 지불받도록 한다.

5) 공공요금 등

전기, 가스, 수도, 전화, 시청료 등 공공요금과 신문대금 등은 입주자가 직접 지불하는 비용으로 사용 정도에 따라 수익자 부담원칙에 의해 입주자가 부담한다.

Chapter 12 사업수지분석

유료노인주택의 주된 수입원은 입주일시금, 임대료, 요양간호비용, 식비, 관리비 등이다. 후생노동성의 유료노인주택의 설치운영 표준지도지침에 대해 지방자치단체는 지역상황에 따라 지도지침을 정하고 설치 전 및 사업시작 후의 가이드라인을 제시하고 있다. 이러한 지침은 이용료에 대해 입주일시금을 전제로 한 구성을 고쳐 이용료의 내역(임대료상당액, 요양간호비용, 식비, 관리비 등)마다 비용의 산출방법, 수령방법 등에 대해 설명하고 있다. 지불방법은 월부금방식, 일시금방식 또는 이들을 조합한 혼합방식 등 다양한 방법을 생각할 수 있지만, 임대료 상당액, 요양간호비용, 식비, 관리비 등은 각각 유료노인주택 설치운영 지도방침에서 정하고 있다.

사업수지분석을 통해 사업이 가능한지 여부를 추정해 볼 수 있다. 구매자층이 수용할 수 있는 가격수준을 고려해서 건물을 계획하고, 운영계획 등 주요계획을 일체화시켜 시뮬레이션을 통해 사업수지를 추정하게 된다. 즉, 수지분석을 통해 사업의 추진체계가 확립될 수 있도록 구매자층과 적정가격수준 등 노인주택의 기획내용을 수정해 나간다.

|표 12-1| **사업수지계획**

- 사업주체 : 사업방식의 가설정
- 총투자액의 가설정(사업시작준비비의 예측을 포함)
- 자금계획/운영코스트의 추정
- 임대료/공익비/서비스 비용의 가설정
- 입・퇴거 동태 예측

1. 사업수지의 특징

유료노인주택의 경영안정을 위한 가장 기본적인 요소는 수입이 감소되는 것을 방지하는 것이다. 유료노인주택 사업의 경영자·매니저로서 최종적인 능력의 지표는 경영성과이다.

장기적인 안정경영을 위해서는 경영전략과 수지계획을 세운다. 수입·매출이라는 관점에서 보면 노인주택사업의 경우 최고수입의 상한이 정해져 있다는 점이 특징이다. 음식업이나 판매업, 제조업의 경우는 전기대비 5%의 매출증가 등의 기업목표가 세워져 있는데, 요양간호서비스 사업에서도 방문요양간호사업 등은 사업소로서 전년대비·전월대비의 매출을 늘려 가는 것을 목표로 하는 업태이다.

그러나, 노인주택은 입주정원이 정해져 있기 때문에 매년 매출이 늘어가는 종류의 사업이 아니다. 노인주택의 경우는 입주정원과 1인당의 비용이 정해진 단계에서 하루하루의 매출, 즉 상한이 정해지는 것이다. 요양간호형 유료노인주택의 경우 요양간호도가 무거워지면 수입의 상한은 오르지만, 그것은 경영노력에 의한 것이 아니고 계속적인 것도 아니다. 수입의 대부분을 차지하는 요양간호 수가는 장기적으로는 조금씩 인하될 것이고 주변 요양간호서비스와의 경쟁도 있기 때문에 도중에 입주자의 부담액을 늘리는 것도 쉽지는 않다.

|표 12-2| **노인주택사업의 수입 · 지출의 특징**

수입의 특징	지출의 특징
• 수입의 최고액은 정해져 있어 그 금액 이상으로 수입이 증가하는 일은 없다. • 입원이나 입주자의 사망퇴거 등의 이유에 의해 수입이 오르내린다. • 수입은 매일 변동한다.	• 노동집약적인 사업이며 인건비 지출이 지출 항목의 대부분을 차지한다. • 인건비는 장기적으로 보면 지속적으로 상승해 가는 경향이 있다. • 인건비는 고정비로 수입이 하락해도 인건비 지출은 줄어들지 않는다.

수입의 특징은 입주자의 모집이 어려워 개인실이 채워지지 않는 경우 직접적인 수입감소가 되지만 기입주자의 입원이나 입주자 교체 등도 수입변동의 원인이 된다는 것이다.

지출의 특징은 고정비인 인건비가 그 대부분을 차지한다는 점이다. 노인주택사업은 입주자별로 개별대응하는 노동집약적인 사업의 대표격이라고도 말할 수 있다. 노인주택은 사람이 사람에게 행하는 케어가 중심상품이고, 질적인 서비스 수준을 유지하기 위해서는 양질의 직원확보가 대전제가 된다.

장기수지계획으로 보면 인건비는 고정비이기 때문에 매출에 연동하여 지출이 줄어들지 않는다. 제조업이나 판매업에서는 매출이 감소하면 지출의 대부분을 차지하는 상품원가의 재료와 매입을 줄이는 등의 조정이 가능하지만, 노인주택의 경우는 병원으로 이동하는 입원자가 증가하여 단기적으로 퇴실하여 수입이 줄어들어도 직원 수를 조정할 수는 없다. 입주자 수는 입·퇴원에 의해서 날마다 바뀌지만 직원은 최대 입주자 수에 대응할 수 있도록 확보해 두어야 한다. 이런 상황에서까지 최대효율을 구하려고 직원 수를 늘렸다 줄였다 한다면 개호보험제도나 계약으로 정한 직원 수를 확보하지 못하는 기간이 생기게 된다. 이것은 지도·감사의 가장 큰 포인트이고 직원의 의욕을 크게 저하시키는 원인이 되기도 한다.

노인주택 사업의 수입은 일정한 상한이 정해져 있는데 그 최대 지출항목인 인건비 지출은 지속적으로 증가하는 유형의 사업이다. 산업으로서는 니즈가 증대하고 성장하는 사업이지만 개개의 노인주택 수지는 성장하지 않는다. 최고의 수입액을 정점으로 하는 수입의 감소를 얼마나 통제할 수 있는가 하는 것이 경영의 주된 포인트라고 할 수 있다.

|표 3-12| 수지분석에서 고려할 조건

• 건축개요

건축개요
호수
전용개인실면적(㎡)
연면적(㎡)
부지면적(㎡)
전용률
용적률

• 자금계획

자금계획
거치기간
상환기간
단기차입금 이자율
장기차입금 이자율
잉여자금운용 이자율
법인세율
재산세율

• 입주율 변화

입주율 변화
사업시작 시점
1년 후 30%
2년 후 50%
3년 후 70%
4년째 이후 90%

• 초기투자액

초기투자액
건축공사
설비공사 1(갱신없음)
설비공사 2(갱신있음)
급수부담금
가구비품
사업시작 전 경비
합계

• 입주금 관계비

입주금 관계비
토지임대료
본사경비
사업시작 전후 홍보비용

• 입주자

입주자
남성비율(전체)
여성비율(전체)
2인 입주율

• 기타

기타
재산세/토지
재산세/건물
재산세/설비(갱신 無)
재산세/설비(갱신 有)
상각자산세
화재보험료
수선유지비
설비관리비용

→ 손익계산서 + 자금계획서

2. 수지분석

시설종류에 따라 달라지지만 수입 중 큰 비중을 차지하는 것은 개호보험수입과 입주자가 부담하는 임대료수입이다. 요양간호 수가는 시설유형, 입주자의 요양간호도, 시설의 소재지에 따라 상세하게 정해져 있어 1인 1일당 요양간호 수가를 알 수 있다.

연간 요양간호수입을 계산하려면 입주자 1인 1일당 요양간호수입×입주자의 연간 인원수×정원수의 산식으로 계산할 수 있다. 입주자 연간 인원수의 계산은 정원수×이용률×사업실시 일수로 이해할 수 있고, 각각의 상세한 숫자가 정해지면 요양간호 수가의 연간수입을 예상할 수 있다. 개호보험시설의 주거비와 식비는 자기부담이 원칙으로 수입항목으로서는 이용료 수입으로 정리되고, 입주자 1인 1일당 수입×입주자 연간 인원수로 계산하는 점은 개호보험수입에 준하여 예상하면 된다.

1) 시설규모 설정

고령자 시설규모는 일정수준의 규모가 되지 않으면 수지계획을 수립하기가 곤란하다. 요양간호 노인보건시설을 운영함에 있어 채산성과 효율성을 고려한 시설의 최소규모는 입소정원 100명을 기준으로 한다. 요양간호 노인보건시설은 의사배치가 의무화되어 있고 입소정원 100명당 의사 1명이 배치되는 점과 간호사 배치기준을 보더라도 적어도 1명 이상이 24시간 배치가능한 환경이 요구된다. 따라서 입소정원 100명이 하나의 준거가 된다.

시설규모가 결정되면 그 시설에서 어느 정도의 수입이 발생하고, 어느 정도의 비용이 소요되고, 세금을 지불하고도 어느 정도 차입금 상환자금이 확보가능한지 구체적으로 분석하여야 한다.

수지분석에 있어서는 가능한 범위 내에서 수입은 보수적으로 계상하고 비용을 여유있게 계상하여 요양간호 수가의 인하, 금리변동 등 사업환경 변화에 대처할 수 있도록 엄격한 조건의 수지로 차입금 상환가능 여부를 판단하고 예측하여야 한다.

시설규모도 개호보험 사업계획에 의해 지역마다 정원이 정해져 있고 시설을 정비하는 사업자의 사정에 따라 채산성있는 시설규모로 설정하지 못하는 경우도 있다. 그러한 경우 개호보험 사업계획의 규제를 벗어나는 재가복지서비스의 단기입소생활 요양간호사업소를 병설하는 것을 통해 시설 전체 규모를 키워 규모의 경제를 살리는 시설도 있다.

2) 가동률 예측

수지예측을 하는 단계에서는 가동률의 예측은 중요한 요소가 된다. 가동률의 목표를 작성하여 계획대로 달성해가는 것이 이상적이지만 계획만을 믿고 자금계획을 작성하게 되면 계획을 달성할 수 없어 운전자금 부족에 빠질 수도 있다.

시설의 채산성 제고를 위해서는 조기에 이상적인 가동률을 달성해야 하는데, 수지계획 입안 중에 시설주변의 수요를 파악하여 가동률을 높이는 영업전략을 세우고 가동률 목표를 설정하는 것이 중요하다. 즉, 주변시설의 가동상황, 가동률 변화 등을 참고한다. 자금계획을 세우는 측면에서 가동률은 달성할 수 있는 가동률을 설정하는데, 이는 시설운영책임자가 납득할 수 있는 수준이어야 한다.

3) 단가산정

수입항목의 단가산정은 서비스 종류별로 산출하는데, 평균적인 단가는 후생노동성과 지방자치단체가 공표한 서비스 종류별 평균 요양간호도를 기준으로 요양간호도 구성비를 추계하여 요양간호 수가의 단가를 적용한다.

4) 지출액 예측

인건비는 각 직종별 필요인원을 산정하고 채용예정자의 임금을 추계하여 산출한다. 직종별, 경험연령별 분포를 고려하여 연령구성을 감안하여 채용계획을 작성하는 것이 바람직하다.

시설서비스 중 입주자의 안전을 위해서 건물에는 여러 가지 법정점검이 의무화되어 있다. 소방설비, 엘리베이터설비 등이 여기에 해당하는데 건물구조에 따라서는 통상적인 비용의 2배 이상 소요되는 경우도 있다.

의료시설, 복지시설은 노동집약형 산업으로 비용 중 인건비가 차지하는 비율이 상당히 높다. 인건비는 고용예정종업원수×종업원 1인당 연간인건비로 추정할 수 있다. 어느 정도 직원배치와 급여체계가 결정되면 직종별·계급별 급여액, 상여금, 법정복리비를 계산한다. 재료비는 식사제공이 시설의 요건으로 되어 있는 경우 지출 중 급식재료비가 큰 비중을 차지한다. 또한 일정한 의료행위를 위한 의료재료비, 의약품비, 보건위생비 등도 사업비로 계상한다.

3. 필요자금 내역

노인주택을 개설하기 위해서는 사업계획, 정확한 수지예측, 필요한 자금에 대한 예산편성, 이를 집행할 수 있게 하는 정확하고 충분한 자금계획이 세워질 필요가 있다. 각각의 계획은 쌍방 간에 관련되어 있기 때문에 하나의 계획을 수정하면 반드시 관련되는 분야의 수정도 필요하게 된다. 시설의 개설에 필요한 자금에는 용지비, 건물건설관계비, 설비비품구입비, 개설 전 제경비, 개설 후 운전자금 등이 있다.

1) 총사업비

신규로 시설을 정비할 때의 총사업비는 시설정비 후의 운영과 수지계획에 큰 영향을 미치기 때문에 가능한 한 구체적인 자금계획을 세워야 한다. 시설정비에 소요되는 자금은 계획한 금액을 상회하여 추가자금을 새롭게 조달해야 하는 사태에 빠지지 않도록 할 필요가 있다. 시설을 정비하는 과정에서 여러 가지 부대비용이 발생하므로, 어느 정도 예측하여 구체적인 계산을 하여야 한다. 총사업비는 시설운영 수지에 크게 영향을 주게 되므로 수지계획에서 산정되는 부담한도액을 정해둔다.

2) 토지취득비

노인주택은 복수의 고령자가 거주하는 시설이다. 시설규모는 입주자 숫자에 따라 달라지지만 상당한 정도의 건축면적이 필요하고 대지면적도 그에 상응하는 만큼 필요하다. 대지는 자기소유인 것이 바람직하다. 사회복지법인이 사회복지시설을 개설하는 경우에 원칙적으로 시설에 공여되는 부동산은 기본재산으로 자기소유가 아니면 허가가 나지 않도록 되어 있다. 그러나 현재 소유하고 있는 토지에 시설을 세우는 것이 아닌 경우, 새롭게 토지를 취득하고 건물까지 세우게 되어 당초의 자금계획보다 커지게 되므로 부동산임차를 검토하는 것도 필요하다. 다만 이러한 경우에는 임대료 외에도 권리금, 보증금 등 임대차에 필요한 자금을 별도로 계상해야 한다.

토지취득비는 토지대금만으로 그치지 않는다. 대규모 조성공사가 필요한 토지, 배수 등 인프라정비가 되어 있지 않아 하수관 부설을 요하는 토지 등 건물을 건축하기 위한 대지로 사용할 수 있도록 하기 위한 부대경비가 생각보다 많이 소요될 수 있다. 따라서 토지를 구입하는 경우 지적과 형상이 어떻게 되어 있는지, 경계는 확정되어 있는지 등을 확인할 필요가 있다. 이는 건축허가신청 시에 필요한 것으로 지적측량 시에 비용이 발생하게 된다. 또한 건물을 건축할 때 어느 정도 강도의 기초공사가 가능한지를 파악하기 위해 지질조사를 하게 된다. 지반이 연약하거나 경사지인 경우에는 대지의 정비를 위한 자금이 필요하게 되고, 일반도로에서 자재반입이 곤란한 경우에는 별도의 공사용 도로를 확보하기 위한 비용이 발생하는 등 토지를 선택할 때에는 이러한 비용을 계산하고 최적이라고 생각되는 토지를 취득할 필요가 있다.

3) 건축관계비

설계감리는 시행자의 의도반영 등 설계도면 작성에 관한 설계부분과, 공사현장에서 건설업자와의 면담지시 및 공사진척에 관한 감리부분으로 나뉜다. 건축공사비는 토지취득자금과 함께 자금계획의 중심이 되는 것으로 면밀하게 계획을 짜나갈 필요가 있다. 건물연면적에 제곱미터당 건축단가를 곱하여 산출하는 것이 일반적이지만 구조, 건축자재, 사업지 등에 따라 크게 달라지므로 설계사 등 전문가와 상담하여 조정한다.

건축공사는 도급계약을 체결하고 착공을 시작하지만, 여러 가지 사정에 의해 건축공사를 변경하게 되고, 이러한 건축공사 변경은 대부분의 경우 건축공사비 증액으로 연결된다. 공사비 증액에 대비하여 공사비의 5% 정도를 예비비로 책정해 두는 것이 바람직하다.

건설공사를 하는 도중 기성(旣成)에 따라 공사비를 지불하게 된다. 자기자금이 풍부하다면 몰라도 통상은 자금이 필요할 때마다 차입하게 되는데 차입하면 이자가 발생하게 된다. 차입하는 경우에는 사업이 시작될 때까지 원금상환을 유예하는 거치기간을 두는 것이 대부분이다. 또한 공사기간이 상대적으로 길어지는 경우 등 거치기간이 경과해버리는 사태도 일어날 수 있기 때문에 언제 얼마의 상환이 도래하는지 충분히 파악할 필요가 있다.

4) 설비비품구입비

건축공사를 통해 만들어지는 것은 건물 본체만으로 시설을 운영해 나가기 위한 기계비품은 별도로 조달해야 하고, 개설되는 시설의 형태에 따라 조달되는 비품이 달라지지만 개략적인 것은 다음과 같다.

시설관리에 필요한 비품(사무소 등에 배치하는), 송영서비스를 할 필요가 있는 시설은 송영용의 자동차, 병원 및 요양간호 등을 담당하는 노인보건시설 등 의료행위와 리허빌리테이션을 하는 시설에 있어서는 의료설비 및 리허빌리테이션기기, 급식을 하는 시설은 주방기기 및 식기 등이다.

개인실의 비품으로 필요한 것은 침대, 수납가구 등이 있다. 입주자 스스로가 원하는 소유물을 갖고 오게 하는 것도 가능하고, 인생의 종착역이라는 성격이 강한 터미널케어를 하는 시설의 경우는 대부분이 소유자 자신의 물품 반입을 선호한다. 반대로 퇴거를 전제로 하는 시설의 경우는 매일의 관리와 퇴거된 후의 정리를 고려할 때 사업주가 비품을 갖추는 것이 관리하기 쉬울 수 있다.

개설 초기에는 자금이 부족하기 쉬운 까닭에 리스를 활용할 수 있다. 리스를 활용하면 초기설비투자비용이 줄기 때문에 자금계획 면에서는 수월해지지만 리스계약은 기간 만기시까지 해약할 수 없어 개설 후에는 비용 면에서 오히려 무거운 부담이 되므로 잘 판단하여야 한다. 경영이 악화된 시설 중에는 리스를 과다이용한 결과 자금수지에 곤란을 겪는 곳이 나타나고 있어 편리할수록 현명한 활용이 요구된다.

5) 부담금

건물을 건축할 때 지방자치단체로부터 각종 부담금을 요구받게 된다. 급수를 위한 수도공사에 수반되는 부담금, 배수를 위한 하수도 이용에 수반되는 부담금, 고층건물 건축에 수반되는 소방시설 등의 부담금이 있다.

6) 개설 전 비용

토지를 취득하거나 건물이 세워지면 취득세, 등록세 등 부동산 취득에 관한 세금이 소요된다. 사전에 소관청의 증명을 득하면 특별양호노인주택 등 복지사업을 위한 건물, 토지 등은 등록세, 취득세를 포함한 감면조치가 있다. 사회복지법인의 경우는 비과세되고, 복지사업에 사용되는 토지건물에는 재산세도

면제되는 것이 일반적이다. 그러나 민간기업이나 개인이 취득한 토지, 건물은 면제되지 않으므로 사전에 자금계획에 포함시켜야 한다. 또한 세금은 아니지만 건물취득과 동시에 필요한 비용으로 화재보험료 등이 있다.

시설에서 필요한 인재는 개설 전에 확보하고 사전에 교육 및 연수를 실시하여야 하고, 홍보물을 만들거나 유니폼을 갖추는 등 개설 전에 필요한 소모품과 기타 필요비용을 충분히 확보해둔다.

7) 개설 후 운전자금

시설을 개설한다고 해서 자동적으로 만족할만한 수준으로 입주자가 모이는 것은 아니다. 물론 건축공사기간부터 홍보활동을 적극적으로 하여 가능한 한 빠른 단계에서 입주자를 확보하는 것이 바람직하지만, 개설 후 1년에서 3년 정도까지는 입주자 수가 목표치에 미치지 못한다는 전제하에 자금계획을 수립해야 한다.

주의해야 하는 것은 시설에서 수익보다는 비용이 먼저 발생한다는 점이다. 시설을 개설하기 위한 준비를 시작하게 되면 준비하는 동안의 비용이 소요되고, 시설직원을 운영시작 1달 전에 고용하면 1개월분의 급여가 발생한다. 주된 수입인 개호보험수입은 서비스 제공 후 1개월분을 한꺼번에 청구하고 심사를 거쳐서 나중에 지불된다는 점에서 그동안 발생하는 비용을 지불하기 위한 운전자금이 필요하게 된다. 요양간호 수가의 경우 당월 청구분이 2달 뒤에 지급되는 경우가 일반적이므로, 지방자치단체에 따라서는 3개월분 이상의 운전자금을 준비하도록 안내하고 있다.

예를 들어, 3월에 사업을 시작하면 3월분 요양간호 수가를 집계해서 4월 10일까지 건강보험공단에 청구하고, 청구내용에 하자가 없는 경우에 5월 말에 요양간호 수가가 지급된다. 따라서 대기기간인 3개월간은 수입이 없게 되므로 시설운영을 시작한 몇 개월간은 입주자 가동률도 오르지 않고 비용이 수입을 상회하게 되므로 부족한 자금을 사전에 준비해 두어야 한다.

4. 자금조달계획

자금수지표는 1개월 단위로 작성하고 매일의 현금입출금표를 작성하여 관리하고, 자금부족이 예상될 때에는 차입금을 발생시켜 결제 잔액은 언제나 흑자가 되도록 관리하여야 한다.

자금조달계획 작성과정에서 중요한 것은 한번 작성한 자금계획의 적절한 수정작업은 반복된다는 것이다. 수입계획은 시설 등 개설준비단계에서 입주자 신청상황을 집계하고, 가동률을 예측하고, 설정한 단가추정치를 수정한다. 지출은 직원 채용과정에서 예정하고 있는 인건비 범위 내에서 인건비 지출액이 지출가능한지 여부를 채용통지 발송 전에 확인하여 수정한다.

1) 자기자금

예・적금은 수중의 현금 및 사업자명의의 예금이다. 사업시작 전에는 해당 사업에 투입가능한 예・적금이 어느 정도 있는지를 정확히 파악해야 한다. 또한 유휴부동산과 기타자산을 매각해서 자기자금에 충당하는 계획을 세우는 경우에는 실제로 매각해서 현금화한 뒤에 자기자금으로 계상하는 것이 바람직하다.

노인주택의 경우 입주예정자가 사전에 확정되어 있는 경우에는 사전계약에 의해 입주예정자로부터 사전에 입주일시금을 받을 수 있다. 그러나 입주일시금은 입주자가 퇴소하는 경우, 기간에 따라 상환해야 하는 예치금이기에 건축공사비 등으로 지불해 버리는 것은 바람직하지 않다. 그러나 실제의 운영에 있어서 입주일시금은 대차대조표와 손익계산서상에 계상할 뿐 초기차입금을 상환하고 대체하는 데 충당하고 있다.

2) 차입금

설비투자자금을 차입하는 경우에는 은행 등 시중금융기관에서 차입하는게 일반적이다. 그러나 사회복지법인의 경우 기본재산은 법인존립의 기초가 되는 것으로 엄중한 관리가 요구되어 정관에 기준을 명기하여야 하며, 기본재산을 처분하거나 담보제공하는 것은 이사 정원의 2/3 이상의 동의를 얻어야 하고 소관청의 승인을 받은 뒤에 가능하다. 이처럼 사회복지법인은 기본재산을 담보로 제공하는 것이 매우 곤란하도록 하여 시중금융기관의 차입은 크게 제한되어 있다.

2005년에 사회복지법인이 민간금융기관에서 자금조달이 가능하도록 복지의료기구와 민간금융기관이 연계해서 융자를 하는 협조융자제도를 도입하였다. 이 제도는 자금계획상 자기자금이 부족한 경우 협약을 체결한 금융기관에서 사회복지법인의 기본재산을 담보로 제공하는 데 있어서 소관청의 승인을 필요없게 한 것이다.

3) 의료펀드

의료펀드는 부동산을 유동화하는 구조로, 의료기관의 토지와 건물을 소유하는 특별목적회사(SPC)가 설립되고, 의료기관은 SPC로부터 토지와 건물을 임차한 뒤 임대료를 지불하고, SPC에 대해서는 투자자 등이 출자하고 배당을 받게 된다.

이러한 의료펀드는 의료기관 입장에서 볼 때 자금조달의 다양화, 용이성, 자기자본의 향상, 부동산 관리로부터 해방 등의 장점이 있다. 금융기관 입장에서도 새로운 자금운용처로서 의욕적으로 접근하고 있다.

의료펀드는 의료기관에 있어서 자금조달의 다양화라는 측면에서 환영할만하고 의료에 대한 관심이 높아지는 등 긍정적인 요소가 있지만 다음과 같이 유의해야 할 점도 있다.

첫째, 의료제도의 이념인 의료의 비영리성, 공공성이 확보가능한지에 대한 의문이다. 의료제도는 비영리성과 공공성이 기본으로, 의료법인은 잉여금의 배당을 할 수 없고 이러한 원칙은 안심할 수 있는 수준 높은 의료서비스의 실현으로 연결되고 있다. 그러나 펀드의 본질은 투자자 입장에서 볼 때 이익의 극대화로 이처럼 대립하는 가치를 조정해야 할 필요가 있다.

둘째, 공공재적 사회자본으로서 의료의 바람직한 경영과 의사의 주체성 확보 문제이다. 의료는 지역사회에 없어서는 안될 생활기반이고 사회안전망이며, 이를 경영하는 역할을 담당하는 자는 의료에 대한 전문적인 식견이 요구된다. 의료의 재무관련 내용까지 펀드의 영향하에 놓이게 되어 본래 전문가인 의사가 담당해야 할 의료의 주체성이 훼손되지 않도록 하여야 한다.

셋째, 고수익과 효율성을 중시하는 자금운용의 사고방식이 의료제도에 끼치는 영향이다. 공적의료보험범위의 축소, 혼합진료확대 등 미국형 민간보험으로 개혁하는 것에 대한 논의가 있었는데, 수익극대화를 추구하는 의료펀드의 입장이 반영되어 의료제도가 개정되면 의료는 기초부터 흔들리게 될 수 있다.

넷째, 의료제도의 좋은 점을 지키고 지속가능성을 높이면서 바람직한 자금조달방법을 모색해야 한다. 오늘날의 의료는 펀드가 추구하는 성장산업에 해당하지는 않지만, 공적보험제도하에서 경기변동에 좌우되지 않고 필요한 의료를 적절히 제공하는 안정적인 투자대상으로 대두되고 있다.

4) 입주자 부담금

관리비, 식비 등 입주자 부담금은 직접 입주자에게 청구하는 것으로 요양간호 수가를 1개월 단위로 산정하므로 입주자 부담금의 산출도 요양간호 수가의 집계시기와 같게 된다. 청구일에서 회수일까지를 감안하면 다음 달 입금이 되므로 1개월간은 수입이 없게 되고 자동 인출되는 서비스를 이용하게 되면 날짜가 더 소요되어 결국 요양간호 수가처럼 2개월 정도는 수입이 없게 되므로 자금조달계획에서 고려될 필요가 있다.

Chapter 13 운영계획

노인주택은 고령사회를 배경으로 태동한 복지주택의 공급시스템이다. 고령자를 중심으로 복지에 대한 대량적이고도 다양한 니즈에 대응하는 시장 메커니즘이 도입된 것으로 시설의 설치운영에는 민간의 창의력과 시장원리 도입을 통한 공급시스템을 만들어야 한다.

유료노인주택은 입주자가 죽을 때까지 거주하는 것을 전제로 하고 있다. 입주율이 90% 전후로 안정되면 입・퇴거 동향은 거의 없게 되고, 입주자의 퇴거는 사망에 의한 퇴거가 대부분이다.

입주 시에는 건강한 노인이라도 시간이 경과하게 되면 와병생활이나 치매가 되는 등 일상생활에 지장을 초래하게 되고, 정상적인 생활을 영위하기 위해 요구되는 서비스가 다양해지므로 이에 대응하는 직원체제의 계획과 서비스내용을 충실히 할 필요가 있다.

운영수지 면에서 보면 인건비와 식비 등은 변동요소가 크고 고정비가 차지하는 비율도 높다. 입주자인 노인의 소득 등 수입구조를 고려할 때 이용료를 올리는 것은 곤란하다. 시간이 경과하면 사망으로 인한 입주자의 회전으로 입주일시금이 수지향상에 기여할 것으로 기대되지만 평균수명[1)]이 늘어가는 상황을 보면 입주자 회전은 경직될 것으로 보인다.

---

1) 평균수명은 0세의 평균여명으로 사람이 태어나 사망하기 전까지의 살아가는 기간을 평균하여 통계화한 것을 말한다. 일본의 2008년 간이생명표에 의하면 남성 79.29세, 여성 86.05세이고, 우리나라는 남성 75.7세, 여성 82.4세로 나타났으며, 이는 보건복지수준을 종합적으로 나타내는 지표로서 넓게 활용되고 있다. 평균여명이란 기준이 되는 해의 사망 상황이 향후 변화하지 않는다고 가정했을 때에, 각 연령의 사람이 평균적으로 보아 향후 몇 년 살 수 있을까 라고 하는 기대치를 나타낸 것을 말한다.

1. 운영매뉴얼 작성

토지소유자가 시행자가 되어 건설한 건물을 운영업자가 전체를 임대하여 운영하는 것으로 가정하고, 운영사업자는 요양간호서비스 사업을 하는 주식회사인 경우의 운영매뉴얼의 기본적 항목을 검토한다.

운영매뉴얼은 개발컨셉에 따라 가능한 상세한 부분까지 구체적으로 알기 쉽게 문장으로 기술하고, 추상적인 기술은 피하고, 예시를 중심으로 설명하는 편이 좋다.

처음에는 기본이념과 입주자서비스의 기본방침 등의 항목 정도로 기술해 두면 되고, 실전에 들어서는 단계에는 각론이 만들어져야 한다. 사업시작 6개월 전에 채용한 노인주택의 운영책임자와 운영현장에서 중심이 되는 직원의 교육연수를 겸해 작성해 두는 편이 효과적이다.

|표 13-1| 운영의 기본매뉴얼

• 총무 인사노무관리 경리/사무관리 설비관리 위탁사무관리 입주고객관리	• 서비스 추진 마케팅 시설이미지 유지향상 서비스 품질관리 사업운영 지역과의 교류
• 생활서비스 프론트서비스 가사서비스 식사서비스 차량운행서비스	• 방재/긴급대응 방재피난계획과 훈련요령 방재피난설비의 취급요령 긴급요청과 응답의 대응과 구조훈련 구급처치법과 훈련 진료소와의 연계
• 케어서비스 케어센터의 운영관리매뉴얼 (조직, 근무기준, 요양간호수준 판정기준, 요양간호기록 작성요령 등) 케어서비스의 각 작업매뉴얼 (입욕/식사/배변/이동/투약요양간호 등) 긴급대응(구급처치법과 훈련, 긴급요청의 대응 등)	

현장책임자와 일반직원은 매뉴얼 작성에 참가하는 것에 의해 사업에 대한 공동체 의식이 배양되고, 작업을 통해 얻게 된 지식과 기능이 축적되고 전달되어 신입직원에게까지 침투하게 된다. 이러한 매뉴얼 작성 단계에서는 사업계획의 골격을 포함해서 현장에서 발생하는 내용을 피드백하여 수정하는 것도 필요하다.

2. 운영매뉴얼의 기본적 항목

기본적 사항에는 사업주체, 기본이념, 사업내용, 가격체계 등이 기술되고, 운영관리의 기술내용으로는 조직과 인원체계, 채용과 연수, 업무관리, 제반규정, 지역과 유관단체와의 조화 등이 기술된다.

입주자서비스에 대한 기술내용으로는 입주자서비스의 기본방침, 입·퇴거 절차, 입주자에 관한 기록, 가족과의 커뮤니케이션, 자립지원서비스, 요양간호서비스지원, 간호서비스지원, 외부활동지원 등이 상세하게 기술되어야 한다.

마케팅에 대한 기술내용으로는 마케팅의 기본방침, 계약서, 중요사항설명서 등 기본서류, PR방법 등에 대한 구체적인 활동계획 등이 기술되어야 한다.

건물설비에 관한 사항으로는 건물의 구조, 설비의 상세내역, 가구비품 현황, 주요 설비에 관한 취급요령, 유지관리, 보안방법 등의 사양과 사용방법 등에 대한 내용이 기술되어야 한다.

회계와 컴퓨터시스템에 대한 기술내용으로는 노인주택의 중·장기사업계획, 예산관리, 회계처리기준, 입주자관리시스템, 청구데이터시스템, 인사관리시스템 등에 대한 내용이 기술되어야 한다.

|표 13-2| **서비스 예시**

<table>
<tr><td colspan="2" rowspan="4">기초서비스</td><td>프론트서비스</td></tr>
<tr><td>긴급 시 대응</td></tr>
<tr><td>건강관리서비스</td></tr>
<tr><td>생활상담 등</td></tr>
<tr><td rowspan="4">선택서비스</td><td rowspan="2">생활지원서비스</td><td>식사서비스</td></tr>
<tr><td>가사원조서비스</td></tr>
<tr><td>재가복지요양간호서비스</td><td>요양간호원조서비스</td></tr>
<tr><td colspan="2">시설요양간호서비스</td></tr>
<tr><td colspan="3">개호보험에 의한 서비스와 개호보험 외의 특별지원서비스</td></tr>
</table>

3. 시설계획

노인주택에 한정하지 않더라도 건물을 건축하는 데 있어서 어떠한 시설내용과 건물로 할 것인지, 필요에 따라서는 외부 전문가를 초청하여 설계조건을 정하여 설계자를 선정하고 기본설계, 실시설계, 공사발주, 공사시공, 준공검사, 사용시작을 하게 된다.

|표 13-3| **시설계획**

- 시설기본구상
- 부지이용계획
- 기획설계
- 개략설계(평면도/조감도 등)
- 건축비용의 산정

1) 부지선정

토지를 취득함에 있어서 도시계획상 정해져 있는 제한이 있으므로 노인주택시설에 적합한 건축물은 해당지역의 개발계획과 관련 법률규정에 적합해야 한다. 건물의 높이, 바닥면적, 연면적 등 어느 정도의 건축물이 가능한지 여부를 사전에 확인해야만 한다. 토지의 형상, 방위, 고저, 법적인 제한, 매장문화재, 토양오염 등 토지의 이력 등을 조사해야 한다.

2) 건축비용조절

시설의 건설에는 초기투자인 건설비뿐만 아니라 유지관리도 포함한 라이프사이클 코스트(Life Cycle Cost, 건물의 생애에 소요되는 비용)를 고려해야 한다. 예를 들면 건설비용을 절감한 대체지출계정으로 일부는 감가상각되는 건물을 위해 재투자하여 건물의 에너지절약을 위한 설비비용으로 돌리는 것도 가능하다.

건물의 수명은 물리적으로 100년 이상 유지 가능하지만 공조시설, 급・배수관 등은 15~20년이 수명이다. 따라서 건물 전체를 오랫동안 효율적으로 유지・관리하기 위해서는 필요시에 공조시설 및 급・배수관 등 필요한 기능을 유지・관리・갱신해 나가야 한다. 이를 위해서는 보수하기 쉽고 교환하기 쉽도록 설비작업공간, 기계배치의 동선 등을 고려해야 한다.

건축비용을 구성하는 요소는 크게 나누어서 기초, 기둥, 바닥, 외벽, 장, 지붕, 내장, 설비(전기, 공조, 위생, IT) 등으로 분류한다. 지하공사비는 일반적으로 지상부분의 1.5배라고 알려져 있으므로, 요철부분이 없고 지하가 없는 것이 비용절감으로 연결되므로, 통풍 등 환경을 중요시하는 개인실이 많은 시설에서는 실질적인 기능성을 확보하는 데 노력해야 한다.

지구온난화와 관련된 것으로 건축분야에서 배출하는 이산화탄소는 전체의 34% 정도 배출되고 있는데 그 내용은 가정용 및 업무용 시설운용, 건설공사, 건설에 소요되는 운송, 건설자재생산 등이라고 한다. 따라서 건물을 운영하는 데 있어 에너지 절약과 낭비를 줄이는 것은 지구환경보호라는 측면에서도 중요하다.

에너지에는 석유, 가스 등 재생이 되지 않는 화석에너지와 비화석에너지, 원자력에너지가 있다. 건물에 있어서 검토해야 할 에너지 절약으로는 자연에너지에 대한 활용방안 모색이다. 노인주택에 도입가능한 기본적인 아이디어로는 자원환경을 이용하는 방식 중 지열, 지하수 이용 · 채집방식이 있다.

COOL TUBE SYSTEM은 변동이 적은 지중온도(지하 3M에서만 13~25℃)를 이용해서 지중에 파이프를 연결시킨 뒤 외부공기를 지중으로 통과시켜 여름에는 주위온도보다 차가운 공기를, 겨울에는 주위온도보다 뜨거워진 공기를 끌어들이는 방법으로 지열 Heat pump, 지하수 Heat pump 등이 있다. 지하수를 퍼올려 열펌프(Heat pump)의 열원으로 이용하지만 공냉식에 비하여 약 30%의 효율이 높다고 알려져 있다. 비용 대비 효용을 고려하여 검토해 보는 것도 의미가 있다.

3) 기본설계

설계에 들어가기 전에 설계자를 선택해야 한다. 최근에는 제안(proposal)방식으로 설계자의 자질을 평가하여 선택하는 방법이 있다.

기본설계는 건물의 용도에 따라 사용방법, 비용, 설비 등을 포함한 사고방식을 정하고 관계자의 합의를 얻는 것으로 설계 프로세스에서 가장 중요한 단계이다.

이 단계를 거쳐 건물에 대한 이념과 생각을 형태로 하여 시공자에게 전달하는 수단이 실시설계이다. 설계단계에서 설계자는 누구라도 알기 쉬운 수단을 사용하여 사업자가 이해할 수 있도록 해야 한다. 2차원적인 표현으로 도면, 3차원적인 입체 표현된 투시도, 또는 손잡이와 스위치 등 재료샘플 등은 가능한 한 현물로 확인하여야 한다.

|표 13-4| **고령자용주택의 설계와 건축기획의 내용**

설계 기획	• 필요공간 구성 • 개인실 규모 • 개인실 기능	• 서비스계획 • 동선계획 • 관리운영계획	• 사업수지 • 인원계획 • 시설계획
건축 기획	• 배치계획 • 설비계획 • 단면계획	• 세대계획 • 법적 조건 정리 • 외부계획	• 주차장계획 • 각층의 검토

노인주택의 설계에서 요구되는 요소는 다음과 같다.

첫째, 시설의 설계에 있어서 직원들의 동선이 효율적인지를 확인해야 한다. 직원의 업무상 동선을 짧게 하는 것은 직접 업무이동시간을 없애는 것으로 효과적인 인원배치를 하기 위해서도 중요하다.

둘째, 시설투자에 대한 비용회수의 균형을 찾아야 한다. 연금수입을 중심으로 하는 고령자를 대상으로 하는 사업인 만큼 막대한 시설 투자비를 짧은 기간 동안 회수하기는 어렵다. 따라서 일반적인 건축물과 달리 입주자와 경영자 쌍방의 부담과 투자에 관한 면밀한 검토가 요구된다.

셋째, 입주자 니즈에 부합하는 질적 수준이 유지되는가이다. 입주자만족은 노인복지에도 동일하여 낮은 비용으로 높은 질적 만족을 주어야 한다. 덧붙이면 고령자를 위한 복지시설은 단순히 건물을 세우는 것뿐만 아니라 고령자가 그곳에 거주하는 것을 목적으로 한다는 점에 유념하여야 한다.

즉, 고령자는 상대적으로 신체적 노화가 빠르게 진행되므로 언젠가는 요양간호 상태가 된다. 그리고 마지막은 사망에 이르는 것이 일반적인 과정이다. 다시 말하면 노인주택으로 주거가 교체된 후에는 건강한 노후생활을 가능하게 하는 사양으로 설계되어야 하고, 요양간호서비스의 제공이 자연스러운 동선(動線)이 되어야 하며, 인생을 최후까지 함께하는 생활패턴이 제공되는 건물설계가 요구된다.

노인주택에는 공용시설이 부대시설로 제공되는데 기본설계 시 공간배치와 건축기획에 있어서 공용공간을 건축물의 내부공간에 설치하는 것이 일반적이다. 그러나 노인주택의 규모와 부대시설의 필요, 입주일시금의 규모, 입주자의 건강 정도 등에 따라서 공용공간을 건축물의 외부공간에 설치하거나 외부의 시설과 연계하는 것도 고려할 수 있다.

그림 13-1 공용부분 외부화 가능성

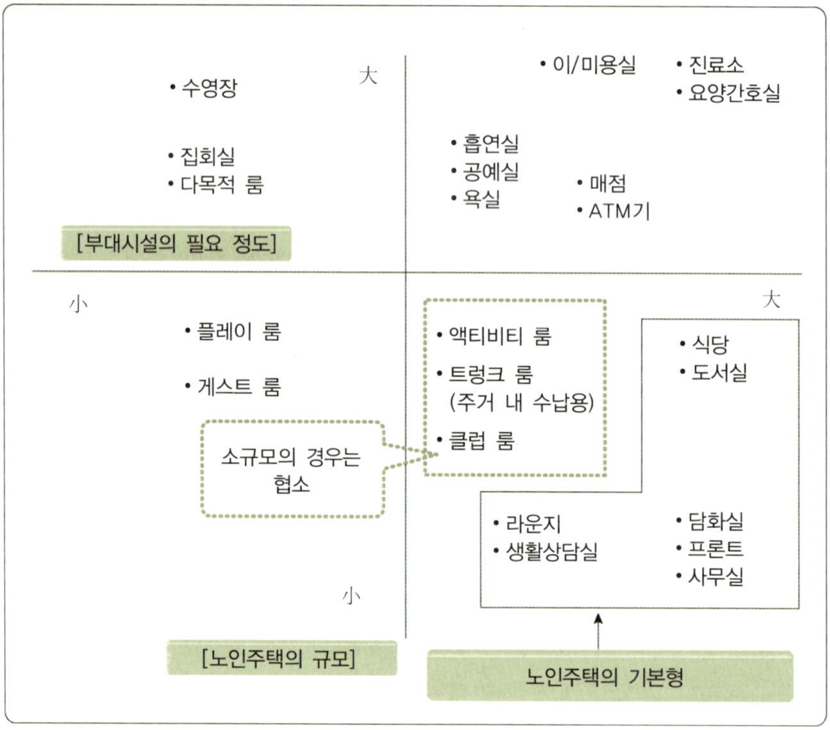

4) 발주

시설경영에 있어서 건물계획은 공사비, 유지관리비에 소요되는 중요한 요소이다. 설계, 시공도 많은 연구와 노력이 소요되지만 발주도 적기에 적정하게 컨트롤되어야 한다. 사업계획에 근거하여 소요되는 비용을 정확히 파악하고 설계단계에서 비용을 조절하고 체크하여 진행하는 것이 중요하다.

5) 시공

시공단계에서는 무엇보다도 품질확보를 위해 시공자가 시공내용을 추후에도 알 수 있도록 기록하고 보존하는 것이 필요하다. 이를 위해 시공자와는 별도의 입장에서 관여하는 감리자가 필요하다.

감리자는 자재, 시공내용 등 나중에도 알 수 있도록 날짜, 공사내용을 비롯하여 책임자 이름, 얼굴 사진 등도 기록으로 보존한다. 이는 나중에 문제가 발생한 경우 원인과 대책의 규명, 책임소재 등을 명확히 하는 데 도움이 되고 시공자로서도 신뢰감을 지닌 정확한 자세를 나타낼 수 있어 신용에도 연결된다.

6) 유니버설디자인

유니버설디자인(universal design)은 전 생애에 걸쳐 모든 사람들, 즉 젊은이와 노인, 정상인과 장애자의 수용을 고려하는 접근방식으로 노인, 장애인을 위한 환경과 관련하여 자주 언급되고 있다. 유니버설디자인은 제품, 건물, 환경 등을 디자인할 때 노인과 장애자, 어린이를 포함한 다양한 사람들의 욕구와 활동을 충족시킬 수 있도록 해야 한다는 인식에서 출발하고 있다.

모든 사람이 이용할 수 있도록 고안된 디자인으로 교통기관, 건물, 식기 등의 일용품에 활용되어 Normalization[2] 사회에 있어서 요구되는 디자인 사상이다.

---

2) 노멀라이제이션이라는 말은 우리나라 말로 의미를 바꾸면 일상화, 보편화, 정상화, 상태화 등으로 번역되는데 일반적으로 노멀라이제이션으로 표현하는 경우가 많다. 이 말은 원래 장애자복지 서비스에 대한 대등생활의 원칙에 따른 정책을 나타내는 말로서 스웨덴이나 덴마크에서 사용되어 왔다. 현재는 노인복지 서비스도 포함한 복지정책의 새로운 사고방식으로서 보다 넓게 사용되어지고 있다. 노멀라이제이션의 개념을 최초로 사용한 것은 덴마크의 정신장애자협회회장인 뱅크 밋켈센이며, 이어서 스웨덴의 정신장애자협회 사무국장 벤트 니르제 등에 의하여 체계화되어, 그것이 1967년에는 스웨덴에서 장애자복지정책에 도입되게 되었다. 나아가 1977년에는 사회복지심의회의 사회서비스와 보통적 사회보장급부의 속에서 노인복지서비스를 포함한 복지정책의 일반적 원리로서 공인되고, 그 후 사회서비스입법에 구체화되게 되었다. 그러나 이 용어의 유래와는 상관없이 실천 면에서는 사실상 노멀라이제이션의 이념에 이어지는 정책이 스웨덴이나 덴마크의 자치제에서는 1960년대 전후부터 도입되고 있었다. 노멀라이제이션이라 함은 사회복지사업의 대상자를 특수하게 보고 격리하여 처우하려는 사고방식을 고쳐, 장애자나 신체가 자유롭게 기능하지 못하는 노인, 장기요양의 병자도 될 수 있는 한 학교에 가서 보통의 생활을 보내는 것이 본인의 복지와 행복으로서 바람직하다는 사고방식이다. 이러한 사고방식의 배후에는 신체가 건전하여 만원버스나 건널목도 이용할 수 있는 이른바 정상인만으로 구성된 사회가 사실상 비정상적 사회(abnormal society)이고 신체장애자나 신체가 부자유스런 노인 등이 얼마쯤은 혼재하고 있는 상태, 그것이 정상적이

유니버설디자인은 사람들의 신체장애 유무에 상관없이 약간의 경비나 혹은 추가경비의 부담없이 보다 많은 사람들이 사용할 수 있는 제품이나 환경을 만드는 데 목표를 두고 있다. 무장애디자인(Barrier Free Design)은 접근성(accessibility)에 대한 문제를 말하는 것으로, 건축법규나 규정을 통해 건축적인 장애물을 제거하는 것을 의미한다.

유니버설디자인은 현재 장애인, 노인을 위한 디자인이라는 개념을 넘어 다양한 능력과 인간의 전체 생애주기를 수용하는 디자인개념으로까지 개념이 발전되었다. 이러한 개념의 발전은 장애나 자유롭지 못한 신체적 능력을 특수한 상황으로 보는 것이 아니라 사람마다 누구나 가지고 있는 개별적 특성, 즉 개성으로 보는 시각에 기인한다. 모든 사람은 다양한 신체크기와 능력을 가지며 그러한 다양성은 나이에 따라 상황에 따라 변하는 것이 자연스러운 현상이기 때문에 평균적인 인간을 대상으로 환경을 디자인하는 것이 아니라 사람의 다양한 개성을 있는 그대로 포용해 주어야 함을 강조한다.

4. 입주자모집 계획

1) 입주대상자 선정

입주자를 설정할 때 자립생활이 가능한 사람, 요지원상태[3]의 사람, 요양간

라고 하는 생각이 밑받침하고 있다. 이는 장애자나 노인의 각종 의사결정에의 참가는 물론, 일상생활, 나아가서는 공공시설에 엘리베이터 설치, 장애자 등이 쓸 수 있는 변소시설, 휠체어를 타고 정상인과 더불어 보도를 갈 수 있는 도로시설, 기타 주택시설 등이 포함된 하나의 복지이념이라고 할 수 있다. 스웨덴의 노인복지에 관한 보고서에서는 노멀라이제이션으로서 시설에서 보통의 주거에 사는 가능성을 높일 것, 옮겨서 사는 물적 및 사회적 인근환경으로부터 이전할 필요성을 될 수 있는 한 적게 할 것, 사회적 교류와 상호원조를 촉진할 것, 필요한 경우에는 특별히 배려된 주택과 케어(개호)를 제공하여 통상의 생활 어매너티(생활의 쾌적성과 주거의 편의) 속에 보이는 바와 같은 생활의 질(quality of life)을 될 수 있는 한 반영시킬 것 등을 들고 있다.

3) 개호보험법에서는 요양간호상태가 될 우려가 있는 상태로, 신체상 또는 정신상의 장애로 인해 계속하여 일상생활을 영위하는 데 지장이 있다고 보이는 상태를 말한다. 요양간호자가 될 가능성이 있고, 가사 등 일상생활에 지원이 필요한 65세 이상의 사람 또는 요양간호자가 될 가능성이 있는

호상태의 사람 등 3가지 유형으로 분류할 수 있다. 요양간호상태의 사람은 신체장애만 있는 사람, 치매증이 있는 사람으로 나눌 수 있다.

입주시작 시점에서 어떠한 상태의 사람을 입주자로 선정할지를 정하여야 한다. 주변지역의 상황, 입주자모집가능 마켓의 크기, 고령화의 진행 정도에 따라 기본적인 3가지 유형과 치매증상의 유무를 추가하여 분류한 4가지 유형 중 어떤 방향에 초점을 두고 정하는가를 사업시작 초기부터 방향을 확실히 하여야 한다. 이는 초기의 컨셉설계와 마케팅 방법을 설정하는 커다란 분수령이 되기 때문이다.

노인주택 입주자의 주된 대상은 고령자로서 핵가족이며 70세를 넘기면서 건강의 불안을 느끼기 시작한 연령층이 주된 구매층이다. 아직은 건강하지만 장래에 생길 수 있는 일상생활의 거주에 대한 불안에 대처하는 방안에 미리 대비하려는 사람이 입주대상이다.

면적으로는 20~50㎡ 정도의 개인실에, 생활에 적합한 환경과 생활기초서비스가 덧붙여진 노인주택이 합리적이라고 느껴지는 가격수준에 제공되어야 한다. 생활기초서비스 중 중요한 것이 식사제공이다. 고령이 되어 어느 정도 생활에 부자유함이 오기 시작하면 식사 문제의 해결에 대한 부담은 상당히 중요한 문제가 된다.

또한 입주대상자를 자립한 생활이 가능한 사람으로 한정하거나 이미 요양간호상태가 되어 있는 사람을 전문적으로 받아들이느냐는 시설입장에서 볼 때 시설의 컨셉과 전략을 결정짓는 큰 갈림길이다. 더불어 처음 입주 시 자립생활이 가능했던 입주대상자가 요양간호상태가 된 경우에도 지속적인 생활이 가능한 장소가 확보되는지의 여부는 사업자의 사업연계성과 관련된 중요사항이다.

입주대상층의 유형을 명확히 설정할수록 노인주택시설의 컨셉설계는 용이해진다. 사업초기부터 입주대상자층이 정해진다면 사업내용을 홍보하거나 마케팅전략을 구상할 때에도 초점을 맞추기 쉽다. 가격수준이 높더라도 직원들의 개별서비스가 충실하다면 그것을 선호해서 입주하기도 하고, 비슷한 생활

40~65세 미만의 사람 가운데 그 원인이 노인성 질병에 의한 사람을 말한다. 요지원상태에서 요양간호의 필요 정도는 요양간호상태보다 가벼운 상태이지만, 요양간호상태가 되는 것을 예방한다는 점에서 이들을 대상으로 예방급부를 한다.

문화를 갖는 사람들이 입주하게 되면 낯선 환경에서도 안정감이 생길 수 있다. 즉 입주대상자가 노인주택에 대하여 요구하고 있는 중요한 항목을 고려하여 설계전반에 반영해야 한다.

입주대상자가 중요하게 고려하는 요소를 정리하면, 첫째 생활상의 안정감이 확보되는지 여부이다. 생활기초서비스, 요양간호서비스, 의료서비스에 대한 대응 중에 결여된 것이 있다면 주거를 아무리 잘 만들어 놓아도 입주자는 모으기 어렵다. 둘째, 경영의 안정과 신뢰도이다. 입주 이후 회사가 도산하거나 지속적인 운영에 대한 신뢰가 형성되지 않는다면 장기적인 노후생활을 해야 하는 중요한 판단에 큰 영향을 미치게 된다. 셋째는 입지, 넷째는 가격수준, 다섯째는 직원과 입주자 간의 생활감각의 동질성이다. 여섯째는 내부 설비의 충실함이다. 마지막으로 서비스의 질이다. 인간적인 따스함, 즉 인간적인 관계의 참된 배려와 사명감 등은 사업시작 전에는 파악하기 어렵지만 사업시작 이후에는 공실을 채워나가는 중요한 비결이 될 수 있다. 즉 이러한 인간관계는 입주대상자에게 신뢰를 심어주고 이는 자연스럽게 구전을 통하여 더 많은 입주자를 입실시키는 중요한 요인으로 작용하게 된다.

|표 13-5| **입주 시 고려요소**

- 생활의 안정감 확인
- 경영상의 책임 운영과 신뢰
- 입지
- 가격
- 직원과 입주자 간의 생활감각의 동질성
- 내부설비의 충실
- 서비스의 질
- 인간관계의 따스함

노인주택에 입주하여 노후를 보내는 고령자들은 개인실과 같은 공간에서 평소 거주하던 자택과 같은 느낌이라는 정서적인 동질성을 유지하면서 여생을 보내고 싶어한다. 개인실의 크기는 건강한 사람인 경우 최소한 25㎡, 평균적으로는 45㎡이고, 2인 거주용이라면 적어도 50㎡는 필요하다. 요양간호상태의 노인은 조금 더 협소한 15㎡라도 지장은 없다. 입주자는 자택에서 오랫동안 사용하던 물품을 대부분 버리고 이주해 오게 되는데 과거의 흔적이 묻어 있는 물품을 보관하는 수납공간(트렁크 룸)을 설치하는 것도 의미가 있다. 개인실 안에 수납공간을 만들거나 개인실별로 입주자가 사용할 수 있는 별도의 수납공간을 마련하는 것도 섬세한 배려가 될 수 있다.

|표 13-6| **입주자모집전략 체계**

항목	목적
개별고객전략	문의·소개 등이 있던 유동고객으로, 입주의 가능성이 있는 사람을 추출하여 계속적인 정보발신을 한다. 구전에 의한 전략이 효과적이다.
조직전략	사업주 및 사업주의 관련기업이 갖고 있는 여러 가지 채널에 DM 등 PR을 하고, 조직적으로 고객을 개발, 정보발신을 한다.
광고·홍보전략	수요층은 매스컴의 광고에는 즉각적으로 반응하지 않는 층이므로, 매스컴을 이용한 홍보적인 전략(퍼블리시티 광고)에 중점을 두고, 고객을 개발한다.
지역전략	사업이념 및 시설의 설치에 대하여 지원행정기관, 단체, 주민 등의 이해·인지도를 넓히는 등 잠재고객을 개발한다.

2) 건강상태에 따른 생활권역의 구분

건강의 차이에 따라 주거의 생활권역을 정해야 한다. 입주 시에는 건강에 불안이 없는 사람이라도 나이가 들어감에 따라 당연히 심신의 상황도 변화한다. 언젠가는 타인의 도움을 받아야 하는 가능성은 누구에게나 열려 있다.

건강한 노인이 입주하는 노인주택은 타인의 도움을 받아야 할 때를 대비한 준비를 갖추어야 한다. 다만 자립상태의 건강한 사람들의 입장에서 볼 때 요양간호를 받아야 하는 입주자를 같은 주거공간에서 자주 보며 생활해야 하는 것은 그리 유쾌한 일은 아니다. 시간이 지남에 따라 가령이 진행되어 건강을 상실해 가는 노인에게 있어서 건강했던 사람이 요양간호를 받게 되는 모습을 보는 것은 자신의 미래를 보는 듯한 느낌으로 다가오게 된다. 그러므로 건강한 자립생활의 생활권역과 요양간호노인이 생활하는 권역은 공간적으로 분리될 필요가 있고 동선도 구분되어야 한다.

요양간호노인 안에서도 치매증상이 있는 사람과 신체상의 장애로 인한 요양간호가 필요한 사람의 생활권역 역시 구분해서 분리시킬 필요가 있다. 이는 입주자가 요양간호상태라 하더라도 가령이나 치매의 진행 정도에 따라 차이가 있어서 같은 이야기가 반복되거나 묘한 행동을 하는 치매증상이 있는 사람과 함께 생활하게 되면 위화감이나 스트레스가 되어 치매증이 없는 입주자나 경미한 요양간호대상자들은 오히려 힘들어지게 되기 때문이다.

예를 들어 치매증상이 있는 사람도 치매증상이 없는 사람과 함께 있으면 언제나 자기가 비난받고 있는 듯한 강박관념으로 안절부절하는 경우가 많다고 한다. 치매증상 환자끼리는 타인의 행동을 별로 신경쓰지 않으며 치매요양간호 전문지식과 기술이 있는 직원이 적절히 대응하는 등 안정된 생활이 가능하게 된다.

요약하면 자립자와 약간의 생활지원이 필요해져가는 요지원자의 생활권역은 하나로 통합하여 입주생활을 하도록 유도하고, 요양간호노인은 증상의 경중을 가려 치매증상이 있는 사람과 없는 사람의 생활권역을 나누는 것을 기본으로 동선의 구분을 고려한 시설의 설계와 레이아웃을 구성해야 한다.

3) 입주자모집 부진

노인주택의 입주자모집에 노력을 했음에도 불구하고 입주자모집이 되지 않을 때의 대처방법은 매우 어렵다. 예를 들어 자립상태의 사람을 대상으로 모집했지만 입주자모집이 안 되어 요양간호상태의 사람을 받아들이거나, 또는 반대의 경우가 있다.

입주자의 대상유형을 변경하는 것은 주거형태에 대한 기본컨셉을 흔드는 것이 된다. 입주자가 없는 상태에서는 사업운영방향의 대폭적인 변화도 가능하지만 개인실의 절반 정도가 입주된 후 더 이상의 입주가 진척되지 않게 되면 운영에 커다란 지장을 초래한다. 따라서 입주자의 타깃을 변경시키는 컨셉은 기존입주자와의 괴리를 초래하므로 가능한 한 기준을 변화시키지 않고 추가적인 모집이 가능한 방법을 지속적으로 찾아야 한다.

입주대상을 바꾸지 않고 가격을 낮추는 대안을 모색해 볼 수 있는데, 가격개정 전에 입주한 사람과의 형평성에 문제가 생기게 되어 차액을 정산해 달라는 요구가 예상되므로 가격을 낮추는 것도 쉽지 않다.

이런 경우에 시설의 규모에 적합한 인원이 입주하여 사업의 운영이 원활하게 유지되도록 하는 것이 바람직하지만 현실적인 상황이 뒷받침되지 않아 입주가 완료되지 않거나 공실이 생겨 경영에 차질이 생기게 된다면 운영하는 주체에도 어려움이 있고, 그곳에 입주해서 노후를 대비하며 생활을 영위하고 있는 기존의 입주자에게도 심각한 위험이 될 수 있다.

사업자 측의 원활한 경영과 운영이 선순환되어 입주자의 안정적이고 지속적인 생활이 가능하도록 입주비용에 있어서 민감한 내용의 상품구성내용을 조정하거나, 제공서비스의 수준을 조절하는 등의 차별화를 내세워 기존입주자와의 부담내용에 조화로운 조정을 통하여 사업경영과 운영내용이 상호보완적인 관계에 있음을 기존입주자에게 이해시켜야 한다.

즉, 지속적으로 입주가 진척되지 않는 상태로 방치되면 경영파탄에 대한 불안감이 입주자에게 있게 된다. 따라서 안정적인 경영유지는 기존의 입주자에게도 장점이 되므로 대화를 통한 가격개정을 받아들이도록 하는 것도 방법이다. 이 경우에는 입주자에게 정보를 공개하고 상황에 대한 이해를 구한 다음 입주자가 납득할 수 있도록 하는 것이 열쇠이다.

Chapter 14 일본노인주택의 트렌드

1. 노인주택의 저가격화

유료노인주택의 입주일시금을 낮추는 저가격화가 사업전개의 주류라고 할 수 있다. 입주일시금을 1천만 엔 이하로 억제해 일부 부유층에 치우쳐 있었던 노인주택 입주자의 영역을 일반인에게까지 확대하고 있으며 입주일시금 형태의 비용을 전혀 받지 않는 시설도 나오고 있다. 후쿠오카(福岡)의 사와야카클럽(さわやかクラブ)은 2007년 기준으로 100여 개의 노인주택을 개설하고 있지만 입주일시금은 받지 않고 있다.

도심부 주택지에 사는 고령자는 가족이나 지인과 멀어지고 교외로 옮겨 사는 데 저항이 있어, 이러한 층의 수요에 부응하는 도심 내의 고급주택지를 중심으로 새로운 유형의 요양간호형 유료노인주택을 고가격대로 공급하는 고령자 요양간호서비스회사도 있다. 예를 들면 베넷세(ベネッセ)가 스기나미구(杉並区)에 간호사가 24시간 상주하는 아리아(アリア)를 개설하여, 입주일시금도 2,500~5,000만 엔으로 수도권에 전개하는 다른 유사한 시설의 입주일시금 500~800만 엔보다 상대적으로 비싸게 공급하는 경우가 그것이다.

1) 건설비용의 인하

도심 내에 노인주택을 개설하는 부동산개발회사는 지가하락에 의한 도심회귀에 주목해 토지소유자와 정기차가계약을 맺어 초기투자비용을 낮게 설정한다. 또한 초기투자비용을 낮추기 위하여 수도권에서 회사의 사택·독신자 기숙사 철거지를 활용해 유료노인주택의 운영에 나서는 철도회사도 있다.

2) 운영코스트의 인하

식비 등의 운영비를 낮추는 것으로 비용을 삭감하기 위해서는 거점수를 늘릴 필요가 있어 노인주택사업의 프랜차이즈화를 목표로 하는 움직임도 활발하다. 예를 들면 유료노인주택의 저가격 공급을 확대하고 있는 오카야마현(岡山県)의 메세지(メッセージ)는 건축공법을 연구하여 비용을 낮추는 것 이외에도, 식사를 전문급식업자에게 아웃소싱하여 비용을 20~30% 삭감시키고 있다. 기본적인 요양보호사의 인원으로 충분한 요양간호를 할 수 있는 경우에는 추가 요양간호도 없애고, 입주일시금도 받지 않으며, 월 15만 엔 전후의 실비개념의 비용부담만으로 입주할 수 있도록 했다.

2. 시설의 복합경영

국가 재정이 윤택하여 의료와 복지에 드는 예산이 성역화되어 우상향으로 증액되던 시기에는 효율이라는 것을 사업자에게 요구하지 않았지만, 의료와 복지재원이 고갈되면서부터는 사업에 소요되는 부담을 사업자와 입주자에게 전가하는 형식으로 의료와 복지제도는 변화하게 되었다.

복지시설경영은 질 높은 서비스를 공공성과 효율성을 근간으로 실현하고 입주자의 권리를 옹호하는 것에 있다. 이를 위해 복합형시설군의 장점인 치료의 연속성, 종합성, 생애성, 정보수집, 정보제공, 직원교류연대와 협동 등의 장점을 최대한 끌어내면서 단점인 권위주의, 매너리즘을 배제하는 것이 가능토록 시설 간의 조화를 도출해야 한다.

의료와 복지제도에서 국가의 지원을 기대하기 어려울 때에는 자력으로 질

(Quality)과 효율을 추구하고 다른 사업자와의 경쟁에서 살아남기 위한 노력의 일환으로, 종합적으로 사업을 전개하고 의료법인과 사회복지법인이 함께 운영하는 형태를 고려할 수 있다. 복합적 경영을 통한 의료, 보건, 복지를 망라한 시설운영으로 효율과 질적 제고를 유도하는 것으로, 이러한 시설은 동일한 사이트에 있거나 인근지역에 설치되어 상호보완적인 역할을 하는 것이 특징이다.

1) 시설의 연계성

고령자의 유형에는 건강한 자, 가벼운 질병과 장애를 가진 자, 중간 정도의 질병과 장애를 가진 자, 무거운 질병과 장애를 가진 자로 나뉘어 있고, 시간의 경과에 의한 가령으로 인해 장애와 질병은 심화되어 가는 것이 일반적이다.

예를 들어 건강한 단신생활을 하고 있는 고령자가 스스로 밥을 지어 먹을 수 없는 정도로 일상적인 생활기능 저하를 느끼게 되면 케어하우스 생활을 선택하게 된다. 케어하우스 생활 중에 만성질병으로 인해 신체기능이 더욱 저하되면, 노인보건시설에서 리허빌리테이션을 통한 기능회복을 하게 된다. 만성질병이 심해지면 의료기관에서 치료를 받게 되고 상시 요양간호를 필요로 하는 상태로 진행이 되면, 특별양호노인주택에 입소하는 것이 일반적인 진행과정이다.

노화에 수반되는 장애가 가령과 함께 연속하여 진행되는 것이 일반적이지만 개호보험 이전에는 법률과 제도의 연속성이 확보되지 않았다. 예를 들면 케어하우스와 노인보건시설을 이용하던 사람이 특별양호노인주택의 입소대상이 되더라도, 지방자치단체에 설치되어 있는 입소판정위원회의 심사판정을 받아 필요하다고 인정되는 경우에 비로소 입주자격이 주어지게 되기도 한다.

그러나 현실적으로는 특별양호노인주택에 공실이 없어서 1~2년 기다리다가 그 사이에 사망하거나 민간의 유료노인주택에 입주해 버리는 경우가 대부분이다. 이러한 상황이 벌어지는 이유는 케어하우스와 유료노인주택은 특정시설이면서도 그 이용에 있어서는 사업자와 입주자가 계약에 근거한 것이지만, 특별양호노인주택 입주자는 노인복지법에 근거한 조치라는 행정처분으로 사업자와 입주자의 선택과 요청이 받아들여질 여지가 없기 때문이다.

2) Total Care의 확립

노화로 인한 고령자의 심신장애는 다양화되고 고도화되어 의료, 보건, 복지의 연계가 필요하고 서비스를 필요로 하는 사람에게는 Total care의 확립이 요구된다.

고령으로 인한 노환 등의 장애는 되돌리기 힘들고, 통상적으로는 치료되는 질병도 아니며 연속해서 진행되기 때문에 고령자의 장애에 대한 요양간호는 의료, 보건, 복지라는 영역에서 생활, 건강, 보람, 질병, 장애, 가족관계 등 여러 가지 요건을 고려하여야 한다. 따라서 복합형시설군을 정비하고 있는 법인과 시설에서는 입주자가 이들 시설군을 이용할 때마다 의료, 보건, 복지라는 영역에서 입주자에 대한 정보가 분석되고 축적되어 필요에 따라 통합적으로 활용될 수 있다.

이 복합형시설군이 정비되는 법인과 시설은 프라이버시와 개인정보 보호라는 문제를 내재하고 있으며 케어플랜을 종합적으로 책정하는 것도 가능하고, 장애의 정도에 따라 연속적이고 종합적인 서비스 제공이 가능하다.

3) 입주자의 신뢰

입주자와 그 가족은 고령자의 상황에 적합한 시설을 선택함에 다양한 판단기준을 가지고 있다. 특별양호노인주택은 조치제도로 입주자 수의 제한이 있고, 노인보건시설은 이용기간이 제한되어 있으며, 노인병원과 유료노인주택은 비용이 고액이라 부담스러운 상황이다. 또한 노인복지시설은 일정기간을 넘기면 요양간호 수가의 지급액이 감액되므로 시설에서는 퇴소를 요구하게 되고 결국 다른 시설을 찾아 나가게 된다. 입주자와 그 가족은 고령자의 장애 정도에 따라 지속적이고 안정적인 시설이용을 원하지만 법제도상의 한계와 시설 수의 절대부족으로 어려움을 겪고 있다.

개호보험법이 시행되면서부터는 특별양호노인주택, 노인보건시설, 케어하우스 등의 시설이 조치에서 계약의 형태로 바뀌어 사업자와 입주자가 직접 계약을 통해 입주를 판단하고 결정할 수 있게 되어, 입주자의 의사와 선택이 존중

되고 연속성과 신뢰성이 확보될 수 있게 되었다.

입주자와 그 가족은 지속적이고 안정된 서비스를 희망하고 그러한 유형에 의한 시설경영은 복합형시설군이 입주자에게 신뢰와 안정감을 주게 되어, 단일시설만으로 유료노인주택을 기획하고 운영하는 소규모사업자에 비해 폭넓은 선택의 대상이 되기에 유리하다.

4) 복합형 시설

시설경영에 있어서 시설종류가 다양하거나, 복합형시설군을 갖추고 있는 것, 시설 그 자체 규모가 크다는 것은 시설경영에 있어서 유리하게 작용한다.

그 이유는 입주자의 다양한 니즈에 대응이 가능하여, 입주자가 시설을 선택할 때 신뢰와 안정감을 갖게 하고 물품의 대량 일괄구입을 통해 효율성을 확보하기 쉽고, 정보수집과 제공이 용이하여, 입주자에 대한 서비스의 종합화가 가능하기 때문이다.

고령자의 심신장애는 해마다 가속화되고 복잡다양화되고 고도화되어 단일시설만으로는 대응할 수 없는 경우가 발생하게 된다. 복합형시설군의 경우에는 입주자의 요구에 따라 종합적이고 체계적인 서비스 제공이 가능하게 된다.

3. 참여업종의 다양화

유료노인주택 설치운영 표준지도지침으로 인해 유료노인주택의 윤곽이 더욱 구체화되었고 후생성의 연금복지사업단과 일본개발은행이 유료노인주택개설과 관련된 융자의 창구를 두게 되면서부터 본격적으로 개발이 시작되었다. 유료노인주택사업에 참여하게 된 회사는 대형건설회사, 부동산개발회사, 철도회사, 철강회사, 식재료회사, 인재파견회사, 에너지계회사, 유통회사, 통신판매회사, 학습지회사 등 기존의 상장된 대기업이 자회사를 만들어 유료노인사업에 참여하고 있다.

후생노동성 개호보험사업 상황보고에 의하면 2006년도 누계 개호서비스 급부액은 5조 8,743억 엔으로 나타났다. 이는 개호보험을 통해 지급된 급부액으로 개호관련 서비스에 대해 개호보험이 적용되어 지출된 금액[1]이다.

방문개호와 개호서비스분야에서는 2007년 굿윌그룹(GOODWILL Group)의 콤슨(コムスン)으로부터 시설과 재택개호사업을 양도받은 니치이각칸(ニチイ学館)이 매출금액 797억 엔으로 업계 1위이고, 메데카재팬(メデカジャパン)이 매출금액 320억 엔, 쯔구이(ツクイ)가 매출금액 300억 엔, 센트케어홀딩(セントケアホルディング)이 매출금액 169억 엔, 재팬케어서비스(ジャパンケアサービス)가 매출금액 129억 엔으로 나타났다(이상 2008년 실적).

유료노인주택분야에서는 베넷세스타일케어(ベネッセスタイルケア)가 매출금액 318억 엔으로 업계 1위이고, 베스트라이프(ベストライフ)가 매출금액 240억 엔, 메세지(メッセージ)가 매출금액 230억 엔, 라이프코뮨(ライフコミューン)이 매출금액 127억 엔으로 나타났다(이상 2008년 실적).

유료노인주택 시설 수로는 베넷세스타일케어가 132시설, 메세지가 116시설, 베스트라이프가 89시설, 니치이각칸이 73시설, 라이프코뮨이 40시설로 나타났다(이상 2008년 실적).

서비스의 심화는 서비스 수준을 높이고 전문성을 추구해 나가는 것을 의미한다. 노인복지업계에 신규 참여한 기업을 보면, 그동안 영업해 왔던 사업의 노하우와 지식을 바탕으로 요양간호서비스를 심화시키고, 업체의 전문성을 기반으로 노인주택사업에 참여하고 있다. 인재파견과 도시락배달을 하던 콤슨, 대형선술집을 프랜차이즈로 운영하는 와타미(和民)가 대표적이다.

1) 와타미(和民)

와타미가 노인복지업계에 참여한 것은 2004년 4월로 와타미메디컬주식회사(和民メディカル株式会社)를 설립하면서부터이다. 2005년 3월에 노인주택 16

---

1) 통상적으로 시장규모를 추정함에 있어서 관련업계에서는 보험급부액의 3배 정도 수준이라고 한다.

개 시설을 경영하고 있던 주식회사아르(株式会社アル)의 경영권을 취득하고, 와타미는 유료노인주택을 운영하면서 요양간호서비스사업에 본격적으로 참여한다. 와타미가 유료노인주택을 운영하게 된 계기는 선술집 프랜차이즈의 경영으로 얻게 된 식재료와 유통과정에 관한 노하우와 네트워크를 기반으로 식사재료에 착안하여 노인복지업계에 신규참여를 결정하였다. 실제로 와타미의 차별화된 사업내용은 유료노인주택에서 제공되고 있는 식사를 보면, 일반적인 노인주택에서는 보기 어려운 유기농 메뉴로 구성된 식사가 월 5만 엔 정도[2]로 제공되고 있다. 와타미의 선술집에서 제공되는 야채는 유기농산물이고, 안전한 식재를 사용한 요리를 제공하는 배려는 Selling Point가 되고 있다.

2) 베넷세와 메세지

오카야마 시내의 '선라이즈오카야마(サンライズ岡山)'가 1996년 도산하여 노인주택시장에 대한 부정적인 시각이 팽배했던 시기에 베넷세코퍼레이션(ベネッセコポレーション)이 오카야마 시내에 '베넷세홈크라라(ベネッセホームくらら)'를 개설하였다.

1997년, 교육산업분야의 대기업에 해당하는 베넷세(ベネッセ)는 3년 후에 개호보험이 도입될 것을 예견하고 입주일시금에 의지하지 않는 노인주택의 개설을 검토했는데, '크라라(くらら)'는 그 실험적인 시설의 하나였다. 크라라는 개호보험이 시작되기 전의 사업형태로 입주자의 이용료만으로 운영하면 월지불액의 비용이 고액이 되어 입주자를 모집하기 어려울 것으로 예상했다. 개설 당시에는 입주자 모집에 고심했으나 개호보험이 시작된 후 시설 수를 대규모로 늘리고 있다. 베넷세의 자회사인 (주)베넷세스타일케어(ベネッセスタイルケア)를 통해 시설을 운영하고 있다.

오카야마시를 본거지로 베넷세보다 한 발 앞서 그룹홈을 시작한 (주)메세지도 주목할 만한 유료노인주택의 사례이다. 이 회사는 오카야마 시내의 개업의로 시작한 의사가 병원을 중심으로 하여 특별양호노인주택, 노인보건시설, 케

2) 일반적인 유료노인주택의 경우, 월식사비가 6~7만 엔 수준임.

어하우스, 그룹홈을 전개하고 개호보험의 시행 직전부터 '아뮤(アミュー)'라고 하는 브랜드명으로 시설 수를 늘려 왔다. 이 업체도 입주일시금에 기대지 않는 노인주택의 운영을 도모하고 있다. 입주 시에 보증금으로 수개월분을 받아 퇴거 시에 원상회복비용을 제외한 전액을 반환하는 사업구조이다. 월이용료도 14만 엔 전후로 저렴한 수준의 합리적인 가격으로 정해진 까닭에, 전국각지에서 입주 대기자가 나오는 등 많은 수요를 창출하게 되었다. 오카야마 주변을 비롯하여 관서권(関西圏), 중부권(中部圏), 관동권(関東圏)에서 여러 종류의 시설을 운영하고 있다.

메세지는 110여 개의 노인주택을 요양간호예방노인이 오랫동안 거주하여 익숙한 지역에 계속 거주하면서 요양간호서비스를 받을 수 있는 시스템의 확립과 치매케어서비스 질의 향상을 마케팅 포인트로 삼고 있다.

3) 커뮤니티계와 메디컬계 주택

민간사업자 중에서도 노인주택 개발을 진지하게 준비하고 있는 기업이 증가하고 있다. 커뮤니티계의 '다세대형 커뮤니티 주택' 및 '복지맨션'은 유료노인주택의 개발 운영으로 실적을 쌓아온 (주)생활과학운영이 연구개발비를 투자하여 실험적으로 개발한 공동주택의 비즈니스 모델이다.

메디컬계 주택으로 분류된 '리허빌리테이션용맨션'도 의료 요양간호용품 판매회사인 (주)NJI가 독자적 창의연구로 개발한 주택이다. 또한 터미널케어가 가능한 주택에 대해서도 개발사례가 나타나는 것으로 보이고 있으며, 그룹홈사업에서 종말기의 요양간호 방법에 대해 실증적인 연구가 진행되고 있다.

베넷세스타일케어에서는 의료기능을 복합화시킨 유료노인주택인 '아리아(アリア)' 등을 개설하고 있으며 이를 장래에 터미널케어까지 가능한 시설로 운영할 계획이다.

4. 노인주택의 새로운 유형

일본의 개호보험제도는 노인주택의 급격한 보급을 초래하였고, 장수의료제도는 후기고령자의 의료비 증가를 억제하려는 의도에서 도입되었으며, 성년후견제도[3]는 의사능력상실에 대한 노후의 사회안전망으로 시행되고 있다.

도쿄도의 유료노인주택 중 약 70%는 2000년 개호보험 시행 이후에 개설된 시설로 공급과잉이라는 인상도 있지만 사회전반에 걸친 노인인구의 수요기반을 고려하면 적정수준이라고 할 수 있다.

유료노인주택은 요양간호나 의료체제, 서비스 내용을 기본으로 노인주택의 입지, 규모, 개인실의 배치, 비용(입주일시금, 매월의 이용료), 요양간호직원의 수 등 고령사회의 인프라라는 측면에서 하드・소프트 양면으로부터 다각적인 평가를 통해 소비자에게 선택되는 시대를 맞고 있다. 고령기를 살아가는 노인에게 있어서는 주거와 각종 서비스를 조합한 형태로서 지역에서 생활하는 방법의 하나로서 새로운 국면을 맞은 유료노인주택은 더한층 중요성이 증가할 것으로 예상된다.

우리나라도 2008년 7월부터 노인장기요양보험이 도입되었다. 일본과 같은 급성장을 기대하기는 어렵겠지만, 고령자인구비율이 14% 되는 시기가 되면 일본과 유사한 형태로 노인주택시장의 획기적인 확대가 이루어질 것으로 기대된다. 노인주택이 더 이상 수용시설이 아닌 노후의 윤택하고 활기 넘치는 삶을 제공하는 새로운 노후주거의 장으로 자리잡고, 고령자를 위한 차별화된 형태의 커뮤니티로 자리매김하는 모습을 기대해 본다.

---

3) 성년후견제도는 개호보험과 함께 고령자가 안심하고 생활해 나가기 위한 대안이다. 성년후견제도는 정신상의 장애에 의해 판단능력이 불충분한 고령자에게, 계약의 체결 등을 대신하는 대리인 등을 선임하거나, 본인이 잘못된 판단으로 계약을 체결한 경우에 후견인이 그 계약을 취소할 수 있도록 하는 것으로, 이러한 사람을 악덕 상법 등의 불이익으로부터 지키는 제도이다. 금치산・한정치산 제도로 바뀌는 제도로 2000년부터 실시되고 있다. 성년후견제도는 법정후견제도, 임의후견제도 2가지로 구별된다. 법정후견제도는 가정재판소로부터 보조인, 보좌인, 성년후견인이 선임되어 본인을 보호하는 것이다. 임의후견제도는 본인이 스스로의 판단능력이 저하되기 전에 임의후견인에게 대리권을 주고, 자신의 판단능력이 불충분하게 된 경우의 재산관리 등의 사무처리를 위임하는 계약을 행하는 것이다.

1) 고급유료노인주택

버블기에는 고급유료노인주택이 기획 판매의 주된 대상이었지만 시간이 지나면서 세조사쿠라비아(成城サクラビア) 등 고급유료노인주택이 경영파탄 한 사례도 적지 않다. 그러나 개호보험이 정비되면서 일본노인복지재단 등과 같이 경영상의 어려움을 딛고 재기하는 민간회사도 나타나고 있다.

일본의 노인주택을 볼 때 '안정적인 노후생활'에 대해서는 정비되고 있지만 '노후생활의 쾌적성'에 대한 니즈를 만족시키기에는 여전히 부족함이 많다. 기존의 마케팅 전략인 '건강과 안심' 만으로는 '수용시설의 생활과 다르지 않다'는 반응으로 추가적인 입주수요로 이어지지 않는다. 또 다른 마케팅 전략으로는 '사는 보람'이 있으나 이는 좀처럼 상품화로 연결되지 않는다.

입지조건으로서는 기존의 고급주택지 및 고급리조트지에 상당하는 입지가 선호된다. 일반적인 주거지역에 입지하는 경우, 고급시설의 외관은 일반적인 고령자주택과 식별할 수 없게 기획하는 편이 좋다. 경우에 따라서는 고급화된 시설이 오히려 시장에서 쉽게 소화되는 사례도 있다.

2) 건강리조트형

건강리조트형의 입지조건으로 기후가 온화한 지역이 필요하다. 유럽을 보면 남유럽에는 건강리조트가 많고 전통적인 바캉스 문화도 있다. 포르투갈 남부의 대서양 해안에 있는 건강리조트는 약 40년 전 영국자본에 의해 별장과 퇴직 후의 생활주거용으로 공급되었다. 약 400ha에 달하는 부지에는 36홀의 골프코스, 골프스쿨, 18면의 테니스코트, 테니스스쿨, 승마, 축구장, 크리켓장, 해수욕장, 마리나, 3개의 수영장, 휘트니스센터 등의 스포츠 시설에 5성 호텔, 바, 레스토랑, 슈퍼마켓, 은행, 우체국, 클리닉 센터 등이 있다. 그리고 약 1,000세대의 주택이 꽃과 푸른 나무들 가운데 산재하고 부지 내에 셔틀버스도 운행되고 있어 하나의 독립된 커뮤니티를 형성하고 있다. 같은 부지 내에는 의사도 함께 생활하고 있어서 24시간 연락이 가능하고, 자동차로 약 30분 거리에 있는 지역 병원과도 연계되어 있다.

입주수요층으로 예상되는 계층은 EU권 내에서도 비교적 소득이 높은 영국, 독일, 네덜란드 등의 중산층과 포르투갈의 고소득자층이었다. 처음 구입 시에 50대 중반이었던 계층이 주를 이루어서, 현역시기에는 임대별장형식으로 운용하고 퇴직 후에는 직접 거주하고 있는 케이스가 많고, 상주하고 있는 고령자도 25% 정도라고 한다.

일반리조트로서도 좋은 이미지를 갖고 있기 때문에 비상주자인 경우 가족동반과 젊은 세대도 휴양지로 사용하고 있어, 안정된 환경이면서도 활기로 가득 차 있다. 미국의 퇴직자 커뮤니티가 후기고령자의 증가로 활기가 없어진 것과 대조적이다. 레저 스포츠의 비중이 극히 높은 유형으로 고령자에 대해서도 차별화된 상품이 부각되고 있는 점은 주목할 필요가 있다.

3) 리조트옵션형 노인주택

유형으로는 고급형에 포함되지만 부가가치형 유료노인주택이라고도 불린다. 입소하면 몇 가지 회원제 리조트호텔 이용권 옵션이 있어, 건강하여 신체를 움직일 수 있는 동안은 도시의 노인주택을 거점으로 세계의 리조트호텔을 저가의 항공운임과 숙박료로 다닐 수 있는 프로그램으로 장기체재도 가능한 시스템이다.

이것은 도시생활과 함께 리조트생활도 만끽하기를 원하는 고령자의 적극적인 생활을 요구하는 것으로 상품의 내용을 구성하여 시스템화한 유형이다. 경영곤란에 빠진 리조트호텔을 용도변경하여 고령자 비즈니스 시설로의 전환을 시도하는 사례도 적지 않다. 유료노인주택에 대한 수요가 전국에 잠재해 있어 소규모로는 상품화시키기 어렵지만 종합적인 네트워크를 형성하여 협력하면 향후 유망한 사업성을 지닌 새로운 형태로 자리매김할 수 있다.

4) 자연발생형 고령자커뮤니티

기존의 지역을 보면 이미 의료, 복지, 재가복지서비스, 상업문화기능이 고루 갖추어져 있고 환경도 양호한 지역이 있다. 자연발생적으로 건강, 안심, 사는 보람이라고 하는 고령자용 인프라가 갖춰져 있는 지역이다.

영국 런던 교외의 지구에 이러한 자원이 풍부한 지역이 있어 살기 좋은데다가 인구의 이동이 적고 고령자도 많이 살고 있다. 옛날 마을의 중심부를 그대로 유지하고 있고 1600년내에 개설된 선술집이 지금도 영업을 계속하고 있다.

또한 낡은 건물을 개조한 레스토랑과 골동품 등이 오래된 교회 주변에 모여 있어 젊은 세대도 매력을 느끼는 지역이기도 하다. 요양간호형 노인주택이라고 하기에는 외관상으로는 전혀 구분할 수 없을 정도로 지역사회와 어우러진 유형이다.

5. 유료노인주택의 미래상

고령사회를 맞이하여 사회보장시스템은 큰 변화를 겪게 된다. 연금제도의 개정으로 급부액의 저하는 피할 수 없는 상황에 있고, 개호보험도 장래에는 고령자 의료제도와 일원화될 가능성도 함께 검토해야 할 것이다. 이것은 서비스사업자에게 큰 영향을 미침과 동시에 고령자의 수입과 생활에 크게 관련되는 것이다.

1) 유료노인주택의 방향성

유료노인주택의 장래상에 대한 방향성은 크게 2가지로 나눌 수 있다. 첫째는 가격경쟁에 의한 저가격화이다. 이는 회사의 사원주택과 기숙사의 개축 등 건설코스트를 낮추어 초기투자비용을 최소화하는 것이다.

둘째는 질이나 서비스 내용에 의한 경쟁이다. 특정시설의 인가를 취득해도 그 최저기준 이상의 인원을 배치하여 더욱 빈틈없는 요양간호서비스와, 개인의 니즈에 맞춘 대응을 하는 것이다. 또한 요양간호뿐만 아니라 간호사와 의사를 배치하고 의료기관과의 제휴 강화를 통한 의료 니즈가 높은 요양간호 고령자를 대상으로 한 유료노인주택 등도 출현하고 있다.

그 밖에도 복지시설이나 개호보험제도로부터 탈피한 고령자용우량임대주택이나 고령자맨션 등 고령자를 대상으로 한 전용주택이 나타나고 있다. 복지시설로부터의 탈피는 일률적인 공공서비스로부터 각각의 니즈에 맞춘 생활환경으로의 정비가 가능하다는 이점이 있다.

2) 과도기적 사업환경

매년 2,000세대 전후의 공급을 보이던 유료노인주택시장은 개호보험과 함께 대폭적인 성장을 하였다. 그러나 개호보험은 지방자치단체의 재정을 압박하는 요인으로 작용하고 있어, 지방자치단체와 보험자의 부담을 낮추기 위해 요양간호 수가를 낮추고 특정시설 인가의 총량을 제한하고 있다. 요양간호서비스시장을 크게 성장시킨 개호보험의 변화와 함께, 그 연장선상에서 노인주택은 사업환경이 크게 변화되고 있다.

특정시설의 증가는 개호보험료의 과다지출을 초래하고 이는 지방자치단체의 부담으로 연결된다는 염려 때문에 지방자치단체에 따라서는 특정시설의 인가를 하지 않는 경우도 있어 노인주택의 사업환경은 과도기 상태에 있다.

또한, 노인보건시설이나 요양형병상이 특별양호노인주택의 대기소로서 사회적 입원의 수단으로 이용되고 있어, 요양간호가 필요한 고령자의 수준(요재활훈련도, 요의료도)이나 희망에 맞춘 요양간호노인주택의 선택에는 현실적인 어려움이 있다.

3) 민간의 노인주택

노인주택이 향후 어떻게 발전될 것인가는 개호보험제도 등의 고령자 정책변화에 좌우되겠지만 전체 흐름의 포인트는 2가지이다. 앞으로의 고령사회는 본격적인 경쟁체제가 되기 때문에 계층마다 서비스의 차이가 선명해지고 중산층 이상의 요양간호 노인주택의 건설・경영은 민간주도로 진행될 것으로 보인다. 4인실과 같은 다인실 구조의 구형특별양호노인주택은 경비노인주택과 같이 저소득자 대책으로서의 역할이 강조될 것이다. 케어하우스나 신형특별양호노인주택은 재정난을 이유로 지방자치단체로부터 선호되지 않는 경향이므로 신설되는 시설의 성장을 기대하기는 어렵다.

따라서 노인주택의 중심이 되는 것은 민간기업의 고령자 맨션이나 요양간호 상태의 고령자를 대상으로 하는 유료노인주택, 고령자용 우량임대주택이 될 전망이다.

4) 부동산투자펀드의 고령자주택시장 참가

부동산투자를 목적으로 하는 부동산펀드가 유료노인주택사업을 새로운 비즈니스모델로 설정하고 시장에 참여하고 있다. 부동산 운용수익률 5%를 상회할 것으로 기대하는 대량의 자금이 흘러오게 되었고, 이로 인해 업계가 재편되는 계기가 되었다. 신규참가기업의 경우 사업확대 의욕이 강하여 거액의 자금을 유료노인주택 사업에 투자하고 있고, 개설경쟁도 심화되고 있다.

미국 대형 사모펀드인 칼라힐그룹은 2008년 1월에 일본에서 노인주택과 인재파견회사인 굿윌그룹으로부터 약 1억 3천6백 달러의 노인주택을 취득하였다. 칼라힐은 노인주택으로 구성되는 10억 달러 정도의 포트폴리오를 구축하고 2년 이내에 부동산투자회사(REITs)로 분리하여 상장시키겠다고 발표했다. 칼라힐그룹은 2004년에 일본 부동산시장에 참여했지만, 오피스빌딩을 중심으로 하는 해외투자자와는 달리 노인주택과 공장 및 상업용 빌딩에 초점을 맞추고 있다. 노인주택의 업역을 시장수요가 많고 성장성이 있는 유망한 분야로 인식하고, 칼라힐재팬리얼이스테이트에서는 앞으로 2~3년 동안 20~30건의 노인주택을 건설하거나 취득하여, 보유자산을 2008년 1월 현재 2억 5천만 달러에서 10억 달러 정도로 끌어올리겠다고 발표하였다. 취득 후의 운영에 대해서는 노인주택을 운영하고 있는 도쿄해상일동사뮤엘이라는 회사와 제휴를 맺고 있다.

또한 싱가포르 증권시장에 상장되어 있는 의료시설전문 부동산투자회사인 파크웨이라이프리츠는 2008월 5월에 일본의 유료노인주택운영회사인 젝크스 커뮤니티로부터 요코하마와 오사카의 노인주택을 3천만 달러에 취득했다.

참고문헌

박신영 외 1인, 실비노인 복지주택공급제도 개선방안연구, 대한주택공사주택도시연구원, 2003.

一橋総合研究所監修, 2009年版業界地図最新ダイジェスト, 高橋書店, 2008年 11月

改訂グループホームの手引き-開設から運営まで-, 全国認知性グループホーム協会, 株式会社ワールドプランニング, 2006年 10月

高齢者ケア施設開設ガイドライン, 長隆外1編, 2007年 11月

高齢社会に生きる-住み続けられる施設と街のデザイン-, 上野淳, 鹿島出版会, 2005年 11月

高齢者住宅開発集成, 総合ユニコム, 2005年 7月

居宅介護サービス事業化と介護報酬算定・請求マニュアル, 総合ユニコム, 2003年 5月

自立支援マンションの開設マニュアル, 総合ユニコム, 2001年 4月

老人介護施設の経営, 大平浩二編, 中央経済社, 2007年 7月

高齢社会対応型産業の研究, 通商産業省生活産業局監修, 1996年 7月

第3者がとらえた高齢者ホーム-入居者が快適に暮せるために-, 独立行政法人国民生活センター, 2007年 3月

有料老人ホームをめぐる消費者問題に関する調査研究-有料老人ホームの暮らしが快適であるために-, 独立行政法人国民生活センター, 2006年 3月

有料老人ホーム事業における内部統制モデル, 社団法人全国有料老人ホーム協会, 2004年 3月

有料老人ホームの計画-設置・運営のガイドライン-, 社団法人全国有料老人ホーム協会, 1987年 7月

入居金担保制度(有料老人ホーム)調査研究報告書, 社団法人全国有料老人ホーム協会, 1994年 2月

2006年度有料老人ホーム事業実態調査報告書，社団法人全国有料老人ホーム協会，2007年 3月

有料老人ホーム資金計画等検証システムの調査研究，社団法人全国有料老人ホーム協会，1992年 3月

有料老人ホーム賢い選び方，土屋有外１，日経BP社，2006年 11月

有料老人ホーム事業における内部統制モデル，社団法人全国有料老人ホーム協会，2004年 3月

やっぱり終のすみかは有料老人ホーム，滝上宗次郎，講談社，2006年 10月

事業収支説明資料(有料老人ホーム)，株式会社アクティブライフ，2004年 8月 7日

찾아보기

ㅂ

ㅅ

ㅇ

ㅈ

▎저자 약력▎

유선종 yoosj@konkuk.ac.kr

건국대학교 부동산학과 졸업
日本大學 不動産科學專攻(學術博士) 수료
일본학술진흥회 특별연구원
한국주택은행 신탁팀 전문인력
(사)한국부동산분석학회 총무이사
(사)한국주거환경학회 상임이사, 논문집편집위원장
한국자치경영평가원 공기업 평가위원
국토해양부 전국공동주택가격협의회 위원
분양가 및 택지조성원가 자문위원(강남구, 강서구, 중랑구, SH공사)
입법고등고시 출제위원
공인중개사 시험 자문위원, 출제위원, 선정위원
주택관리사 시험 선정위원, 채점위원
국토연구우수논문상 수상(2006년도)
부동산경매 특성에 있어서 AHP를 통한 위험요인분석(국토연구), 역모기지제도가 국민경제에 미치는 파급효과(한국노년학) 등 다수의 논문
부동산의 이해(부연사), 부동산금융용어사전(부연사), 외국의 역모기지 사례(집문당) 등 다수의 저서
現, 건국대학교 부동산학과 부교수

미래사회에서 보는 노인주택
– 고령자케어시설 개설지침 –

2009년 8월 15일 1판 1쇄 인쇄
2009년 8월 20일 1판 1쇄 발행

저　자 / 유선종
발행인 / 이수영
발행처 / 도서출판 청람
서울시 마포구 대흥동 802(세양상가 109호)
TEL : 02)3272-2601~2
FAX : 02)3272-2603
E-mail : crbooks@paran.com
http://www.crbooks.co.kr

등록 2000.8.26 제6-0509호

ISBN 978-89-5972-110-8 93320 [정가 18,000원]